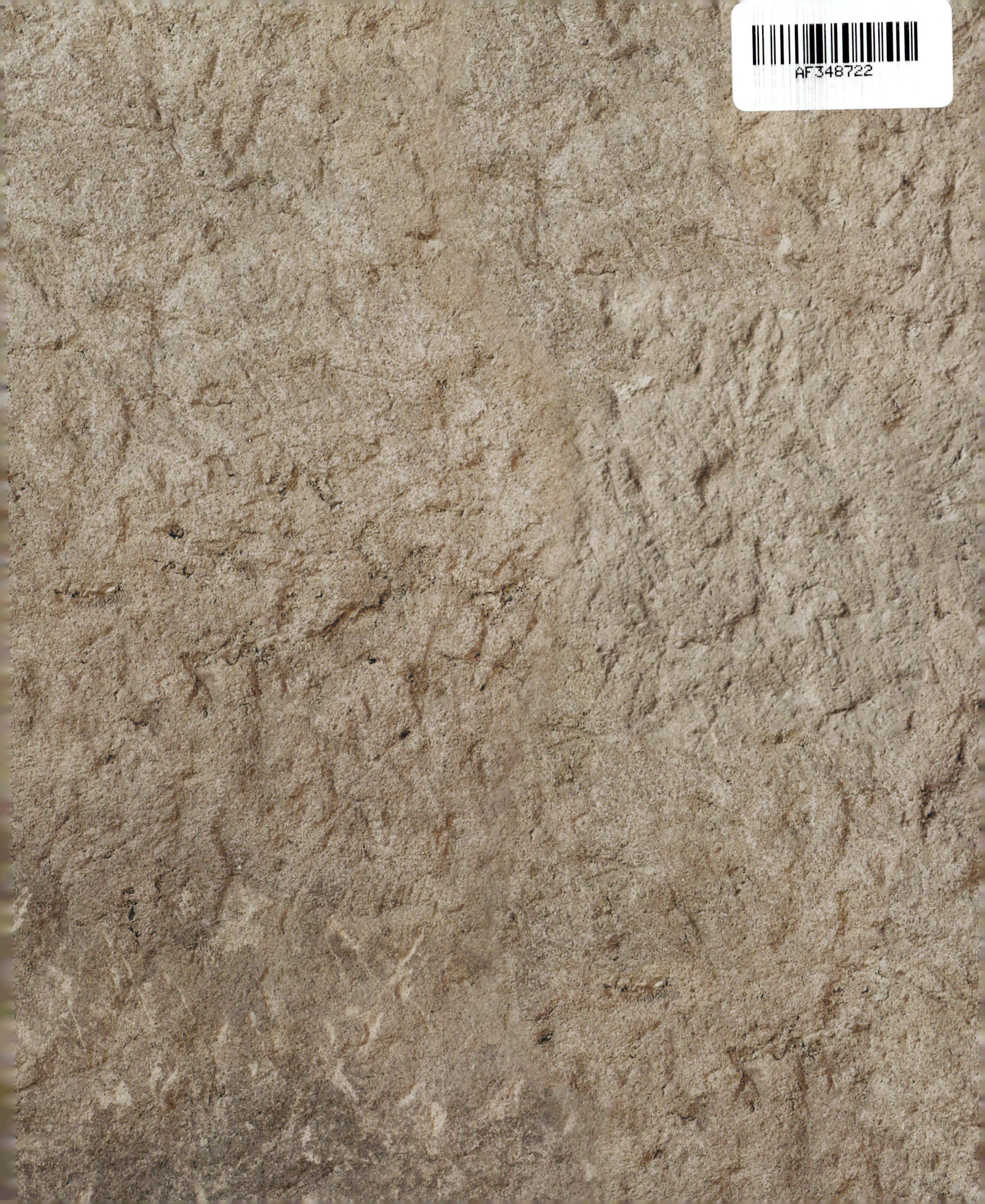

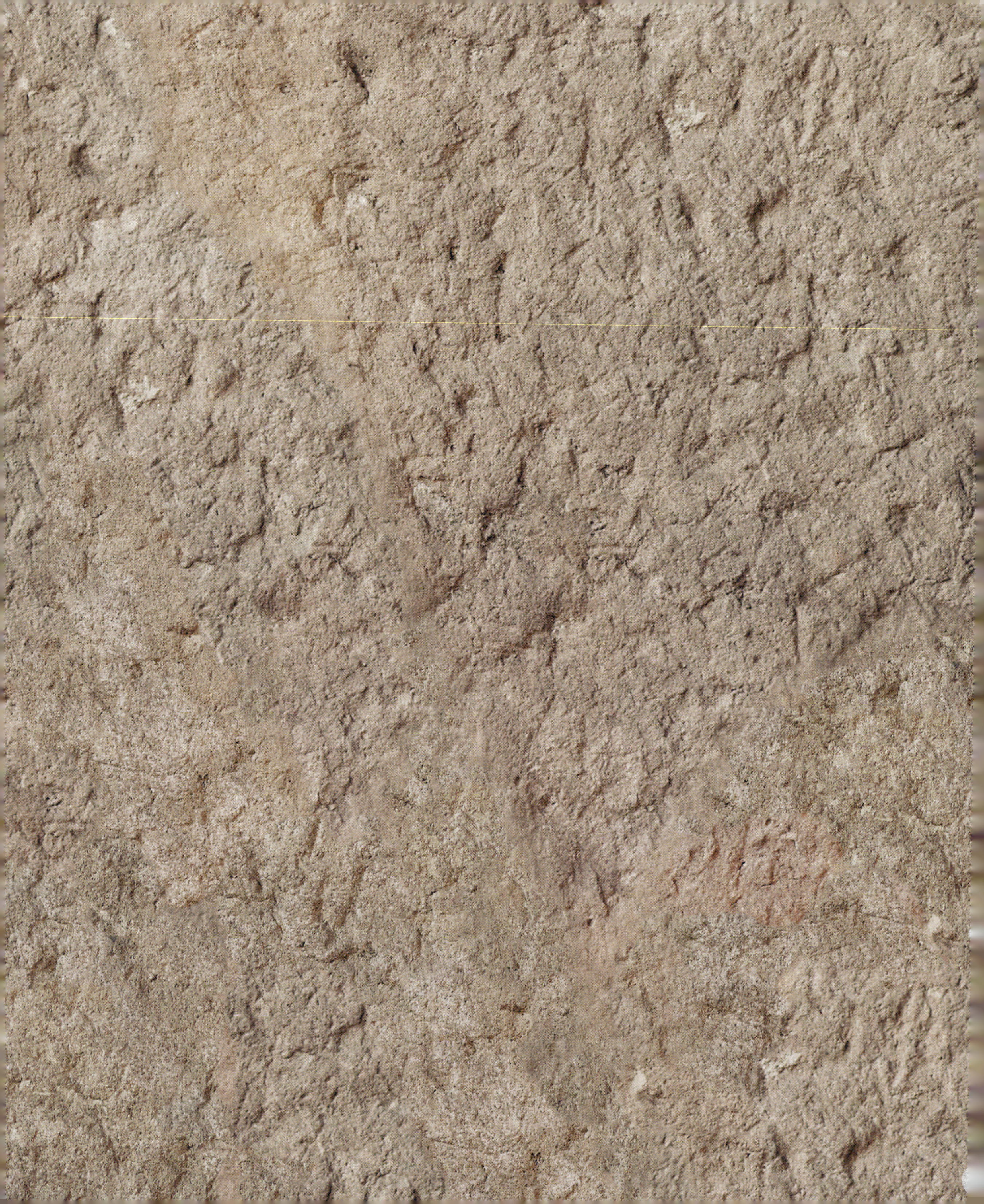

TONY CRAGG
INFINITE FORME E BELLISSIME

SKIRA

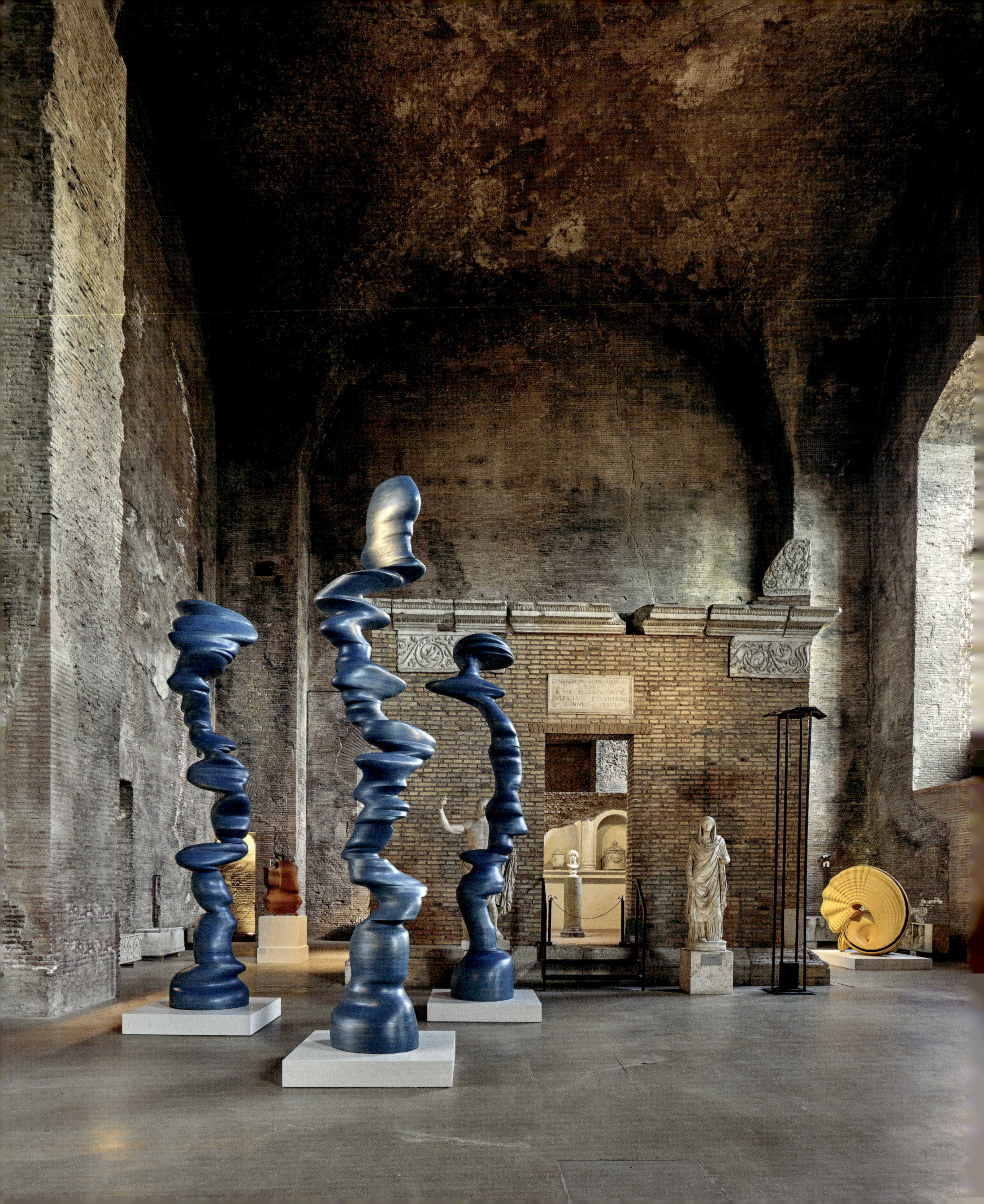

Sommario | Contents

I testi sulle opere sono di Jon Wood
Texts on the works are by Jon Wood

Stéphane Verger

Inversione di temporalità

Strani fossili hanno invaso le grandi sale delle Terme di Diocleziano. Pare che siano opera del grande artista Tony Cragg, ma in realtà nessuno si lascia ingannare: sono gli improbabili resti di un'epoca lontana, le ultime vestigia di un tempo in cui il confine tra geologico e vivente non era così netto, quando le grandi forze telluriche erano ancora deputate alla trasformazione del mondo. Stiamo parlando di un'epoca ben precedente alla costruzione di questo complesso termale che contribuì allo splendore della Roma imperiale e di cui, a poco meno di due millenni dalla sua creazione, rimangono solo i resti sparsi dei loro scheletri di mattoni.

Alla stregua di un paleontologo che nel suo giacimento estrae dalla ganga di pietra i preziosi resti fossili di creature estinte, Tony Cragg fa emergere dalla materia queste pepite di energia primordiale, che sembrano sfuggire a ogni classificazione scientifica, come quegli improbabili esseri del Cambriano medio dell'argillite di Burgess, che ci è voluto quasi un secolo per includere nelle riflessioni sull'evoluzione (Stephen Jay Gould, *La vita meravigliosa. I fossili di Burgess e la natura della storia*, 1989). Cosa sono queste strane forme: i resti pietrificati di una foresta sommersa (*Manipulations*, 2017)? Lo scheletro enigmatico di un artropode dimenticato, o piuttosto la sua riproduzione in legno (*Runner*, 2016)? Le deiezioni solidificate di creature di sabbia (*Mc Cormack* e *Outspan*, 2007; *Red Square*, 2016)? I resti erosi di flussi ed eruzioni magmatiche (*Lost in Thought*, 2016; *Points of View*, 2015)? L'onda congelata di un cataclisma annunciato (*Wave*, 2022)? Non esiste ancora una nomenclatura ufficiale per descrivere la collezione di fossili remoti a cui Tony Cragg ha dato vita negli ultimi decenni: chiunque potrebbe inventarsene una.

Inversion of Temporalities

Strange fossils have invaded the great halls of the Baths of Diocletian. They are said to be the work of the great artist Tony Cragg, but in fact nobody is fooled: they are the improbable relics of a distant era, the last witnesses of a time when the line between the geological and the living was not blurred, when immense telluric forces still governed the transformation of the world. This was a time well before the construction of the thermal baths that epitomized the splendour of imperial Rome and of which, less than two millennia after their construction, only the scattered remains of their brick skeleton remain.

Like a palaeontologist in a deposit, uncovering the precious fossilised remains of extinct creatures from their stony matrix, Tony Cragg extracts from the material nuggets of primordial energy, that defy scientific classification, like these improbable beings of the Middle Cambrian Burgess Shale, which it took almost a century to include in the reflections on evolution (Stephen Jay Gould, *Wonderful Life. The Burgess Shale and the Nature of History*, 1989). What are these bizarre shapes? Are they the petrified remains of a sunken forest (*Manipulations*, 2017)? The enigmatic skeleton of a forgotten arthropod, or its wooden reproduction (*Runner*, 2016)? The solidified excrement of sand creatures (*Mc Cormack* and *Outspan*, 2007; *Red Square*, 2016)? The eroded remains of magma flows and eruptions (*Lost in Thought*, 2016; *Points of View*, 2015)? The frozen wave of a cataclysm foretold (*Wave*, 2022)? There is as yet no official nomenclature to describe the collection of immemorial fossils that Tony Cragg has amassed over the decades: everyone can invent their own.

La forza della mostra "Infinite forme e bellissime" sta proprio in questa inversione delle temporalità: il tempo umano delle antiche Terme di Diocleziano, fragili vestigia archeologiche di un impero appena scomparso, sembra solo un istante rispetto al tempo eterno delle opere contemporanee di Tony Cragg, visioni oniriche dell'infinita varietà creativa dell'energia del mondo.

The strength of the *Infinite forme e bellissime* exhibition lies in its inversion of temporalities: the human time of the ancient Baths of Diocletian, the fragile archaeological remains of an empire that has barely disappeared, seems like an instant compared with the eternal time of Tony Cragg's contemporary works — dreamlike visions of the infinite creative variety of the world's energy.

Sergio Risaliti

Process and Shapes

Tutti gli individui devono formarsi un'immagine del mondo e della propria esistenza al mondo.
Tony Cragg

Per la terza volta nella mia carriera ho avuto l'onore di collaborare con Tony Cragg, tra i più celebri esponenti della scultura contemporanea. E per la terza volta le sue opere si sono confrontate con spazi fortemente connotati dalla storia e dall'arte del nostro passato. Cragg ha una sensibilità speciale e una conoscenza della storia dell'arte solida e per questo riesce a entrare in sintonia con gli ambienti che accolgono le sue sculture, riuscendo a far risuonare le sue forme nei nuovi contesti senza provocare disagio e cacofonia. Questo è il segno che la sua ispirazione viene da lontano, anche se è decisamente radicata nel presente e con torsioni di tempo che legano il passato più remoto al futuro più distante. Incontrando le sue magnifiche, meravigliose invenzioni scultoree siamo come trascinati in una dimensione spazio-temporale che si avvita senza inizio e fine, connettendo l'origine e le geometrie delle strutture naturali con l'infinita potenzialità della creatività umana. Ammiro da sempre questa sua generosità e intensità, che si dispiega e si rinnova continuamente nella ricerca di forme sempre inedite e sconcertanti, assieme a tecniche e materiali che lui studia e sperimenta con la curiosità e sapienza di uno scienziato-alchimista. Se dovessi azzardare un paragone in questo senso citerei a questo punto Leonardo da Vinci, salvo che il grande artista rinascimentale non fu scultore. Per lui contava solo la pittura, e il disegno che esercitava in modo continuo saldando creatività e indagine, immaginazione e intuizione, tecnica e fantasia. In effetti la carriera di Cragg inizia nei laboratori scientifici: dopo il diploma lavora infatti per due anni come tecnico di laboratorio nel campo della ricerca biochimica. Ma già allora inizia a disegnare, e nel 1969 viene ammesso al Gloucestershire College of Art and Design e successivamente alla Wimbledon School of Art. Infine, si iscrive al Royal College of Art di Londra, nel 1973.

Process and Shapes

Every individual must form an image of the world and their own existence in the world.
Tony Cragg

For the third time in my career, I had the honour of working with Tony Cragg, one of the most celebrated contemporary sculptors. And for the third time, his works were exhibited in spaces with a strong sense of the history and art of our past. Cragg has a special sensibility and a solid knowledge of art history, and because of this, he is able to attune himself to the environments that accommodate his sculptures, making his forms resonate in new surroundings without causing discomfort or cacophony. This is a sign that his inspiration comes from afar, even though it is firmly rooted in the present, with twists of time that connect the most distant past to the most distant future. When we encounter his magnificent, marvellous sculptural inventions, it is as though we were drawn into a space-time dimension that twists and turns without beginning or end, connecting the origin and geometries of natural structures with the infinite potential of human creativity. I have always admired his generosity and intensity, which is continuously unfolding and being renewed in the search for forms that are always new and disconcerting, alongside techniques and materials that he experiments with and studies with the curiosity and wisdom of a scientist-alchemist. If I had to hazard a comparison in this sense, at this point I would cite Leonardo da Vinci, except that the great Renaissance artist was not a sculptor. All that mattered to him was painting, and drawing, which he practised continuously, combining creativity and investigation, imagination and intuition, technique and flair. In fact, Cragg's career began in scientific laboratories. After graduating, he worked for two years as a lab technician in the field of biochemical research. But even then, he had begun to draw and in 1969, he was admitted to the Gloucestershire College of Art and Design and later to the Wimbledon School of Art. Finally, he enrolled at the Royal College of Art in London, in 1973.

La sua ricerca artistica è da sempre concentrata sulle infinite possibilità del disegno e della scultura, in un confronto inarrestabile con la natura, con i suoi processi creativi e le sue strutture evolutive. Ma all'artista, non schiavo delle necessità immediate e di scopi funzionali, è consentito produrre l'inedito, modificando o creando ex novo immagini e forme di inaudita complessità e bellezza. In un testo del 1985 Cragg definisce il suo metodo e il suo orizzonte di ricerca: "L'interesse che, ora come agli inizi, mi muove nel processo figurativo è la creazione di oggetti e di immagini che non esistono nel mondo naturale o funzionale ma che possono riflettere e trasmettere informazioni e sensazioni sul mondo e sulla mia stessa esistenza. Non come assiomi dogmatici ma solo come proposte: lo stimolo proviene direttamente dall'osservazione e dall'esperienza del mondo intorno e di rado, invece, dalla letteratura o dalla storia della cultura. Ma riconosco chiaramente l'importanza e il condizionamento derivanti dal fatto di vivere in un dato momento nel tempo". Per Cragg, infatti, la scultura è il risultato di un metodo conoscitivo e ha pertanto anche una funzione pedagogica, perché contribuisce a strutturare in modo alternativo e sempre diverso le facoltà cognitive, oltre a raffinare la sensibilità invitandola a un sentire mai precostituito e rigido, mai scontato e ottuso. Come ha dichiarato Cragg: "L'arte è l'unica disciplina che usa la materia e i materiali in senso non utilitaristico, solo per creare nuove forme, nuove idee, nuove emozioni".

Infinite forme e bellissime è il titolo scelto per evocare l'inarrestabile entusiasmo di Tony Cragg di fronte alla ricchezza delle architetture della vita, dal microcosmo al macrocosmo, da una parte, e alla meraviglia che suscita il pensiero stesso, mai pago di affondare nella conoscenza della realtà, nella inesauribile ricchezza di forme e modelli,

He has always focused his artistic research on the infinite possibilities of drawing and sculpture, in an unrelenting confrontation with nature, its creative processes and evolutionary structures. But the artist is no slave to immediate needs and functional ends, and is allowed to produce unprecedented works, modifying or creating from scratch images and forms of unusual complexity and beauty. In 1985, Cragg wrote about his method and research framework: 'The interest that, now as in the beginning, moves me in the figurative process, is the creation of objects and images that do not exist in the natural or functional world but that can reflect and convey information and sensations about the world and my own existence. Not as dogmatic axioms but only as proposals: the stimulus comes directly from observation and experience of the world around me and rarely from literature or cultural history. But I clearly recognise the importance and conditioning of living at a given moment in time'. For Cragg, in fact, sculpture is the result of a cognitive method and therefore also has a pedagogical function, because it contributes to structuring the cognitive faculties in an alternative and always different way, as well as sharpening the sensibility by inviting it to a feeling that is never pre-constituted or rigid, never taken for granted or obtuse. As Cragg has stated: 'Art is the only discipline that uses matter and materials in a non-utilitarian way, only to create new forms, new ideas, new emotions'.

The title *Infinite forme e bellissime* [Infinite and Beautiful Forms] was chosen to evoke Tony Cragg's unceasing enthusiasm for the richness of the architecture of life, from the microcosm to the macrocosm, on the one hand, and the wonder that inspires thought itself. He is never tired of delving into the knowledge of reality, into the inexhaustible

di strutture e processi generativi che il mondo naturale ci mette davanti agli occhi, una ricchezza cui corrisponde il fare dell'artista, in particolare quello dello scultore, che può "pensare" e creare nuove forme senza porsi limiti nell'utilizzo di mezzi e materiali. Un fecondo scambio di intuizioni e immagini tra naturale e artificiale, tra modelli organici e virtuali, che derivano dall'osservazione delle composizioni organiche e delle strutture cristalline dei minerali, fino a coinvolgere forme elaborate digitalmente, e prodotti nati artificialmente in laboratorio; dall'archeologia alla geologia; dalla storia dell'arte alla biologia. Rimando ancora una volta a una dichiarazione dell'artista per spiegare in modo appropriato tutto questo: "Sono i boschi, gli oceani, i depositi minerari e le rocce a essere usati, per fornire i mattoni costitutivi di questi nuovi materiali e oggetti. La meraviglia di tali sostanze incomincia a livello molecolare – che è poi in diretto rapporto con le proprietà fisiche e con l'apparenza di un materiale. Ad esempio, in una molecola di grafite i sei atomi di carbonio hanno tra loro legami molto stretti e si dispongono in un esagono piatto, a formare una superficie che riflette la luce; il materiale ha infatti una sua lucentezza".

Negli spazi carichi di storia del complesso monumentale delle Terme di Diocleziano, con le sue vaste sale, coperte con volte ampissime, sono state installate oltre venti sculture di medie e grandi dimensioni, realizzate negli ultimi due decenni, in bronzo, legno, travertino, fibra di vetro, acciaio, dalle forme seducenti, perturbanti, misteriose, che ora rinviano al mondo minerale e vegetale, ora alla geologia e alla biologia, alle strutture geometriche di una pianta o di una conchiglia. Alcune comprendono esseri viventi, nelle loro morfologie più disparate, o ne evocano la presenza, confusa in quella più riconoscibile di una forma

wealth of forms and models, structures and generative processes that the natural world puts before our eyes. The artist's work corresponds to this wealth, particularly that of the sculptor, who can 'think' and create new forms without limiting his mediums and materials. It is a fruitful exchange of intuitions and images between the natural and the artificial, between organic and virtual models, which stems from observing organic compositions and the crystalline structures of minerals, up to and including digitally processed forms, and products artificially created in laboratories; from archaeology to geology; from art history to biology. Once again, I rely on a statement the artist made to properly explain all this: 'The forests, oceans, mineral deposits and rocks are used to provide the building blocks for these new materials and objects. The wonder of such substances begins at the molecular level — which then directly relates to the physical properties and appearance of a material. For instance, in a graphite molecule, the six carbon atoms have very close bonds with each other and are arranged in a flat hexagon, forming a surface that reflects light; the material has a lustre of its own'.

Installed in the spaces of the monumental complex of the Baths of Diocletian, so full of history with its vast vaulted halls, are more than twenty medium and large sculptures. They were made over the last two decades, in bronze, wood, travertine, fibreglass and steel, with seductive, perturbing, mysterious forms, which refer in one moment to the mineral and vegetable world, and in another to geology and biology, such as the geometric structures of a plant or a shell. Some include living beings, in their most disparate morphologies, or evoke their presence, blurred in the more recognisable morphology of a

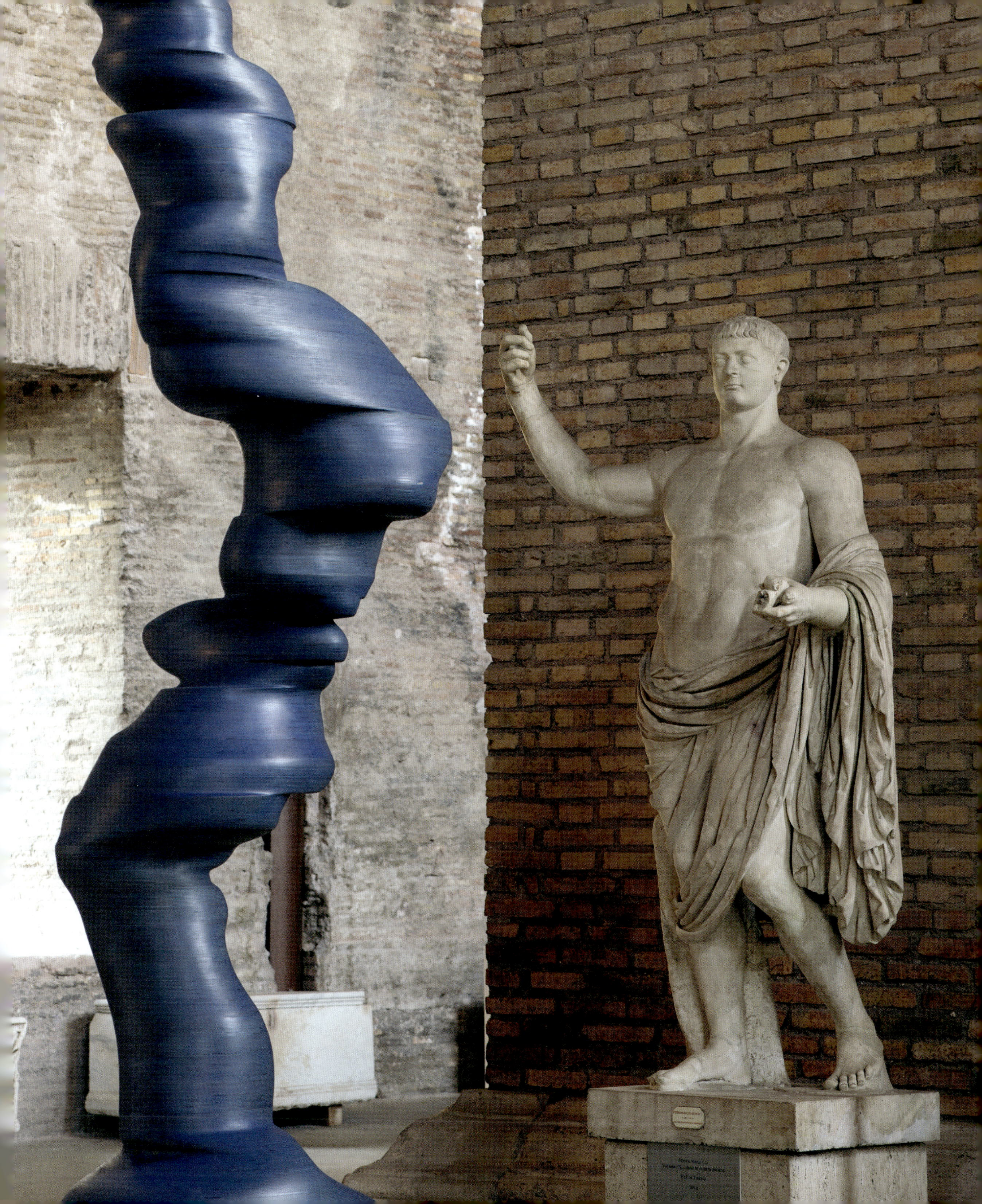

naturale, di un diverso elemento, come un'onda del mare, i vortici dell'aria, le esplosioni solari, ma tutte assieme sospinte a occupare spazio e fissarsi nel tempo attuale da forze che appartengono alla terra e al cosmo.

Cragg si affaccia sulla scena artistica nell'epoca dominata dal Minimalismo, dall'Arte concettuale, dalla Land Art e dall'Arte Povera, di cui riesce a individuare ben presto le possibili interazioni e sviluppi. Sono anni di fervente sperimentazione e di colta rielaborazione che si affacciano anche su pratiche artistiche precedenti; nascono infatti potenti e coloratissimi assemblaggi di oggetti comuni (come utensili, mobili, piccoli manufatti e materiali di scarto) sulla scia del *ready-made* duchampiano e dell'*objet trouvé* surrealista. Negli anni successivi, Cragg approfondisce sia studi filosofici sia ricerche scientifiche e si interessa alla potenzialità di diversi materiali, da quelli più tradizionali a quelli più evoluti (dal bronzo alle resine, dall'acciaio alla plastica, dal gesso al legno, fino al vetro e alle fibre chimiche più innovative). Come scultore inoltre non ha mai rinunciato alla maestria artigianale associando il fare più antico alla tecnologia, avvalendosi anche della robotica. Questa curiosità estrema per le infinite "forme del mondo", che siano naturali o costruite dall'uomo, soprattutto questa fiducia nelle capacità espressive dell'arte, si traduce in una pratica artistica che non si pone limiti ed è alla continua ricerca di nuove visioni e possibili rappresentazioni. "Voglio fare un lavoro che abbia lo stesso intenso effetto che ha su di me guardare la Natura. In questo senso, sono rimasto affascinato dal modo in cui le costruzioni razionali sottostanti alle forme si traducono in qualità emotive". Nel processo artistico Cragg preleva, crea, manipola e distorce continuamente la forma, per dar vita a sculture assolutamente sorprendenti che, muovendosi

natural form, a different element, such as an ocean wave, whirlwinds or solar explosions. But all of them together are driven to occupy space and be captured in the present by forces that belong to the earth and the cosmos.

Cragg appeared on the art scene at a time when Minimalism, Conceptual Art, Land Art and Arte Povera dominated. He was quickly able to identify possible interactions and developments. Those years involved fervent experimentation and cultivated reworking that also took in previous artistic practices; in fact, powerful and colourful assemblages of common objects (such as tools, furniture, small artefacts and discarded materials) were created in the wake of the Duchampian readymade and Surrealist *objet trouvé*. In the years that followed, Cragg delved into both philosophy and scientific research and became interested in the potential of different materials, from the most traditional to the most advanced (from bronze to resins, from steel to plastic, from plaster to wood, up to glass and the most innovative chemical fibres). As a sculptor, he has also never abandoned craftsmanship, combining the most ancient craftsmanship with technology, even making use of robotics. This extreme curiosity for the infinite 'forms of the world', whether natural or man-made, and above all confidence in the expressive capacities of art, translates into an artistic practice that sets no limits and is constantly seeking new visions and possible representations. 'I want to make work that has the same intense effect that looking at nature has on me. In this sense, I've been fascinated by the way the rational constructions underlying the forms translate into emotional qualities'. In the artistic process, Cragg continually takes, creates, manipulates and distorts form to create utterly astonishing sculptures that, moving between abstraction and figuration, can evoke natural

tra astrazione e figurazione, possono evocare paesaggi naturali quanto rappresentare corpi umani e oggetti quotidiani. Le opere sono pensate come strutture complesse e dinamiche, mettono alla prova limiti fisici e strutturali, cercando di risolvere il rapporto tra materia e tecnica, tra vuoto e pieno, tra instabilità ed equilibrio. Generate da un nucleo primario che come una monade le sostiene dal centro, si dipanano per generare tante diverse ramificazioni, senza tralasciare la presenza fisica, materiale, con le sue qualità espressive e la sua energia, imitando quello che la natura fa con le sue forme, in una direzione opposta al funzionalismo e all'utilitarismo, cui puntano l'industria e il design, al virtuale e alla realtà aumentata. La scultura per Cragg è non solo metodo di indagine, sviluppo di conoscenza, dialogo tra percezioni e immaginazioni, perché la cosa realizzata appartiene al mondo fisico e in questo trascina quanto prodotto dall'immaginazione e dall'indagine, che dal visibile si affaccia sull'invisibile. Nella sua pratica si evidenzia allora una funzione pedagogica in quanto la scultura e con essa il disegno, inteso come processo esplorativo e stato d'animo, sono esperienze e frutto di conoscenza, un modo del pensare e fare che si sviluppa tra scambi intuitivi e creativi, in un continuo dialogo di grande e piccolo, percettibile e impercettibile, in modo fluido e dinamico, mai statico e definitivo. "In realtà", ha detto Cragg, "la scultura è solo all'inizio della sua storia. E se stesse solo nascendo ora? E se l'idea di scultura non riguardasse la creazione di un ornamento per il mondo bensì, direttamente, di uno strumento di indagine?".

landscapes, or represent human bodies and everyday objects. The works are conceived as complex and dynamic structures, testing physical and structural limits, striving to resolve the relationship between material and technique, between the void and fullness, between instability and balance. Generated by a primary nucleus that, like a monad, supports them from the centre, they unravel to generate many different ramifications, without neglecting the physical, material presentation, with its expressive qualities and energy, imitating what nature does with its forms, in a direction that contrasts the functionalism and utilitarianism to which industry, design, and virtual and augmented reality all point. For Cragg, sculpture is more than merely a means to investigate, a way to develop knowledge, a dialogue between perceptions and imaginations, because the final creation belongs to the physical world. It drags into this world that which is produced by imagination and investigation, which from the visible looks out onto the invisible. So his practice shows a clear pedagogical function, inasmuch as sculpture, and with it drawing, understood as an exploratory process and state of mind, are experiences and the fruit of knowledge. It is a way of thinking and doing that develops between intuitive and creative exchanges, in a continuous dialogue of large and small, perceptible and imperceptible, fluid and dynamic, never static and definitive. 'In reality', states Cragg, 'sculpture is only at the beginning of its history. What if it is just coming into being now? What if the idea of sculpture is not about creating an ornament for the world but, directly, about a tool for investigation?'

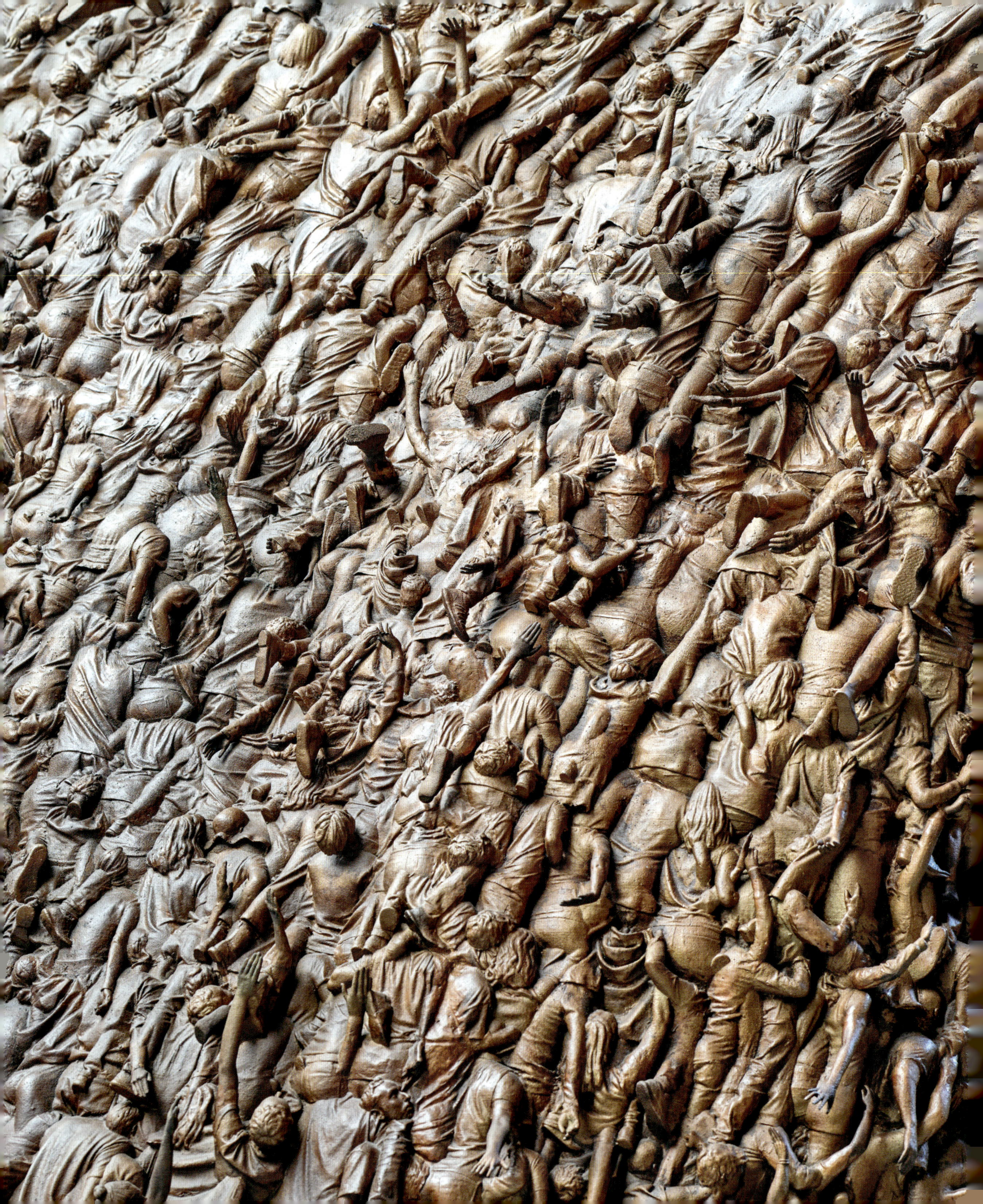

...i sogni hanno bisogno di alleati...

Uno dei nostri sogni era realizzare la mostra di Tony Cragg in un luogo emblematico e iconico della città di Roma e, grazie a una stretta collaborazione e alleanza tra tutte le istituzioni coinvolte, siamo riuscite a realizzarlo.

Cercare di abbandonare il nostro immaginario legato all'antichità e riformulare l'idea di un'arte che parli un linguaggio contemporaneo. Ecco il nostro compito.

Dobbiamo, innanzitutto, comprendere che proprio come nel passato, ma con modalità e codici completamente diversi, l'arte è un prodotto della società dalla quale deriva.

"L'arte è sociale" e, inversamente parlando, "la società è un'opera d'arte".

BAM – Eventi d'Arte
Maria Isabella Barone
Giulia Abate

...dreams need allies ...

One of our dreams was to hold Tony Cragg's exhibition in a symbolic and iconic place in the city of Rome. Thanks to a close collaboration and alliance between all the institutions involved, we were able to make it happen.

Our task is to try to move away from the imagery that is tied to antiquity and reformulate the idea of a form of art that speaks a contemporary language.

First of all, we must understand that just as in the past, but with completely different methods and codes, art is a product of the society from which it comes.

'Art is social' and, conversely, 'society is a work of art'.

BAM – Eventi d'Arte
Maria Isabella Barone
Giulia Abate

Sara Colantonio

Le Terme di Diocleziano. Un'eterna metamorfosi

The Baths of Diocletian. An Eternal Metamorphosis

Non stupisce la presenza dello scultore inglese Tony Cragg alle Terme di Diocleziano, e non solo perché questa esposizione si inserisce nel confronto, già avviato da tempo, tra il più grande complesso termale del mondo antico e nomi di primo piano dell'arte contemporanea, ma anche perché la ricerca di Cragg di esprimere emozioni attraverso il rapporto tra le forme create e lo spazio in cui sono esse custodite non poteva che trovare la sua più naturale espressione in questo luogo. Se, riprendendo un'espressione dell'artista, strade, città e edifici sono pieni di forme "noiose", non lo sono certo le colossali architetture e volumetrie delle Terme di Diocleziano, che svettano seraficamente sulla città moderna, mai paga della sua visione e del suo fascino. Fascino da cui neanche lo scultore inglese resta immune. Il tema centrale dell'opera di Tony Cragg, il dialogo con la natura, si trasforma in questo luogo nel dialogo con la storia e le strutture antiche delle Terme di Diocleziano, in cui le sinuose e seducenti forme delle sue opere, "infinite forme e bellissime", magnificano le lineari e pure geometrie delle aule termali, ne accentuano i maestosi ed essenziali volumi, esaltano con la molteplice varietà dei materiali i laterizi violacei delle murature, le tessere bianche e nere dei mosaici, i caldi marmi delle sculture.

È l'ennesima ambizione di questo monumento, abituato da sempre a corsi e ricorsi storici che ne hanno fatto un tangibile esempio, attraverso i secoli, di vitalità e capacità di accogliere e trasformarsi, conservando intatta la propria identità. Inaugurato nel 306 d.C. su una superficie di 13 ettari, il complesso termale ammaliava estaticamente visitatori e scrittori antichi, pure abituati alla consuetudine di sfarzose esibizioni di *munificentia publica*. Il tradizionale percorso termale, che poteva accogliere circa 3000 frequentatori prevedeva i diversi momenti del *calidarium*, *tepidarium*,

The fact that the English sculptor Tony Cragg is exhibiting at the Baths of Diocletian is no surprise, and not only because this exhibition is part of the long-standing exchange between the greatest bath complex in the ancient world and leading names in contemporary art, but also because the Cragg's quest to express emotions through the relationship between the forms he creates and the spaces that host them could only find its most natural expression in this place. If, to quote the artist himself, streets, cities and buildings are full of 'boring' forms, the colossal architecture and volumes of the Baths of Diocletian certainly are not. They tower seraphically over the modern city, which never tires of the fascinating sight of them. A fascination from which not even the English sculptor is immune. The central theme of Tony Cragg's work, the dialogue with nature, is transformed here into a dialogue with the history and ancient structures of the Baths of Diocletian, where the sinuous and seductive forms of his works, 'infinite and very beautiful forms', magnify the linear pure geometries of the baths, accentuate the majestic simple volumes, and enhance the violet brick walls, the black and white tesserae of the mosaics, and the warm marbles of the sculptures with the great variety of materials.

This is the monument's function and intention as it has always been accustomed to historical events and recurrences that over the centuries have made it a tangible example of vitality, of its capacity to receive people and be transformed, while preserving its identity intact. Inaugurated in 306 AD over an area of 13 hectares, the thermal complex enraptured visitors and ancient writers, who were also accustomed to lavish displays of *munificentia publica*. The traditional thermal baths, which could accommodate about 3000 visitors, included the *calidarium*, *tepidari-*

frigidarium e si concludeva nella piscina monumentale, la *natatio*. Nel mondo romano le terme rivestivano un ruolo dalle molteplici implicazioni: ci si recava alle terme per prendersi cura del proprio benessere psicofisico, per socializzazione, per assistere a *recitationes*, per svagarsi nelle aree verdi. Il complesso balneare delle Terme di Diocleziano prevedeva dunque una grande varietà di ambienti, quali latrine pubbliche, biblioteche, *tabernae*, palestre e piste da corsa, luoghi per bagni di vapore, massaggi o depilazioni, da cui si innalzavano grida di dolore che si mescolavano al vivace chiacchiericcio degli avventori, agli sforzi atletici, allo sciabordio delle acque nelle vasche di acqua calda o fredda. Su tutti questi ambienti, la *natatio* si distingueva per la ricercata scenografia delle sue architetture: sull'invaso di circa 90 x 45 metri si affacciava un prospetto architettonico con esedre e avancorpi rettilinei, che si sviluppava su tre livelli, completamente rivestiti da lussuosi marmi policromi e mosaici dorati.

Nel VI secolo d.C. le Terme di Diocleziano vengono abbandonate, ma le architetture superstiti sono ancora celebrate dagli autori delle *Mirabilia Urbis Romae* per le sue grandiose colonne, mentre Petrarca vi si rifugia per godere della qualità dell'aria e di un senso di solitudine quasi religioso. Nel Cinquecento la zona, malfamata e mal frequentata, è il regno di briganti, di giocatori di palla a maglio e addirittura teatro di apparizioni demoniache. Il 1561 rappresenta una nuova fase di vita del monumento con la costruzione della Certosa di Santa Maria degli Angeli e dei Martiri, voluta da Pio V, che comportò la realizzazione del chiostrino o Chiostro piccolo su parte dell'invaso della *natatio*, e del Chiostro grande o di Michelangelo, su disegno dell'ormai, i ottantenne artista; nel 1575 gli ambienti termali che si affacciano oggi su piazza della Repubblica sono convertiti

um, *frigidarium*, and ended in the monumental pool, the *natatio*. In the Roman world, the baths played a number of roles: people went there for their mental and physical well-being, to socialise, attend *recitationes*, and relax in the green areas. The Baths of Diocletian complex provided a great variety of environments, such as public latrines, libraries, *tabernae*, gyms and running tracks, places for steam baths, massages or depilations, from which cries of pain arose, mingling with the lively chatter of patrons, athletic exertions, and the lapping of water in the hot or cold pools. Of all these environments, the *natatio* was distinguished by the refined theatricality of its architecture: an architectural façade with exedras and rectilinear avant-corps overlooking the approximately 90 x 45 metre basin, which had three levels, completely covered with opulent polychrome marble and gilded mosaics.

In the sixth century AD, the Baths of Diocletian were abandoned, but the surviving architecture is still celebrated by the authors of *Mirabilia Urbis Romae* for its grandiose columns. Petrarch took refuge there to enjoy the quality of the air and an almost religious sense of solitude. In the sixteenth century, the area was infamous and frequented by criminals, mallet players and was even the scene of demonic apparitions. The year 1561 marked a new phase in the monument's life with the construction of a charterhouse, the Certosa di Santa Maria degli Angeli e dei Martiri, commissioned by Pope Pius V. This entailed the construction of the small cloister or Chiostro piccolo on part of the *natatio*, and the large cloister or Chiostro di Michelangelo, based on a design by the now eighty-year-old artist. In 1575, the thermal baths that now overlook Piazza della Repubblica

in granai dell'Annona Pontificia e depositi per l'olio. La fama sancita dalle incisioni di artisti del calibro di Piranesi non risparmia le superstiti strutture delle Terme di Diocleziano dall'occupazione da parte delle più disparate attività: caserme di soldati e vigili del fuoco, carceri, depositi della nettezza urbana, ospizi di opere misericordiose, *cafés chantants*, magazzini, locande, studi di artista e botteghe. A ciò si aggiungono le trasformazioni del tessuto urbano di Roma, divenuta capitale del Regno, che hanno inglobato e stravolto diverse porzioni dell'impianto balneare, stravolgendone l'originaria percezione. Nel 1889 le Terme di Diocleziano diventano sede del primo museo nazionale d'Italia, il Museo Nazionale Romano, ma lo spazio destinato alla sede museale è ancora molto limitato; è alla mostra del 1911, inserita tra le iniziative organizzate nell'ambito dell'Esposizione Universale per il Cinquantenario dell'Unità d'Italia e affidata alla guida di Rodolfo Lanciani, che si deve la liberazione del monumento da tutte le superfetazioni e le occupazioni incongrue che lo avevano soffocato alterandone e stravolgendone l'originaria grandezza e dignità. Quello che segue è un altalenante periodo di luci e ombre, di interventi che puntano al recupero del monumento seguiti da silenziose interruzioni, fino all'apertura del Museo della Comunicazione Scritta dei Romani nel 2000, ai restauri delle aule e della *natatio* tra il 2010 e il 2014, al restauro e alla sistemazione del Chiostro piccolo della Certosa.

were converted into granaries for the Annona Pontificia and storage rooms for oil. The fame enjoyed by the engravings of artists of Piranesi's calibre did not spare the surviving structures of the Baths of Diocletian from being used for the most disparate functions: as soldiers' and firemen's barracks, prisons, refuse storage, hospices for charitable works, cafes with cabaret, warehouses, inns, artists' studios and workshops. In addition to this, the transformations of the urban fabric of Rome, which had become the capital of the Kingdom, incorporated several portions of the bath complex, distorting its original appearance. In 1889, the Baths of Diocletian became the site of Italy's first national museum, the Museo Nazionale Romano, but the space allocated to the museum was still very limited. It was during the exhibition of 1911, one of the initiatives organised as part of the Universal Exhibition for the Fiftieth Anniversary of the Unification of Italy and entrusted to the direction of Rodolfo Lanciani, that the monument was cleared of all the superfluous and incongruous additions that had suffocated it, altering and distorting its original grandeur and dignity. What followed was a seesawing period of light and shadow, of works aimed at restoring the monument followed by silent interruptions, until the opening of the Museo della Comunicazione Scritta dei Romani (Museum of the Written Communication of the Romans) in 2000, the restoration of the *aulae* and the *natatio* between 2010 and 2014, and the restoration and refurbishment of the Certosa's Small Cloister.

Procedendo nella costante metamorfosi del monumento attraverso i secoli, gli ambiziosi progetti del PNRR, dedicati al nuovo ingresso della sede museale, al restauro e riapertura delle grandi Aule, ai nuovi spazi espositivi per i materiali protostorici, rappresentano le nuove sfide che certo le Terme di Diocleziano sapranno ancora una volta affrontare e superare.

*Museo Nazionale Romano – Responsabile delle Terme di Diocleziano

Continuing through the monument's constant metamorphosis through the centuries, the ambitious projects of the PNRR, which include the new entrance to the museum the restoration and reopening of the grandi Aule [Great Halls], and the new exhibition spaces for protohistoric materials, represent the new challenges that the Baths of Diocletian will certainly once again be able to face and overcome.

* Museo Nazionale Romano – Head of Baths of Diocletian

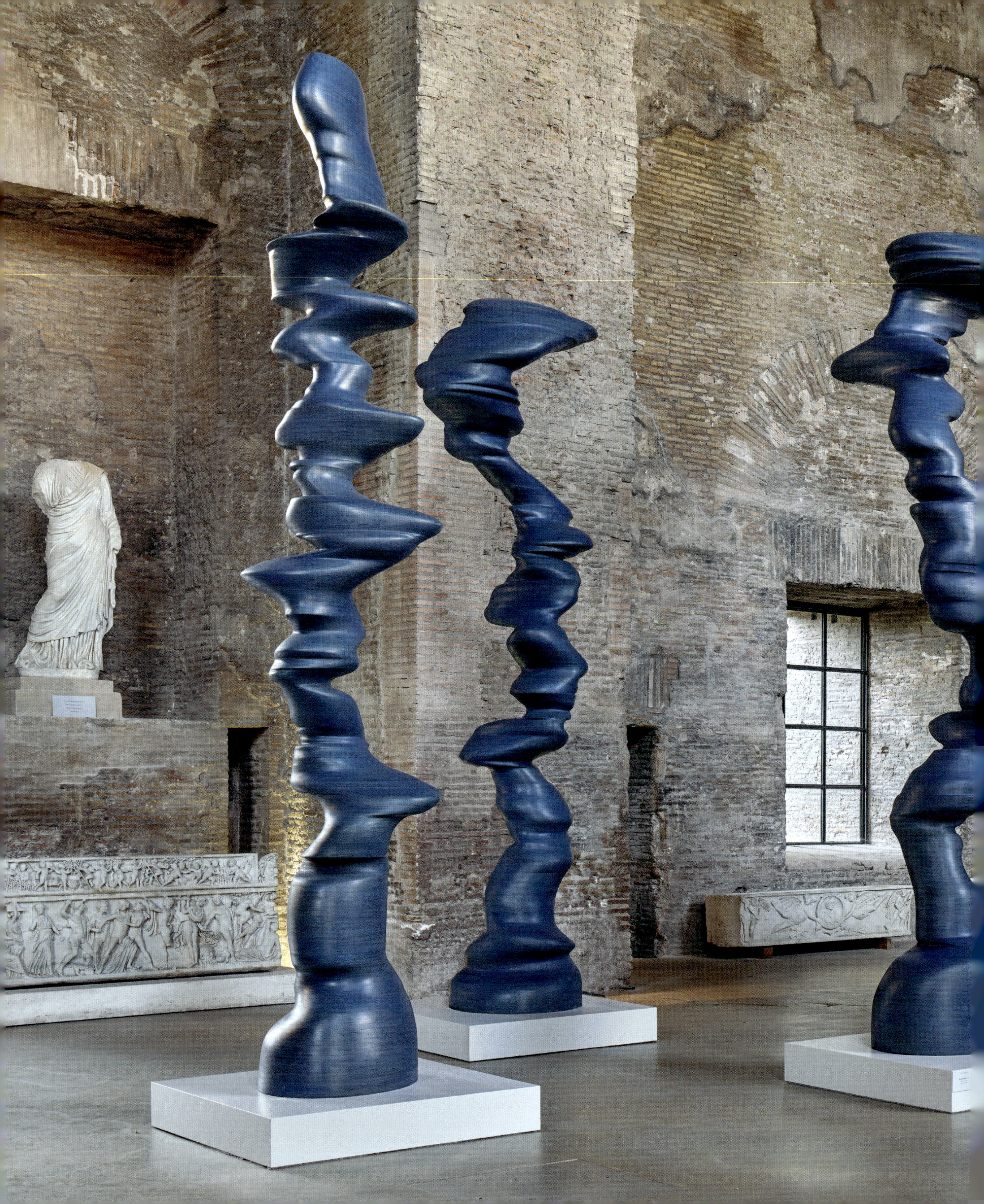

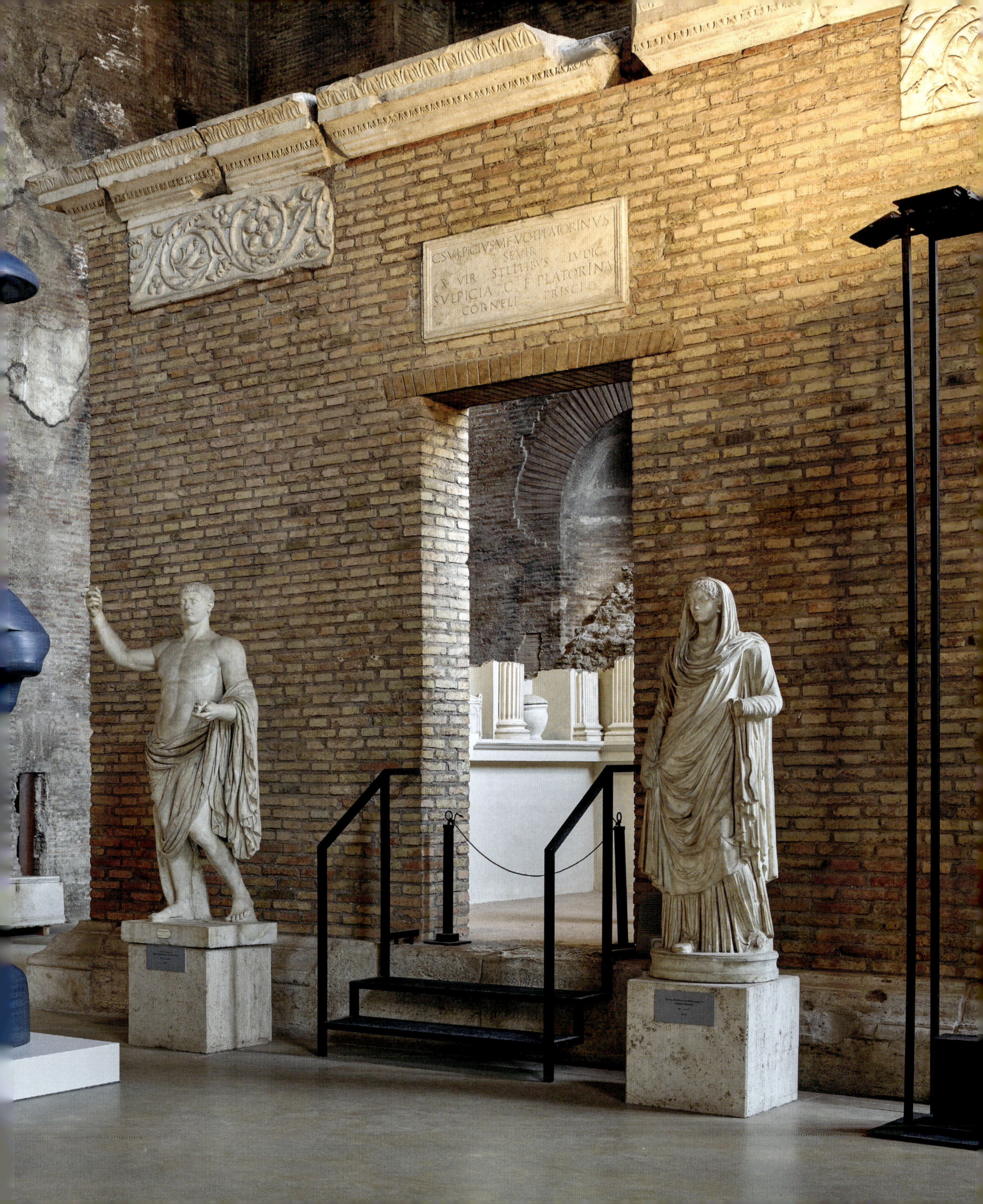

C SVLPICIVS M F VOTT PLATORINVS
SEVIR
X VIR STLITIBVS IVDIC
SVLPICIA C F PLATORINA
CORNELI PRISCI

Points of View

Points of View

Le sculture *Points of View* sono tra le opere di Cragg più celebrate degli ultimi decenni. Le origini di questo *corpus* vanno chiaramente ricercate nelle sculture della serie *Minster*, caratterizzate da geometrie circolari, e nella scultura colonnare *Wooden Crystal*, formata da cerchi obliqui che danno vita alle prospettive simmetriche e asimmetriche più disparate a seconda dei punti di vista. La prima scultura *Points of View* è una colonna isolata che sfiora i tre metri d'altezza ed è assemblata a partire dalle stesse tavole di compensato ellittiche, impilate e perfettamente levigate, già impiegate in *Wooden Crystal*. La scultura in legno, ricoperta in un secondo momento di lacca protettiva, era stata realizzata in origine come modello di fusione per una delle sculture destinate al parco Hinokicho di Tokyo.

La base di quest'opera è costituita da due dinamiche sagome verticali disposte a novanta gradi l'una rispetto all'altra e composte da tavole ellittiche. Ne risulta un potente effetto antropomorfo, anche se l'intenzione dell'artista non è mai stata quella di realizzare dei ritratti, quanto piuttosto di marcare le vedute assiali con sagome riconoscibili. È sufficiente scostarsi di un passo rispetto all'asse prospettico per vedere i volti distorti e deformati in una smorfia, mentre allontanandosi ancora di più la colonna si fonde in volumi scultorei sorprendenti e inaspettati. *Points of View* è una scultura molto coinvolgente – le sue forme e superfici rispondono attivamente allo spettatore, con elementi nettamente distinguibili che scompaiono e riappaiono quanto più questi gira intorno e si pone al centro dell'installazione. Le tre colonne sono imprigionate in un rapporto dinamico e drammatico, come se fossero impegnate in una conversazione o in un dibattito concitato. Le forme ondeggianti sulla superficie riflettente di queste sculture in lucido acciaio inossidabile esaltano il dinamismo dell'opera, rendono partecipe l'osservatore e ne risucchiano il punto di vista al loro interno.

Cragg's *Points of View* sculptures have become some of his most celebrated works in recent decades. The origins of this body of work are clearly related to the *Minster* sculptures with their circular geometries and his columnar *Wooden Crystal* sculpture in which the tilted circles resulted in very different symmetrical and asymmetrical aspects depending on the points of view. The very first of his *Points of View* sculptures was a single column just under 3 metres in height and was constructed in the same stacked, sanded and smoothed down elliptical plywood boards that were used in *Wooden Crystal*. The wooden sculpture was covered with protective lacquer and was originally made as the casting-model for a commissioned sculpture for Hinokicho Park in Tokyo.

The basis of this work are two drawn silhouettes that are placed vertically at 90 degrees to one another and fleshed out with elliptical boards. The resulting anthropomorphic effect is powerful; however, the intention was never to make portraits, but to mark the axial views with recognisable silhouettes. Take one step away from the axial point of view and the faces become distorted, start to grimace, and even further away from the axis the column melts into surprising and unexpected sculptural volumes. *Points of View* is a highly engaging sculpture — its forms and surfaces actively responsive to the viewer, with discernible elements that disappear and reappear as the viewer moves around and in between the sculpture. The three columns are caught in a dynamic and dramatic relationship with each other, as if in frenzied dialogue or debate. In the polished stainless-steel sculptures, in which the oscillating forms of the reflective surface enhance the dynamic of the work and directly invite spectators into the work, their own points of views are sucked up into it.

Non solo in queste opere ricorre la pratica della "stratifica-zione", un metodo che da sempre per Cragg rappresenta un chiaro rimando ai processi geologici e biologici, ma l'introduzione di profili riconoscibili lungo l'asse delle co-lonne scultoree dà luogo a una particolare fusione fra corpo e paesaggio che caratterizza molte sculture dell'artista. Questa combinazione di figura e geometria, di persona e luogo nei *Points of View* si traduce immancabilmente in un'esperienza avvincente per lo spettatore.

Nelle varie fasi di sviluppo di questa serie, lo scultore ha continuato a sperimentare con il dinamismo delle singole colonne e con la relazione tra varie componenti. Questo ha portato all'introduzione di una serie di innovazioni tecnologiche funzionali alla stabilità statica delle sculture. Le opere in bronzo, realizzate in una struttura a nido d'ape in acciaio inossidabile, sono dotate di flange sotterranee che ancorano al suolo queste opere pesanti e fuori asse. Questi accorgimenti sono stati messi a punto in colla-borazione con un ingegnere che negli ultimi decenni ha calcolato le necessarie soluzioni strutturali avvalendosi di una sofisticata tecnologia all'avanguardia. Il risultato estetico complessivo non fa che confermare il dinamismo insito nelle forze interne che animano le forme materiali ispirate al corpo umano o a conformazioni geologiche.

Not only did these works make use of 'stacking' as a method for making his work, which had always been a reference to geological and biological processes for Cragg, but the introduction of recognisable profiles along the axis of the sculptural columns produced a blend of body and landscape that has become a characteristic of several of Cragg's sculptures. This mixture of figure and geometry and person and place in *Points of View* is certainly some-thing that the viewer experiences in a compelling way.

As this series has developed, the sculptor has continued to experiment with both the dynamic of the individual columns and the relationship of the component elements. This has led to a host of technical innovations in relation to the static stability of the works. For the bronze works this has entailed both a stainless-steel, honey-comb structure throughout and also underground flanges that secure these heavy, off-kilter works to the ground. These developments have been made in collaboration with an engineer who in the last decades has calculated the necessary structural solutions using very refined modern technology. The overall aesthetic result is that these sculptures suggest the dynamism that charges the internal forces of material forms whether human or geological.

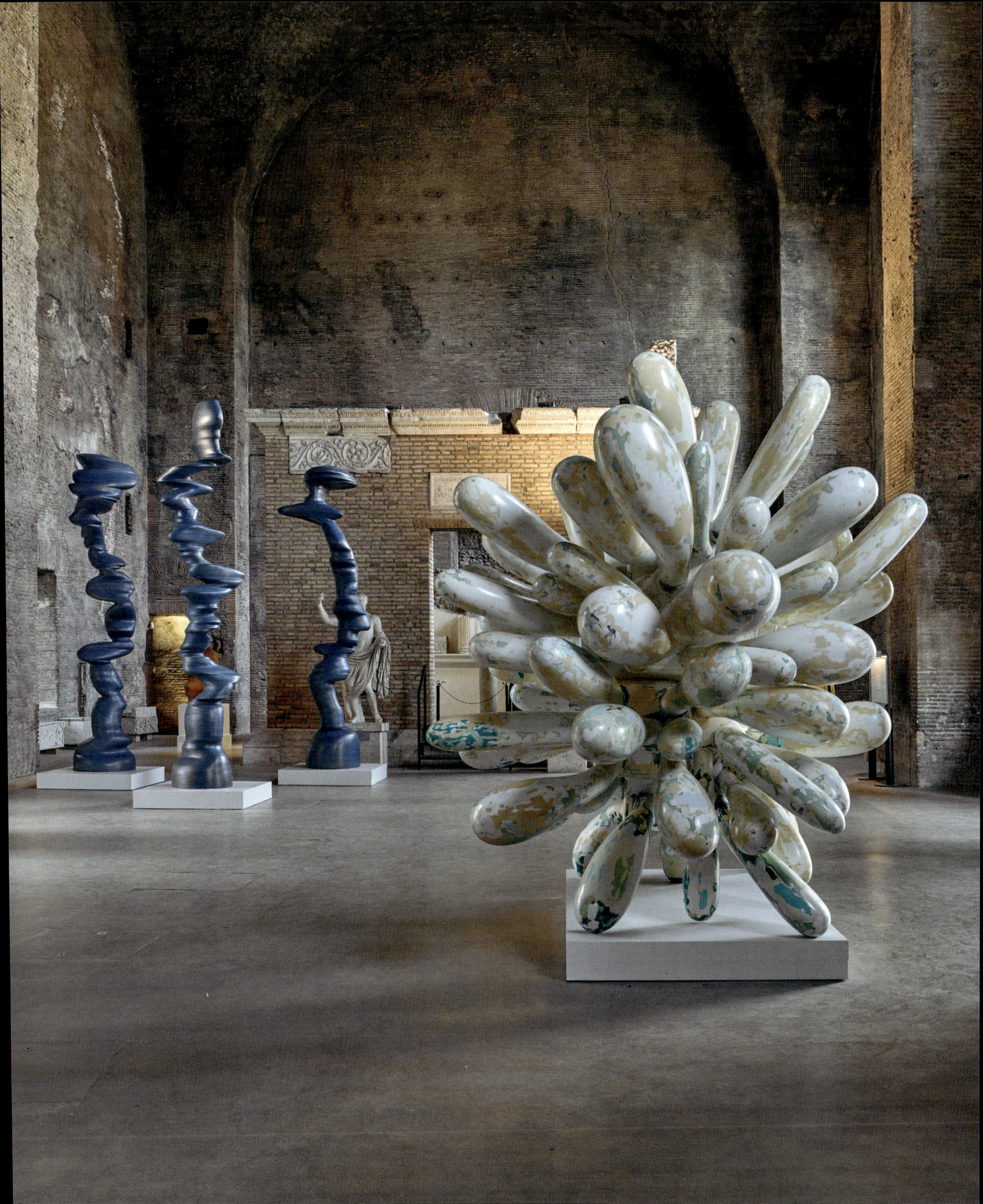

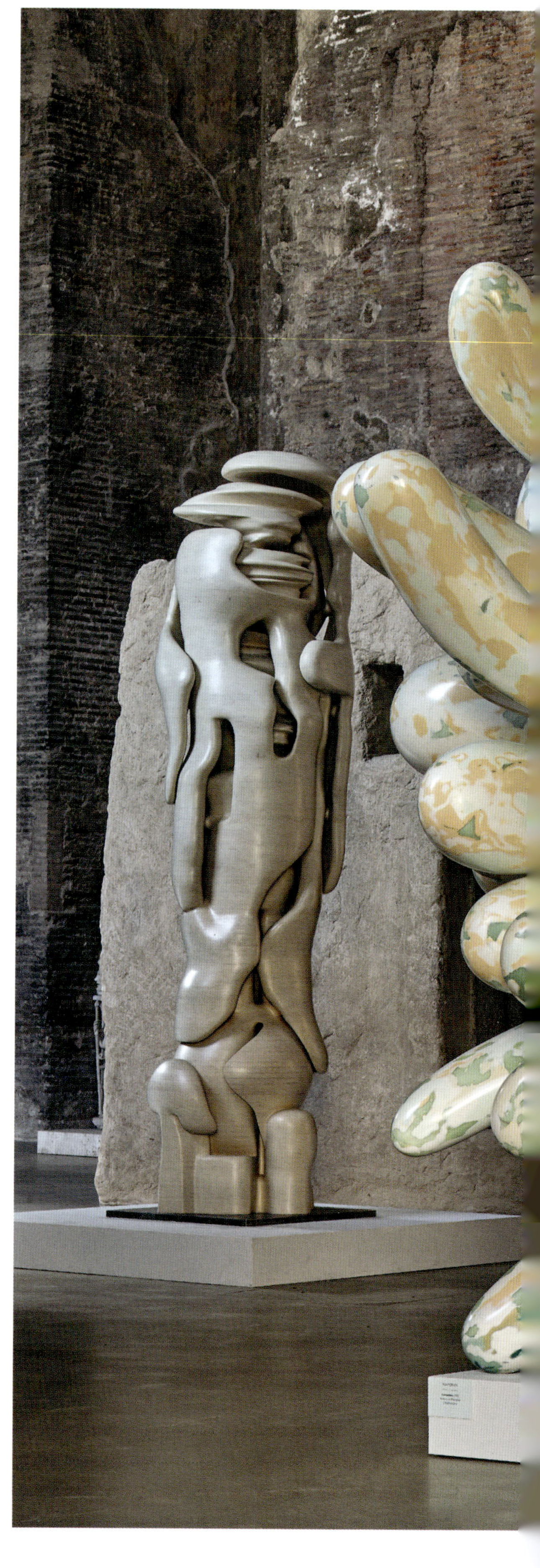

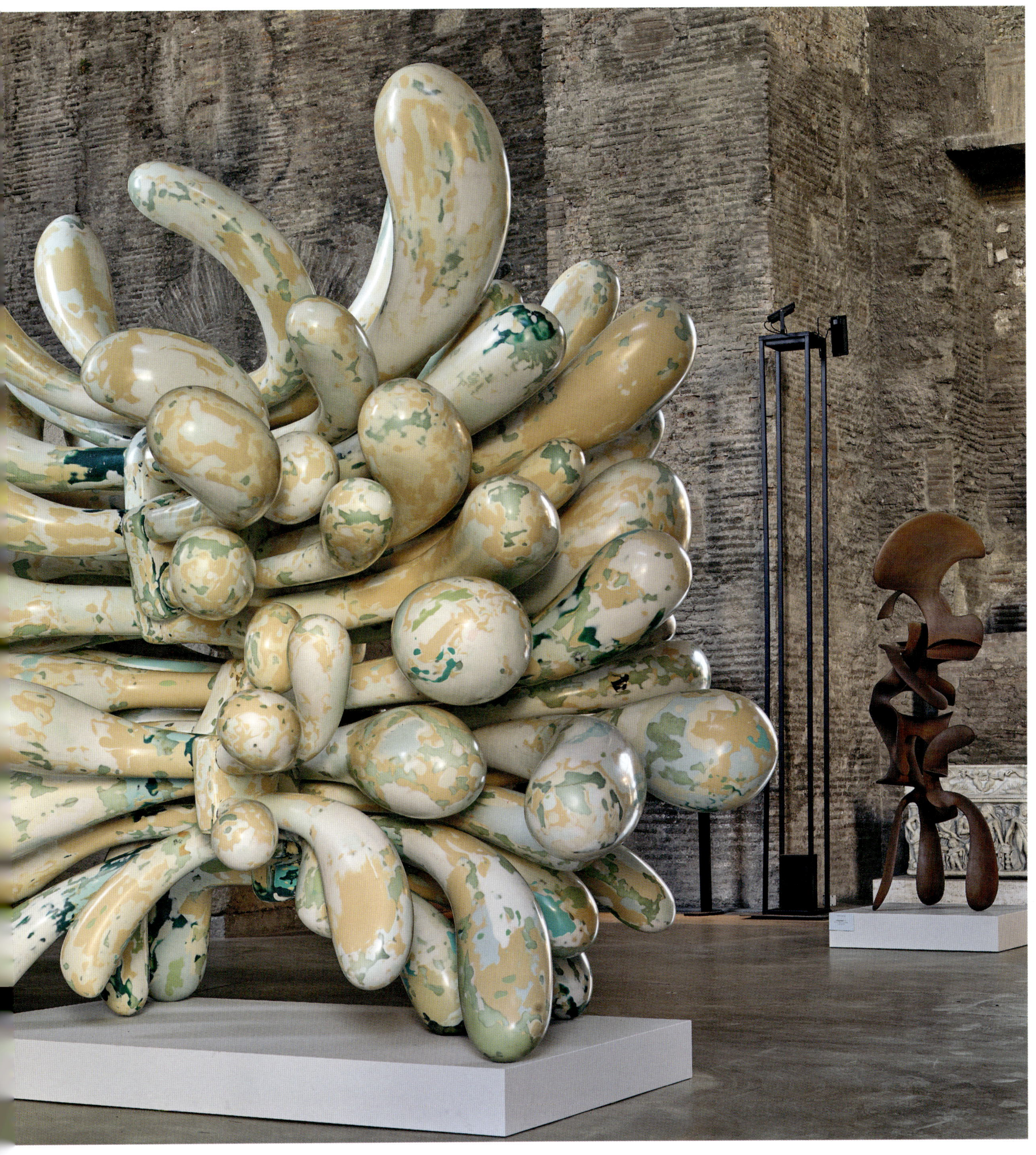

Companions

Ispirato dalla vista di tavolini e sedie impilati di fronte a un ristorante sul mare, *Companions* è frutto di un atto deliberato di ibridazione e congiunzione che fonde le sagome simili a sedie già comparse in precedenti corpus, come *Formulations* (2000) e *Distant Relatives* (2003). Qui ritroviamo anche le forme globose e pendule scaturite dall'esperienza creativa di *Rational Beings* e *Flotsam*.

Companions esplora l'esperienza fenomenologica come scultura. Cragg riporta le sedie a uno stadio primordiale di sviluppo trasformandone gli elementi costitutivi, schienali, braccioli e sedili, in impressioni antropomorfe e quadrupedi del corpo umano. Le sue forme interconnesse danno vita a un intreccio serrato che rende il termine inglese companions – gruppo di amici – un titolo alquanto appropriato. L'opera è un'immagine di simbiosi e fecondazione incrociata nella crescita, all'insegna della reciprocità e del sostegno condiviso. La vitalità dell'opera è rafforzata anche dalla superficie straordinariamente variegata, risultato dell'applicazione di molteplici strati di stucco sul rivestimento esterno in fibra di vetro. Questa variazione cromatica conferisce alla superficie un aspetto vissuto che non fa che accentuare la complessiva qualità organica dell'opera.

Companions

Initiated by seeing a stack of tables and chairs in front of a seaside restaurant, *Companions* is created through a determined act of hybridisation and conjunction, merging the chair-like forms that appear in previous bodies of works, like *Formulations* (2000) and *Distant Relatives* (2003). We also find here the kind of globular, pendulous forms that come out of the experience of making *Rational Beings* and *Flotsam*.

Companions explores phenomenological experience as sculpture. Cragg takes the chairs as four-legged anthropomorphic impressions of the human body with their backs, arms and seats, back to a primordial stage of development. The forms of *Companions* are interlinked to create a close-knit ensemble, making 'companions' — a group of friends — an appropriate title for such a work. *Companions* is an image of symbiosis and cross-fertilisation through growth — an image of mutuality and shared support. The vitality of the work is also enhanced by its extraordinary variegated surface. This has been achieved through the application of different layers of filler on top of the fibreglass exterior of the form. This variegation of colour gives a distressed-looking surface which adds to the overall organic quality of the work.

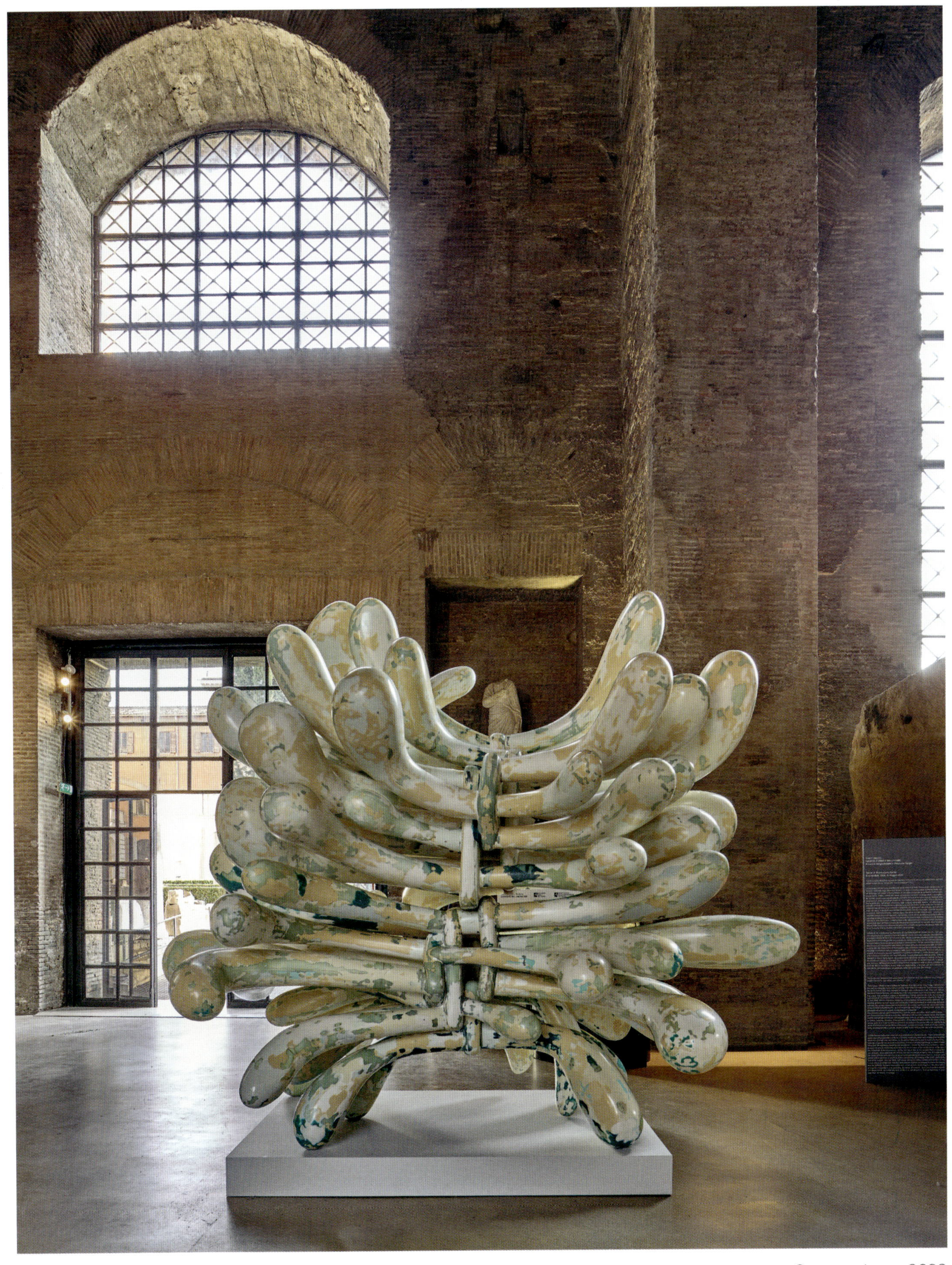

Companions, 2023

Lost in Thought

Cragg assembla le sue opere stratificando forme sagomate a partire da tavole di compensato. Questo gli permette all'occorrenza di smontare e assemblare nuovamente le componenti al fine di alterare o reinventare nuove forme. La metodologia scultorea elaborata dall'artista gli consente di attuare strategie additive e sottrattive. Questa prassi innovativa unica nel suo genere – interessante contrappunto alle opzioni più tradizionali di modellazione che prevedono l'aggiunta o la sottrazione di materiale plasmando o incidendo la superficie – gli ha inoltre permesso di creare composizioni di grande complessità, nelle quali una cerchia più esterna di forme di grandi dimensioni circoscrive e racchiude al suo interno forme più piccole. Ciò comporta non solo la realizzazione di elementi verticali della scultura con stratificazioni orizzontali, ma anche la necessità di instaurare connessioni tra le forme interne ed esterne disposte in ordine concentrico.

Lost in Thought esemplifica bene i risultati raggiunti da Cragg con questa prassi scultorea. Come molte altre opere di questo artista, la composizione si sviluppa a partire da un nucleo interno che ricorda una delle sue colonne ellittiche. Questo elemento centrale è circondato da forme interconnesse. L'alternanza tra manifesto e celato, tra il dato rivelato e quello che si nasconde alla vista, stuzzica la curiosità dello spettatore e lo invita a trascendere la lettura della forma esteriore e a intuire che l'opera è dotata di una vita interiore.

Lost in Thought

Building works by stacking up shapes cut out of plywood boards and then taking them apart and reassembling them when needed to change or substitute new shapes has enabled Cragg to develop a method for making sculpture that allows him to work in both in an additive and subtractive manner. This unique way of working — and an interesting counterpoint to the more familiar options of either additive modelling or subtractive carving — has also permitted him to create more complicated compositions in which larger outer forms surround and encase smaller inner forms. This involves not just creating the horizontally layered vertical elements of the sculpture, but also making connections between the concentrically arranged inner and outer forms.

Lost in Thought is a good example of what Cragg has achieved sculpturally through this way of working. As with many of his sculptures, it has an inner core, which stands centrally like one of his elliptical columns. This is then surrounded by interlocking forms. It is a sculpture all about what is revealed and what concealed — one that plays hide and seek with the viewer who at first reads the outer form to then notice that the work has an inner life.

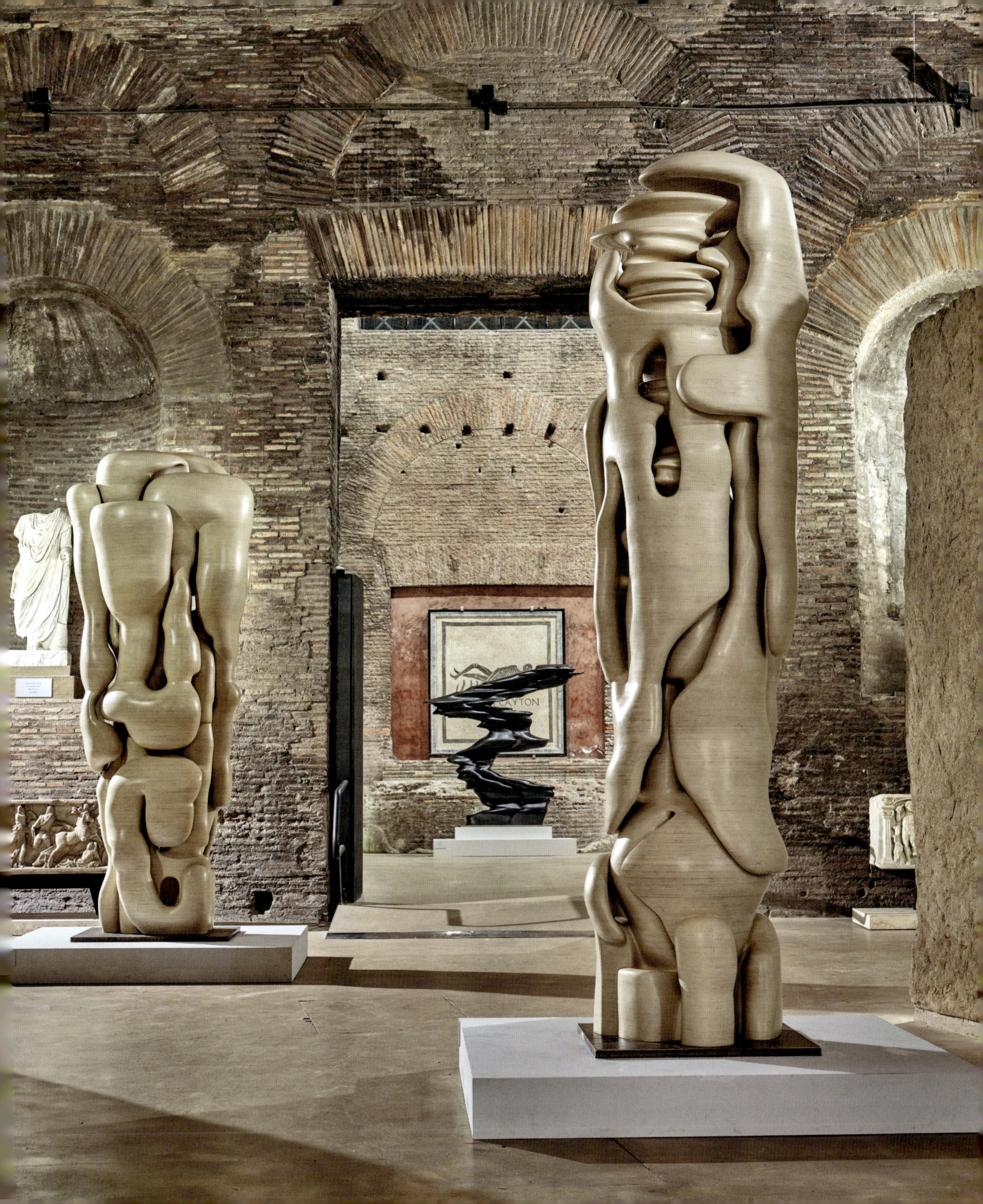

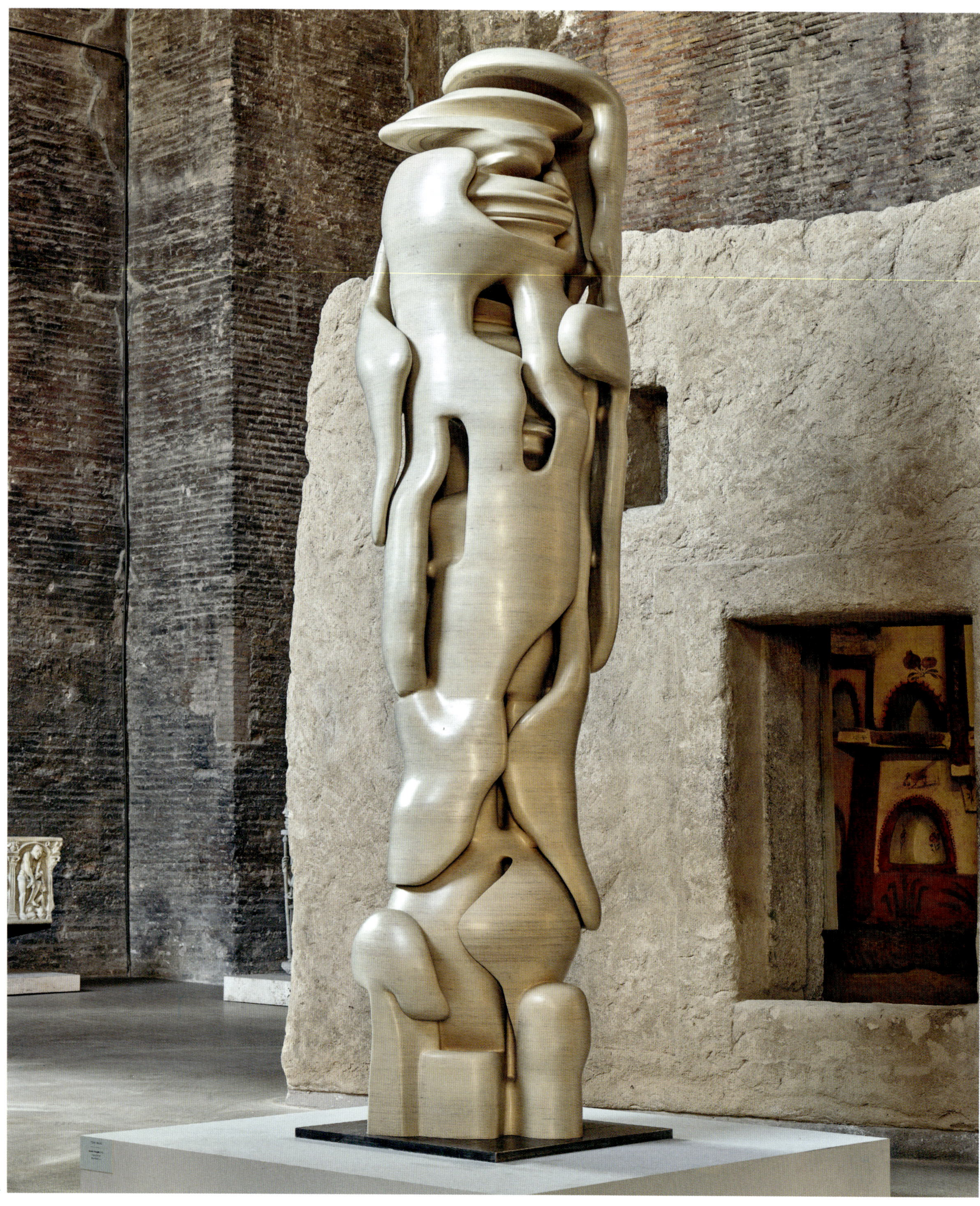

Lost in Thought, 2015

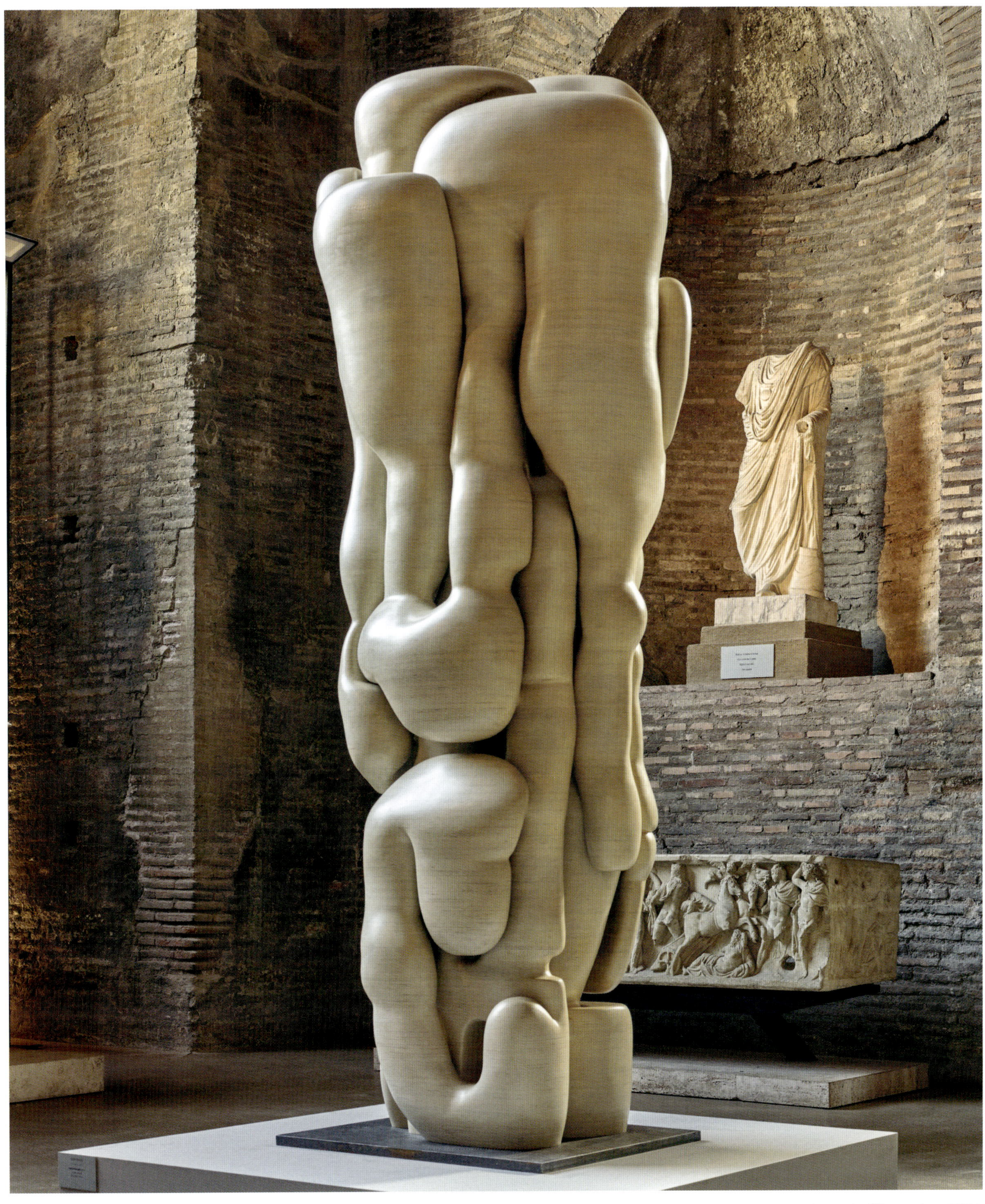

Lost in Thought, 2016

Stand

Tra le sculture più recenti di Cragg, *Stand* ci offre un valido spaccato dei suoi interessi attuali e un'anticipazione sugli sviluppi futuri della sua opera. La scultura si regge su gambe simili a treppiedi che ritroviamo nelle opere della serie *Incident*s. In *Stand* sono più piccole (più piedi che gambe) e sostengono una forma più massiccia e solida: altro esempio di squilibrio bilanciato, una qualità dinamica che si può distinguere in molte delle sue opere.

La curiosa combinazione di forme che caratterizza questa scultura curvilinea evoca tutta una serie di associazioni. Girando intorno alla scultura per osservarla da diverse angolazioni, la si può interpretare come una famiglia, una coppia che danza, una testa o una fiamma ondeggiante. È inoltre possibile scorgere delle forme anticipatrici – una figura che vigila sull'attenti come una sentinella, pronta a scattare al minimo segnale di pericolo, oppure un monitor. Queste speculazioni ci ricordano il potere generativo della scultura di Cragg. Le ambiguità formali sono volute ed evidenziano tanto la qualità liberatoria dell'opera quanto il desiderio dell'artista di lasciare all'osservatore la libertà di vedere le cose alla propria maniera. Altre sculture della serie *Stand* realizzate da Cragg in lucido acciaio, riflettono sulla propria superficie le immagini confuse e caotiche di chi le osserva. Questa versione in acciaio corten fa l'esatto contrario. I visitatori si trovano di fronte a una superficie opaca e alle forme solide e salde di una scultura che si erge con caparbia fierezza in tutto il suo mistero.

Stand

Stand is one of Cragg's most recent sculptures and gives us good insight into his present concerns, as well as partial glimpses into the future journey of his work. The sculpture continues the tripod-like legs that we can find in his *Incidents* works. In *Stand* these are more diminutive (perhaps feet rather than legs), supporting a bulkier and more solid form and, through this, creating another example of balanced imbalance, a dynamic quality that can be discerned across several of his works.

The combination of forms is curious, and several associations are suggested simultaneously by this curvilinear sculpture. Viewing it in the round from different angles, we might read it variously as a family group, a dancing couple, a single head or a flickering flame. We might also read anticipatory forms here — a sentinel or monitor-like sculpture, alert and on its toes, watching out for danger and poised to react. Such speculations remind us of the generative power of his sculpture. For formal ambiguities are deliberately created, highlighting both the liberational quality of the work and his wish as an artist for viewers to see things their way. Some of the other *Stand* sculptures that Cragg has made in polished steel reflect viewers in their busy surfaces. This Corten steel version does the opposite, confronting viewers with a matte surface and insistently solid forms, and presenting a sculpture that stands boldly on its own three feet in all its obduracy and mystery.

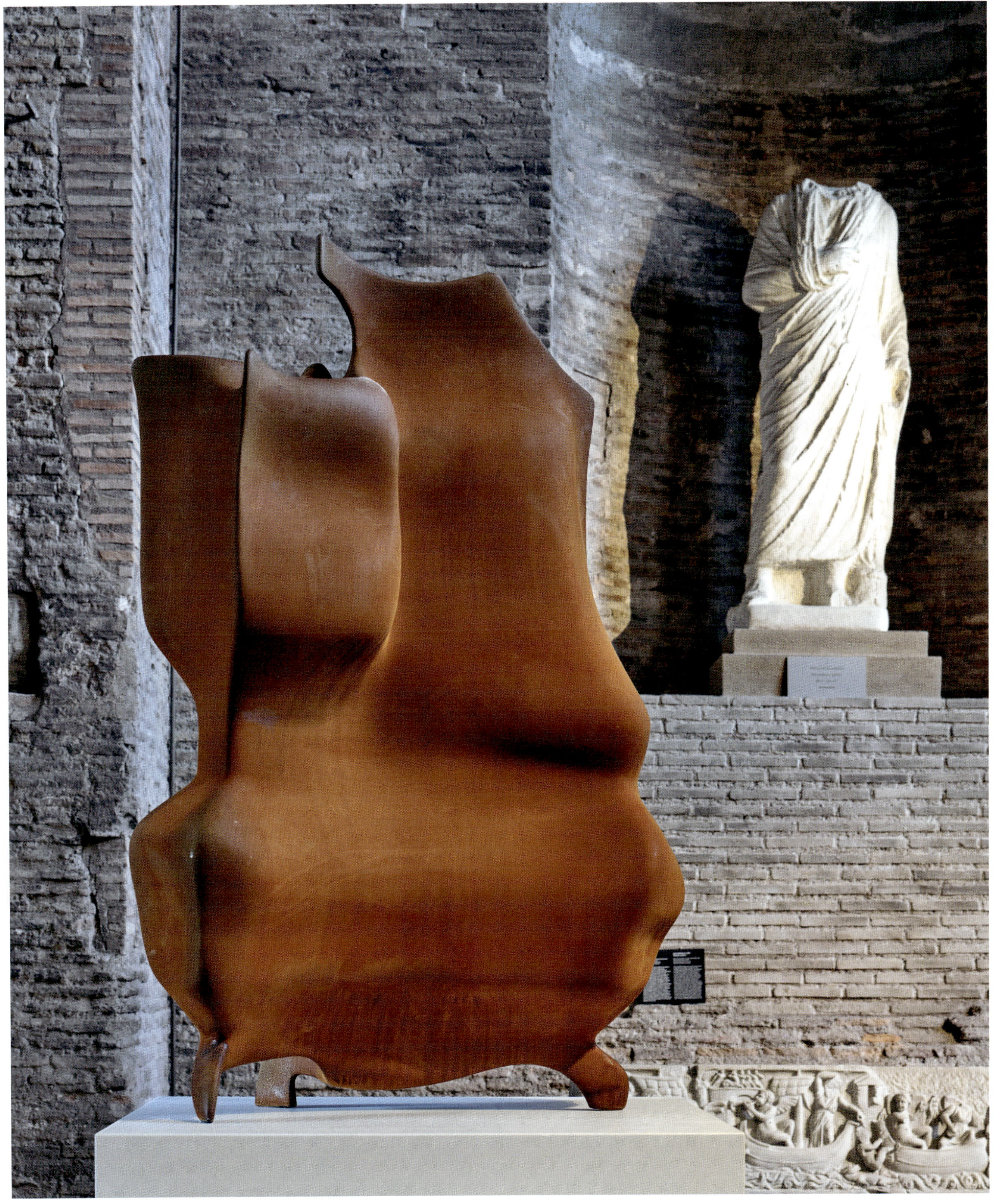

Stand, 2023

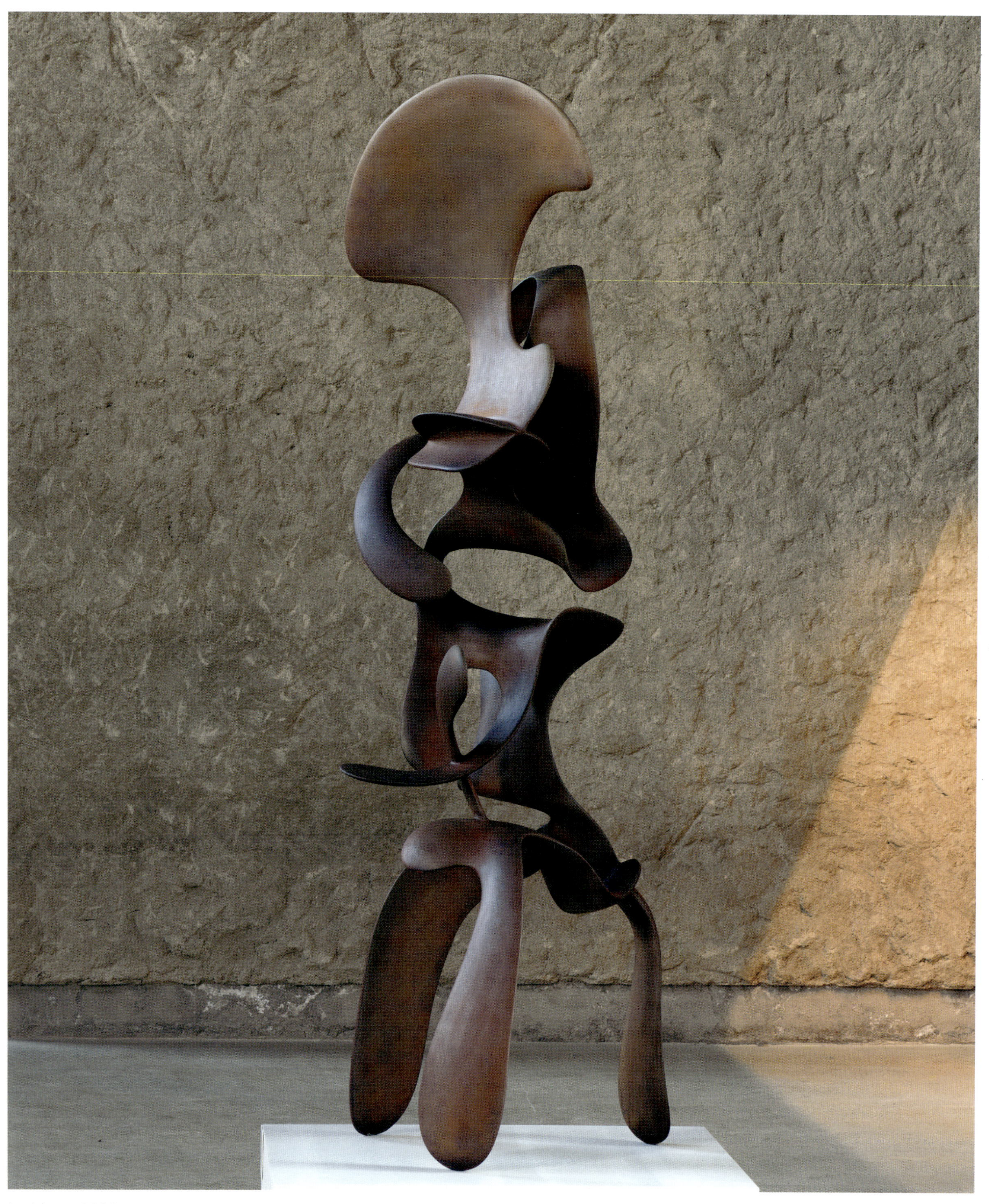

Incident, 2023

Incident

Questa scultura fa parte di un corpus di opere denominato *Incidents*, risultato di una precisa scelta estetica ma anche delle tecniche elaborate durante la realizzazione delle opere confluite nella serie *Hedge*. Ancora una volta, Cragg si avvale di forme simili, slanciate, lisce e curvilinee, dall'aspetto vagamente biomorfo, per dare vita a strutture a incastro. In antitesi rispetto alla composizione orizzontale che accomuna le sculture della serie *Hedges*, le opere del gruppo Incidents si ergono come personaggi statuari che si collocano a metà tra il regno animale e quello vegetale, apparentemente frutto di processi creativi e di crescita simultanei.

Tuttavia, non si tratta di presenze stabili, radicate: sono costrette a mantenersi costantemente in equilibrio su tre punti di appoggio. Questa composizione tripode dona loro agilità e dinamismo, come se le sculture si fossero appena posate o fossero sul punto di spiccare il volo e librarsi in aria da un momento all'altro. Si potrebbe affermare che siamo di fronte a trifidi scultorei: non è escluso che il romanzo di John Wyndham del 1951 trasposto sul grande schermo nel 1962 abbia influenzato queste opere. La superficie arrugginita dell'acciaio corten conferisce alla scultura le tonalità della terra e del legno, in antitesi al lucido acciaio inossidabile, un materiale usato anche per altre opere di questo gruppo.

Incident

This sculpture is part of a body of work, called *Incidents*, that has emerged partly aesthetically, and partly from the techniques that the artist developed while making his *Hedge* works. Cragg again uses similar slim, smooth, and curvilinear forms, often loosely biomorphic in appearance, to create interlocking works. Unlike the horizontal compositions of the Hedges, Incidents stand up like sculptural personages — part-animal and part-vegetal — seemingly grown and made simultaneously.

Incidents, however, are never rooted. They are always poised on three points and this tripod composition gives them an agility and mobile quality — as if they have just landed, or could hover and take off at any moment. They are sculptural triffids, you might say, and perhaps John Wyndham's 1951 novel (made into a film in 1962) might haunt these works. The rusted surface of the corten steel gives an earthy, woody quality to the sculpture, in contrast to polished stainless steel, a material used in some other works from this group.

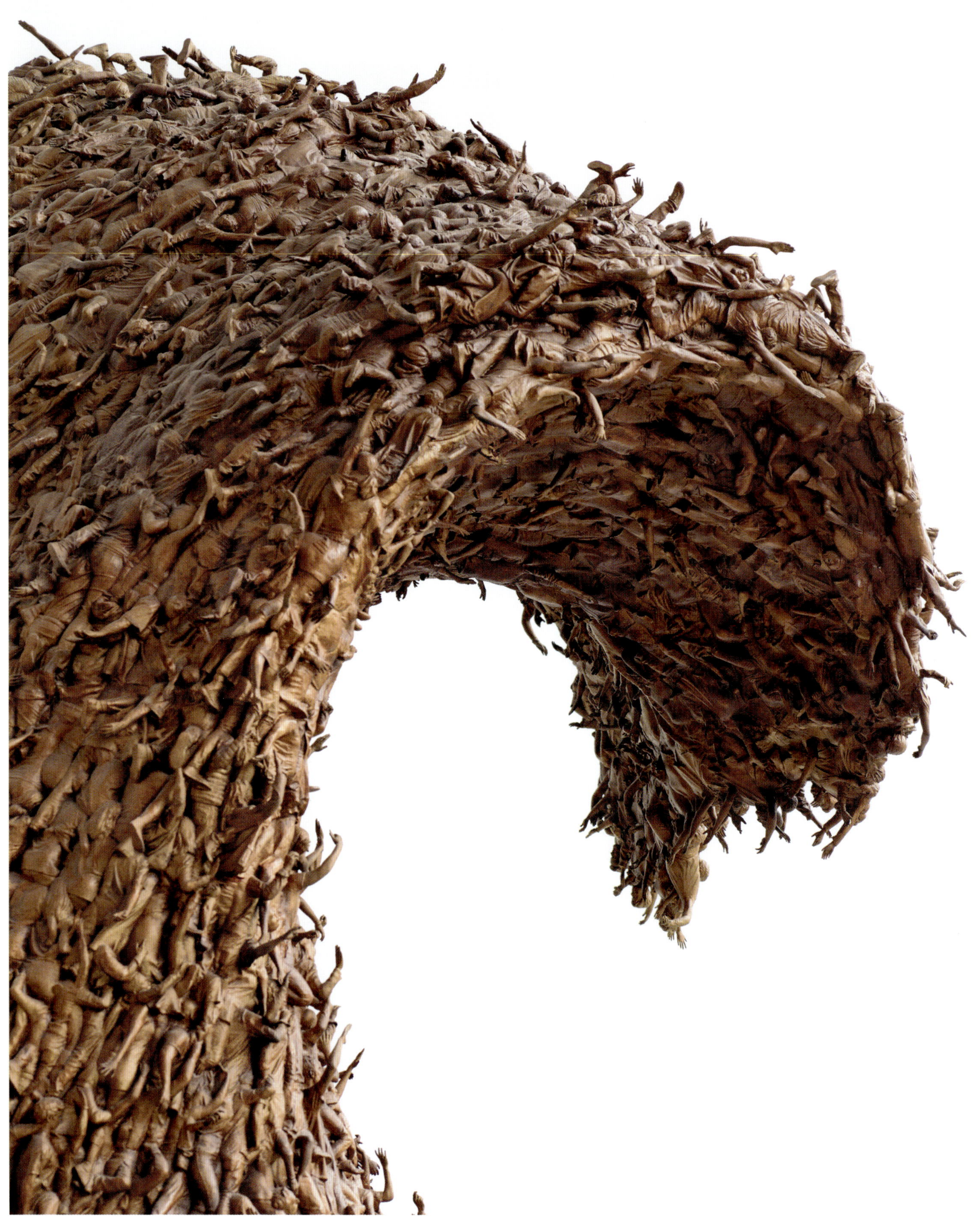

Wave, 2017

Jon Wood

Termini e Condizioni:
un'intervista con Tony Cragg

Introduzione

"Il futuro della scultura è appena cominciato. Il suo potenziale è più grande che mai e le sue possibilità sono solo agli inizi. Solo di recente il suo linguaggio e le sue forme hanno preso a evolversi…"

Questo è il genere di affermazioni che potrebbe capitare di ascoltare dalla voce dell'artista Tony Cragg – direttamente nel suo studio, nel corso di un'intervista, in qualche convegno o conferenza, o in una scuola d'arte. L'aver abbracciato fino in fondo la scultura, immergendosi nelle complessità della sua condizione e della sua funzione, ha permesso a Cragg di occupare oggi un posto inedito e davvero speciale in seno all'arte contemporanea. Le sculture di Cragg sono libere, autonome, non accettano la sudditanza del ready-made o dei progetti di installazioni. Cragg ha una visione materialista, il suo interesse è rivolto al contenuto della forma, e in particolare al coniugare materia e significato. È anche uno scultore interessato a contribuire in modo immaginativo al discorso sulla scultura – ovvero alla scelta del linguaggio più appropriato che la possa definire o al modo in cui possiamo discutere oggi quest'arte e ripensarla domani – promuovendo la "scultura" in un'epoca afflitta da non poche difficoltà con le definizioni che la riguardano e con questo termine in particolare.

Cosa significa esattamente essere uno "scultore" oggi, quando ormai il nostro concetto di scultura ha sconfinato così radicalmente nella performance, nella fotografia, nel cinema e nei media digitali, e in tante altre modalità di coinvolgimento e interazione con il pubblico? Come può essere immaginata e articolata oggigiorno una prospettiva specifica per un medium – o addirittura per un materiale? E come può uno scultore promuovere un ruolo importante per la scultura dando forma e rappresentazione alle idee

Terms and Conditions:
An Interview with Tony Cragg

Introduction

'The future of sculpture has only just begun. Its potential is greater now than ever before and its possibilities are just starting. Its language and its forms are just beginning to evolve…'

These are the kind of statements that you are likely to hear from the artist Tony Cragg — whether in the studio, during interviews, in lectures, at conferences or in the art school. Cragg's constant espousal of sculpture and his dedication to the complexities of sculpture's status and function today have given him an intriguing and somewhat unusual place within contemporary art. Cragg is a sculptor who still makes freestanding sculpture and who refuses to accept the dominance of the readymade and installation projects. Interested in coalitions of material and meaning and in the content of form, Cragg's outlook is a materialist one. He is also a sculptor imaginatively preoccupied with the textual dynamics of sculpture — with the language used to talk about it and with looking at how it might be discussed today and envisioned tomorrow — promoting 'sculpture' in an age of anxiety about such medium-based definitions and about such a term in particular.

So what exactly does it mean to be a 'sculptor' today, especially when our ideas of what sculpture can be have been expanded so radically into performance, photography, film and digital media, and through other modes of viewer and visitor involvement and interaction? How can a medium specific — or even a material specific — outlook be imagined and articulated nowadays? And how can a sculptor promote an important role for sculpture visualising and giving shape to scientific ideas without sounding

scientifiche senza sembrare il custode di una tradizione in via di estinzione di fronte alla scienza e alla tecnologia attuali? Gli scultori che hanno scritto di scultura hanno spesso sentito il bisogno di esprimere tutta la rilevanza di questo mezzo di fronte alla modernità e a un mondo in continua evoluzione tecnologica, soprattutto quando i prodotti della modernità, come spesso è accaduto, hanno rappresentato per la scultura una sfida diretta. Mentre il passato è stato spesso dalla parte della scultura, del futuro non possiamo dire altrettanto, e gli scultori si sono spesso sentiti in dovere di spiegare come il loro lavoro non solo sia in contatto con il mondo moderno, ma anche in diretta sintonia con esso. Quando si ascolta Cragg parlare di scultura, è sorprendente quanto a volte le sue parole suonino futuristiche. Ed è anche significativo il fatto che, di tanto in tanto, in queste sue parole si senta riecheggiare le voci di scultori precedenti.

Nel corso dell'intervista che segue emergerà il pensiero di Cragg su cosa sia la scultura oggi, attraverso l'analisi di cinque termini comunemente usati quando si parla di scultura, scomponendoli, indagando le loro peculiarità. Questi i termini oggetto della discussione:

- Materiale
- Scala
- Dimostrazione
- Peso
- Generazione

like a guardian of a dying tradition in the face of modern science and technology? Sculptors who have written about sculpture have often felt the need to articulate their sense of sculpture's relevance in the face of modernity and in a technologically changing world — especially when the products of modernity, as has so frequently been the case, offered direct challenges to sculpture. Whilst the past has often been on sculpture's side, the future hasn't, and sculptors have often felt the need to explain how their sculpture is not only in touch with the modern world, but also in direct sympathy with it. When you listen to Cragg talk about sculpture, it is striking how futuristic his words sometimes sound. By the same token, it is also noteworthy that, from time to time, you will hear the voices of other earlier sculptors echoing in what he has to say.

The group of texts that follows reveals Cragg's thoughts on sculpture today by taking five terms that have common currency within the language used for sculpture and opening them up, exploring their particularities, through interview discussion. These terms are:

- Material
- Scale
- Demonstration
- Weight
- Generation

L'idea è che questi termini e condizioni non solo consentano di discutere e indagare le basi presunte della scultura, ma permettano anche alla discussione di ampliarsi, andando oltre un ambito prettamente scultoreo, grazie alla loro applicazione e rilevanza più generali. A volte sono le loro implicazioni sociali, politiche ed etiche a emergere tanto quanto i loro aspetti formali ed estetici. Per molti versi non sorprende che la discussione prenda questa piega. La scultura rappresenta per Cragg un modo attivo di interrogare il mondo, nonché un catalizzatore per accrescere la nostra sensibilità nei suoi confronti. Per lui è necessario non solo rappresentare, dare forma e dimostrare idee complesse, ma anche esplorare il mondo materiale e scoprirne le possibilità. In tal senso, la biologia, così come la chimica e la fisica, guida il suo pensiero critico sulla scultura e gli permette di ripensarne il ruolo e di immaginarne il potenziale attuale. Un potenziale che, come rivela questa intervista, va ben oltre il laboratorio dello studio dello scultore estendendosi alla vita e all'immaginazione di tutti noi.

The idea is that these terms and conditions will not only allow discussion and interrogation of the ostensible basics of sculpture, but will also enable the conversation to extend elsewhere, within and beyond sculpture, because of their more general application and relevance. Sometimes it is their social, political and ethical ramifications that emerge as much as their formal and aesthetic aspects. In many ways it is not surprising that the discussion takes this turn. Sculpture, for Cragg, represents an active way of interrogating the world and a catalyst for heightening our sensitivity to it. It is needed, for him, not only to visualise, shape and demonstrate complicated ideas, but also to explore the material world and uncover its possibilities. Thus biology, as much as chemistry and physics, guides his critical thinking about sculpture and enables him to rethink its role and imagine its potential today. A potential that, as this interview reveals, extends well beyond the laboratory of sculptor's studio and into the lives and imaginations of us all.

Materiale

Jon Wood: Il materiale non è semplicemente una "cosa", o forse sì?

Tony Cragg: Non lo è affatto. So che di solito gli scultori trattano genericamente il materiale della scultura come una "cosa", ma credo sia un modo davvero improprio e poco utile di porsi, soprattutto in una riflessione di questo tipo.

JW: Perché lo fa sembrare banale?

TC: Sì, esatto, e anche perché lo riduce a qualcosa che si limita a riempire lo spazio. Mi piace pensare al materiale come a qualcosa che è strettamente legato a me – perché io sono materia e anche le "cose" accanto a me e da cui sono sostenuto sono materia, così come tutto ciò che mi circonda. Quando guardo un qualunque materiale, i miei pensieri reagiscono a esso, e questo in qualche modo mi cambia perché ogni cosa esercita su di me un'influenza. In realtà è così per ogni essere umano, anche se non possiamo essere consapevoli di quanto ogni singola porzione di materia intorno a noi ci influenzi. Che si tratti della temperatura dell'aria, del movimento dell'aria, della luce nell'aria, del colore dell'aria, della sedia su cui siamo seduti o altro, tutto ciò che ci circonda ha una miriade di effetti e influisce sul nostro benessere, sui nostri sensi e sui nostri pensieri.

JW: Pensando a questo e anche alla tua ben nota ammirazione per l'opera di Rodin, forse potremmo cominciare il nostro dialogo dalla valutazione espressa dal grande artista sulle diverse tipologie di materiali, ricordando la sua famosa equazione "L'argilla è la vita, il gesso è la morte e il bronzo è la resurrezione". Vorrei sapere come suonano oggi alle tue orecchie queste potenti affermazioni sulla materia, lontane da noi nel tempo, e il fatto che siano così

Material

Jon Wood: Material is never just 'stuff', or is it?

Tony Cragg: Not at all. I know there's a tradition for sculptors to call the material of sculpture 'stuff', which I think is a very odd and very unhelpful way of actually thinking about material.

JW: Because it makes it sound dumb?

TC: Yes, because it makes it sound dumb, and because it also makes it sound like something that merely fills the space. I would like to think of material as something that is closely related to myself — because I'm material and the 'stuff' next to me that I'm supported by is material, and everything around me is material. As soon as I look at any material, I combine my thoughts with that material, and so I'm changed because I become influenced by everything that's around me. This is actually so for every human being, even though we cannot possibly be aware of how influenced we are by every single piece of material that's around us. Whether it's the temperature of the air, the movement of the air, the light in the air, the colour of the air, the chair you're sitting on etc... everything surrounding us is a myriad of effects and affecting our well being, our senses and our thoughts.

JW: Thinking of this and given your relatively well-known admiration for Rodin's work, perhaps we can start with his evaluation of materials and with his famous equation: 'Clay is life, plaster is death and bronze is resurrection'. I want to know what you think today of these extraordinary older claims for materials and this investing of materials with metaphorical meaning, in this particular case a religious or spiritual meaning.

cariche di significati metaforici, nel caso specifico di un significato religioso o quantomeno spirituale.

TC: Innanzitutto Rodin non aveva a disposizione quel ventaglio di materiali che abbiamo noi oggi. Per lui la pratica della scultura si limitava fondamentalmente alla modellazione. La scultura in quanto disciplina in grado di indagare il mondo fisico della materia non si era ancora manifestata nella sua vita. Così diede al linguaggio della scultura un significato metaforico. D'altronde è una cosa che facciamo ancora oggi. Nella nostra cultura abbiamo deciso che il nero è depressivo e ha a che fare con la morte, mentre il bianco evoca la nascita, la speranza, la rivelazione e la gioia, o cose del genere.

JW: Ti capita di attribuire un significato quasi metaforico ai materiali? L'argilla, ad esempio, ti stimola associazioni germinative od originarie, per via della sua tradizionale funzione preparatoria? E magari, se guardiamo all'oggi, che significato hanno la plastica, il cartone di fibra, l'MDF o altro?

TC: È un'altra cosa, perché se prendi venti materiali e attribuisci loro venti termini diversi, ti costruisci un vocabolario di venti termini e magari ce ne possono essere ancora tanti altri. A me, ad esempio, risulta che esistano circa ventimila materiali. Allora diventa una battaglia di termini, una battaglia su ciò che è importante dal punto di vista del linguaggio. Ci troviamo sempre a dover accettare le valutazioni altrui del mondo, ma fare scultura è un modo per ripartire e dar vita alla propria personale valutazione delle cose, perché è una reale sperimentazione. Quindi non so se siano ventimila – forse saranno solo duemila – ma comunque ormai abbiamo a disposizione molti termini.

TC: Well, first of all Rodin as a sculptor didn't have the horizon of all the materials we have. The practice of making sculpture then for him was basically modelling. Sculpture as a discipline for discovering the physical material world hadn't started in his life. So he gave the language about sculpture some metaphoric meaning. This is something that we still do anyway. I mean we decide in our culture that black is depressive and to do with death, and white is to do with birth, hope, revelation or joy or something.

JW: Do you find yourself ascribing quasi-metaphorical meaning to materials? Does clay, for example, have germinative or originary associations for you, because of its usual preliminary function? And perhaps looking back today what meaning do plastic, fibreboard, MDF etc. have?

TC: It's a different thing, because if you just take twenty materials and give them twenty terms, then you have a language of twenty terms and you can still do a lot. My understanding is that there are twenty thousand or so materials. So then it becomes a battle of terms, a battle of what's important with language. All the time we are obliged to accept other peoples' evaluations of the world, but making sculpture is a way of actually going back and starting the evaluation oneself because you actually experience it. So I don't know if there are twenty thousand — maybe there are just two thousand — but there are a lot of terms now. In any case, we can't grasp how complicated things are, and our language

Tuttavia, non riusciamo a cogliere la grande complessità delle cose, e il nostro linguaggio è già un sistema che elimina e alla fine inizia a ridurre le possibilità. Partiamo dal più semplice linguaggio commerciale, dopodiché ci imbattiamo in parole via via più complicate. Poi arriviamo a doverci confrontare con i limiti delle parole e quindi con i limiti del vocabolario, e a quel punto dobbiamo cominciare a inventarci parole nuove.

JW: Ma nonostante quest'ampia gamma di materiali e di termini oggi disponibili, tu lavori con l'argilla, il gesso e il bronzo. Questi materiali tradizionali sono ancora profondamente rilevanti per la tua pratica e per la tua visione della scultura?

TC: Certamente. Credo che l'argilla sia un buon materiale per divertirsi. Ed è un buon materiale da maltrattare perché si lascia maltrattare. Quindi penso che l'argilla si presti a realizzare un cambiamento nel mondo anche in quanto strumento, in quanto metodo per affrontare il mondo. La scultura è solo un mezzo per affrontare il mondo più vasto, è solo un mezzo per cercare nuove forme e per formulare domande sul mondo in cui viviamo, sulla realtà.

JW: Ritieni che alcuni materiali siano più adatti di altri a veicolare determinati significati e messaggi? A volte hai accennato a una versione aggiornata della "verità dei materiali" come a un modo per descrivere il rapporto tra l'effetto che il materiale ha su di te e il modo in cui tu hai un effetto sul materiale, suggerendo una sorta di ping-pong tra soggetto e oggetto.

TC: Credo che ci sia un effetto ping-pong a un certo livello, ma per me la "verità dei materiali" attiene "al perché fare

is already a system that cuts out and eventually starts to reduce possibilities. The simplest commercial language is also the simplest language, and after that there are more and more complicated words. Then you are faced with the edge of the words and, after that, the edge of the dictionary, and then you have to start inventing some new words.

JW: But despite this range of materials and terms available now, you work in clay, plaster and bronze. Are these traditional sculptural materials still deeply relevant to your practice and your envisioning of sculpture?

TC: Absolutely. I think clay is a good material for just fooling around. No, it's a good material to kick around, because it lets itself be kicked around. So I can talk about clay as a material that I feel lends itself to effecting change in the world as a tool too, as a method of dealing with the world. Sculpture is only a method of dealing with the big world — it's only a method of looking for new forms and of formulating questions about the world we live in, about reality.

JW: Do you think that some materials are more appropriate for certain meanings and messages than others? You have sometimes implied an updated version of 'truth to materials' as a way of describing a connection between the effect the material has on you and the way that you have an effect on the material, hinting at a kind of ping-pong between subject and object.

TC: I think there is a ping-pong effect on some level, but for me 'truth to materials' means 'why make a Mickey Mouse out of matchsticks', if you know what I mean. I guess I just mean more 'appropriate'. And 'appropriateness' already puts us on a very fluid plane. The material world looks

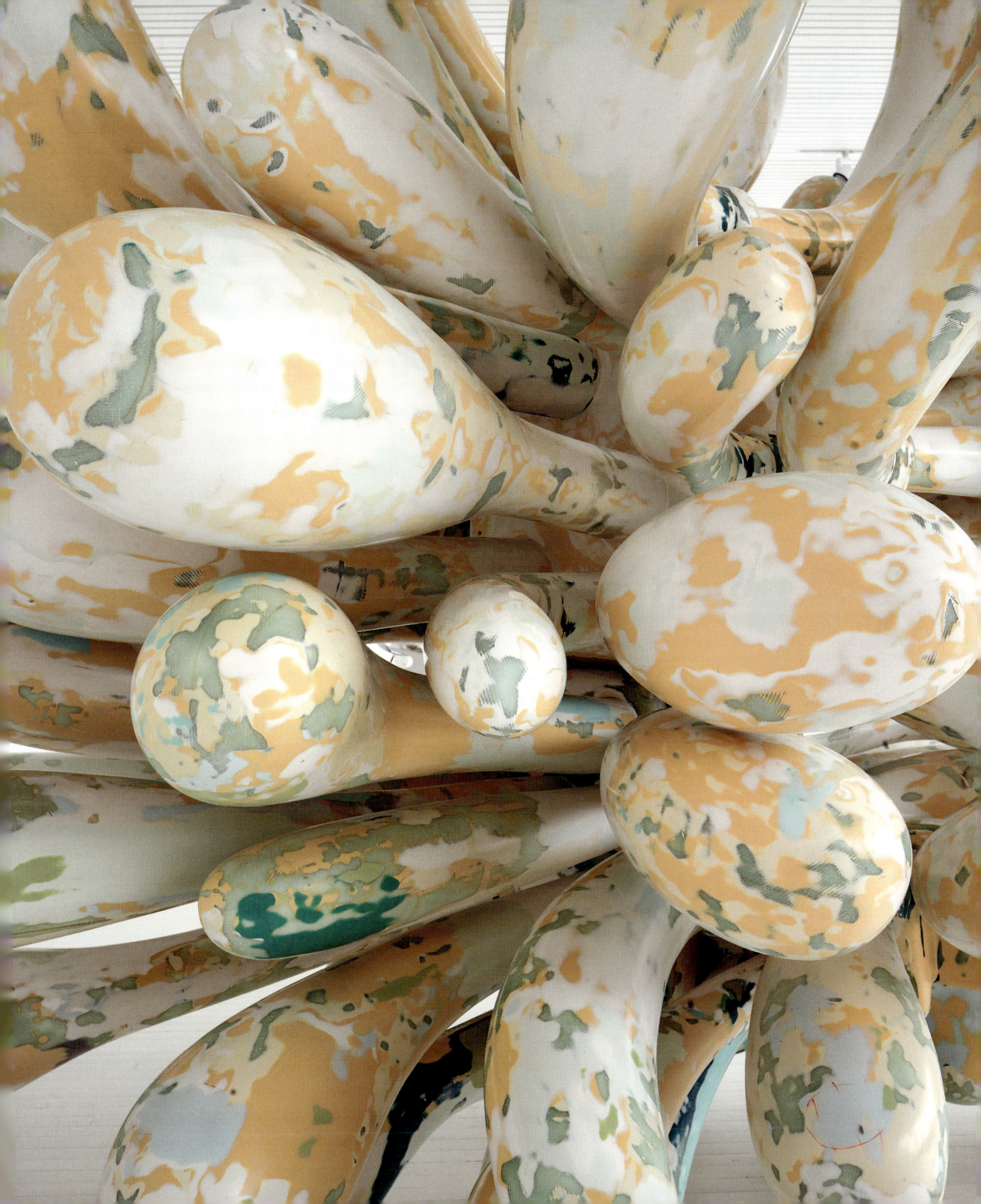

un Topolino con i fiammiferi", se capisci cosa voglio dire. Cioè, semplicemente mi interessa la categoria di cosa è più "appropriato". E l'"appropriatezza" ci pone già su un piano di estrema fluidità. Il mondo materiale appare complicato perché la materia si presenta in tanti modi diversi. Queste sembianze poi cambiano di continuo, per cui c'è un conflitto fra la tangibile fissità del materiale costretto in una data forma e il fatto che tutto è in un flusso costante, in un incredibile movimento. Inoltre, cambia anche la nostra posizione rispetto a esso, c'è quindi un flusso enorme che si muove nel mondo materiale. Tutto ciò ha un ruolo importante nel nostro modo di considerare i materiali e nell'attribuire loro delle etichette.

JW: Allora, sì, viviamo in un'epoca cosiddetta "postmediale", ma anche in un'epoca in cui i materiali diventano ancora più rilevanti, significativi ed efficaci.

TC: Il medium è solo un fenomeno materiale, che si tratti di fotografia, computer, CD o altro. Il materiale non è qualcosa di semplicistico: giocare con un pezzo di argilla è solo l'inizio delle cose, è così che si comincia. E parlare di "media" oggi non significa nemmeno occuparsi esclusivamente degli aspetti tecnologici più complessi. Quando si ha a che fare con un materiale ci sono aspetti straordinariamente complicati da considerare, e i nostri sforzi per individuarli sono solo approssimativi. Ci sono tantissimi aspetti di un materiale che non sappiamo bene come utilizzare e in che modo rapportarci a essi per esprimere noi stessi. E se c'è un potenziale nelle cose, sta in una certa misura nel comprendere meglio il vocabolario della materia e i suoi modi di esprimersi.

complicated because there are lots of different appearances for materials. Also these appearances change all the time so that there is a conflict between the tangible frozenness of material on a given form of the material and the fact that the whole thing is in flux, incredibly in flux. In addition, we are changing our position relative to them as well, so there's an enormous amount of flux going on in the material world. All of this plays a role in thinking about materials and about giving them labels as well.

JW: So if we are living in a so-called 'post-medium' age, we're also living in an age in which materials become even more relevant, meaningful and effective.

TC: The medium is only a phenomenon of material, whether you are talking about photography, computers, CDs etc... Material doesn't have to be simplistic — playing around with a piece of clay is only the beginning of things, that's how we start. It also doesn't mean that to talk about 'media' now means just dealing with the most complicated technological things. There are just unfathomably complicated facets to be considered when dealing with material, and we really only make rudimentary efforts in tracking those down. There are many, many aspects of the material we just don't know how to use, and how to express ourselves with. And if there is a potential of things, it is somehow in understanding more about the vocabulary of material and the ways in which it can express itself.

JW: Il "potenziale delle cose" è per te un'espressione molto significativa e attuale, visto che è il titolo provvisorio della tua mostra all'Akademie der Künste di Berlino.

TC: Sì, attualmente questi temi mi stanno molto a cuore, perché ci sono alcune mie sculture che introducono nuovi materiali, offrendo una nuova esperienza visiva, una nuova esperienza di pensiero. Ve ne sono poi altre in cui il materiale è messo più o meno in secondo piano, così che qualunque cosa può attraversare la scultura, e di fatto in questo caso non si è realmente interessati al materiale. Questo accade spesso con le sculture più antiche. Ad esempio, in una statua di Rodin non sei attratto veramente dal bronzo, non ti preoccupi della qualità intrinseca di questo materiale, piuttosto ti interessano altre cose. E forse questo capita qualche volta anche con la scultura in bronzo di Henry Moore, laddove non si guarda al materiale, bensì alle linee, alla superficie, all'articolazione dei volumi.

JW: Esistono, quindi, sculture in cui la materia "scompare" e si bada forse più al contorno, all'immagine e alla patina, nel tuo lavoro invece la materia è fondamentale e totalizzante. Per te senza materia non esiste scultura?

TC: Ritengo che ci siano molti lavori in cui il materiale è ovviamente importante perché ne è in qualche modo il vettore, però cosa sta veicolando davvero? E questo fatalmente ci riporta alla domanda, "cosa vuol dire fare scultura, a cosa serve?". Si può affermare con onestà che uno scultore ha bisogno della materia, e difficilmente si può essere scultori senza la materia. Ma la prima domanda da porsi è: cosa significa la materia, cosa si ottiene usando la materia. Per quanto mi riguarda, credo che la materia sia tutto. Noi siamo fatti di materia e la stanza in cui ci trovia-

JW: The 'potential of things' being a highly relevant and topical phrase for you, as it is the working title for your exhibition at the Akademie der Künste in Berlin.

TC: Yes, these issues are important to me now because there are some sculptures of mine that introduce new materials. They offer a new seeing experience, a new thinking experience. Then there are other sculptures where the material more or less falls away, so that whatever's coming through the sculpture, you're actually not really concerned with what the material is. That often happens if it's an older sculpture. For example, you don't really look at the bronze of the Rodin, you're not concerned with the bronzeness of the material, rather you're concerned with other things. And maybe we can even argue that in some cases with Henry Moore's bronze sculpture, you don't look at the material, you look at the silhouette, you look at the surface and you look at the articulation of the volumes.

JW: But if there are sculptures where the material 'disappears' and we attend perhaps more to outline, image and patina, for you and your work material is key and all-appearing. Without material there is no sculpture, as far as you are concerned?

TC: I think there are a lot of works where the material is of course important because that's the carrier for them, but then what the hell's it carrying? So that leads back to the question, 'what is making sculpture about?' 'What's it good for?' One can say with honesty that a sculptor needs material, and you would hardly be a sculptor without the material. But the first question is then, what does the material mean, what does one achieve by using the material. And from my point of view, I believe that material

mo è fatta di materia, non riesco proprio a pensare a una realtà che non sia materiale. Dobbiamo includere la luce e l'elettricità come fenomeni materiali, i processi mentali del nostro intelletto, che sono anch'essi espressione della materia, le nostre emozioni, che sono anch'esse causate da processi materiali complessissimi e altamente evoluti. Ovviamente questo non vuol dire che non ci sia qualcosa di molto misterioso in tutto ciò, di fatto siamo di fronte alle grandi domande per eccellenza. Quello che vediamo è una prova sufficiente di un mondo materiale straordinariamente complesso, ancora (per quanto ne sappiamo qualcosa), per la maggior parte, totalmente sconosciuto. Anche oggi la cosmologia e la neurologia stanno a malapena grattando la superficie delle infinite possibilità della materia. Quindi secondo me c'è una grande aspettativa e un enorme potenziale nella materia.

JW: E ritieni che la scultura, grazie a questo stretto rapporto con la materia, costituisca un valido strumento per affrontare queste "grandi domande"?

TC: L'indagine scientifica, dal mio punto di vista, non può essere l'unica via di conoscenza del mondo materiale. E sebbene esistano diverse velocità di acquisizione e sviluppo della conoscenza, penso che anche l'arte (e in particolare l'arte scultorea, che si sta evolvendo in modo relativamente rapido) sia un ottimo metodo per indagare la materia.

JW: In che modo?

TC: Be', non solo per le sue proprietà fisiche, la sua conformazione e la sua storia, sebbene questi fattori forniscano sicuramente una solida base per misurarsi con questa conoscenza, con questi fenomeni e con il mondo materiale,

is everything. We consist of material and the room we are both in consists of material, and so I can't think of any reality that isn't material. That includes light and electricity as phenomena of the material, that includes the thought processes of our intellects which are also properties of material, that includes our emotions, which are also caused by very, very complicated and highly evolved material processes. This is not to say that there's not something very mysterious about all that, because these are the ultimate big questions. What we really do have in front of us is enough evidence of an incredibly complicated material world, which is (as much as we know something about it), for the vast proportion still totally unknown. Even now, cosmology and neurology are still just scraping the surface of the possibilities of material. So for me there is great expectation and an enormous potential in material.

JW: And do you think that sculpture, through this close relationship with material, offers a good means of approaching and dealing with these 'big questions'?

TC: Scientific investigation, from my point of view, can't possibly be the only method of informing ourselves about the material world. And although there are different speeds of knowledge gain and knowledge change, I think that art (and especially the relatively fast developing art of sculpture) is also a very good method of investigating material.

JW: How?

TC: Well, not just because of its physical properties, its constitution and its history, although these factors definitely provide a basis for the human relationship to this knowledge, to these phenomena and to the material world,

ma anche perché ha un'implicazione sociale. Quando si guarda una scultura, si tende a pensare: "Oh, vedo solo una forma, dov'è il contenuto? Ha un significato politico o sociale?". Ma per me, creare una scultura o un dipinto è già di per sé una dichiarazione politica radicale. Operare al di fuori del sistema utilitaristico, prendere un materiale e trasferirvi in modo così particolare un significato e una vita, un valore umano, è un processo piuttosto raro, molto speciale e, per certi versi, anche molto misterioso.

Questa attività ha anche una grande valenza sociale e politica, in quanto lavorare con la materia, fare scultura è una responsabilità. È una dichiarazione della necessità di amare e rispettare la materia, e della necessità di entrare in un rapporto più complesso con essa. Se vogliamo essere ottimisti, la razza umana potrebbe avere ancora qualche centinaio di migliaia di anni di pratica con la materia, se non di più, e il nostro rapporto con essa dovrà diventare molto più articolato e sofisticato. E non sarà solo la nostra comprensione a dover cambiare, dovremo anche riadattare continuamente i parametri psicologici del nostro mondo. Dovremo abituarci all'idea di essere seduti in questa stanza fatta di molecole e attraversata dalla radioattività. Tutte ciò che conosciamo – raggi gamma, raggi X, fotoni della luce, relatività e tutto il resto – è probabilmente solo la punta dell'iceberg. Ci sono ancora tantissime cose da scoprire. E per quanto mi riguarda, l'aspetto più semplice di questo ragionamento è che io, in quanto scultore che nutre una grande fiducia nella materia, posso dire di comprendere il mondo e la vita umana in termini materiali. Vale a dire che quando ci concentriamo sulla nostra consapevolezza della materia, sulla nostra fiducia nella materia, allora si iniziano a risolvere i problemi in termini materiali. Per questo penso che gli scultori abbiano un'enorme responsabilità rispetto al materiale che hanno tra le mani. In questo modo

but also because it has social connection. When people look at sculpture, they tend to think, 'Oh, it's formal, where's the content? Does it have a political or a social meaning?' But for me, to make a sculpture or make a painting is a radical political statement already. To work outside of the utilitarian system, to take some material and to transfer in a very special way some meaning and some life, some human significance onto the material, is quite a rare, very special and, in some ways also, very mysterious process.

This activity also has a great social and political value to it because of the responsibility of working with material, of making sculpture. It's a declaration of the need to love and respect material, and the need to get into a more complicated relationship with material. If we're being optimistic, the human race may have a few more hundred thousand years practice with the material, if not longer, and our relationship to it will have to become much more complicated and sophisticated. And it's not just our understanding of it that will change, but we will also have to continually readjust the psychological parameters of our world. We will have to get used to the idea of sitting in this room made of molecules with radioactivity rushing through it. All the things we know about — gamma rays, X-rays, light photons, relativity and all that sort of knowledge — is really probably only the tip of the iceberg. There's still much, much more to come of this knowledge. And from my point of view, one simple significance of this is that I, as a sculptor who obviously invests a great deal of faith in material, can say that I understand the world and human life in terms of material. The point being that, when you actually turn and focus on our awareness of material, our faith in the material, then one starts to solve problems in material terms. And so I think that sculptors bear an

si assiste a una vera e propria concentrazione di energie intellettuali e fisiche intorno alla materia, a cui gli scultori si accostano in modo davvero speciale.

JW: Una delle tue principali preoccupazioni come scultore è anche quella di cercare di enfatizzare o ricordare alle persone la materialità del mondo, e l'importanza di assumersi la responsabilità di questa materialità del mondo, a tutti gli effetti, "invisibile", oltre che di quello visibile?

TC: Sì. Al di là del livello della percezione umana, esistono infatti tante altre cose, così come i nostri bisnonni cento anni fa non avevano coscienza di nessuna delle cose che per noi sono invece evidenti. Ma non è solo una differenza fisica, in un certo senso è anche un cambiamento spirituale. È come dire: "Guardate, la materia è davvero sorprendente". Il materialismo può essere considerato come una filosofia di serie B, ma se si accetta la piena totalità che è in grado di offrire, il suo impatto è sempre notevole e significa anche assumersi la responsabilità della materia e affrontarla a un livello completamente diverso. Noi esseri umani forse siamo qui solo per un periodo di tempo transitorio e prima o poi scompariremo (anche se non abbiamo perso la speranza di evitare la fredda oscurità finale della non-esistenza). Perciò, nella nostra breve vita, abbiamo la responsabilità morale e il dovere etico, credo, di predisporre le cose e di sistemarle in modo tale da infliggere il minimo dolore possibile a qualsiasi creazione complessa e di estendere la nostra cura e la nostra responsabilità anche agli elementi non viventi del mondo che ci circonda. Penso che la scultura sia una sorta di attività di sensibilizzazione e che abbia un ruolo di catalizzatore in grado di condurre a un pensiero più sensibile. È uno strumento per i materialisti, che spero porti anche a un approccio più aperto e consapevole nei confronti del mondo che ci circonda.

enormous responsibility for the bit of material they get in their hands. Through this there is a real concentration of intellectual and physical energy around the material that they're dealing with in a very special way.

JW: Is one of your main concerns as a sculptor also to try to emphasise or remind people of, and take responsibility for, the materiality of the, to all intents and purposes, 'invisible' world, as well as the visible world?

TC: Yes. Beyond the scale of human perception, there are a lot of other things, just as our great-grandparents a hundred years ago had no awareness of any of the things that for us are self-evident. But it's not just a physical difference, it's also a spiritual shift in a sense. It's to say, 'Look, the material is awe-inspiring, you know.' Materialism can be taken as a somewhat shoddy and inferior philosophy, but if you accept the full compilation that it offers, it's always awe-inspiring and also means that one takes responsibility for the material and deals with it on a completely different level. We as human beings are possibly here for only a temporary period of time and we'll just disappear at some point (even though we haven't given up the hope of avoiding the ultimate cold darkness of non-existence). So in our short life span we have a moral responsibility and an ethical obligation, I think, to structure things and to make things so that there's the very least amount of pain inflicted on any complicated creation and even extend our care and responsibility to the non-living constituents of the world around us as well. I think that sculpture is a kind of sensitising activity and that it has a role in being a catalyst that may lead to more sensitive thinking. It's a materialist's tool, which I would hope would also lead to a more open-minded approach to the world around us.

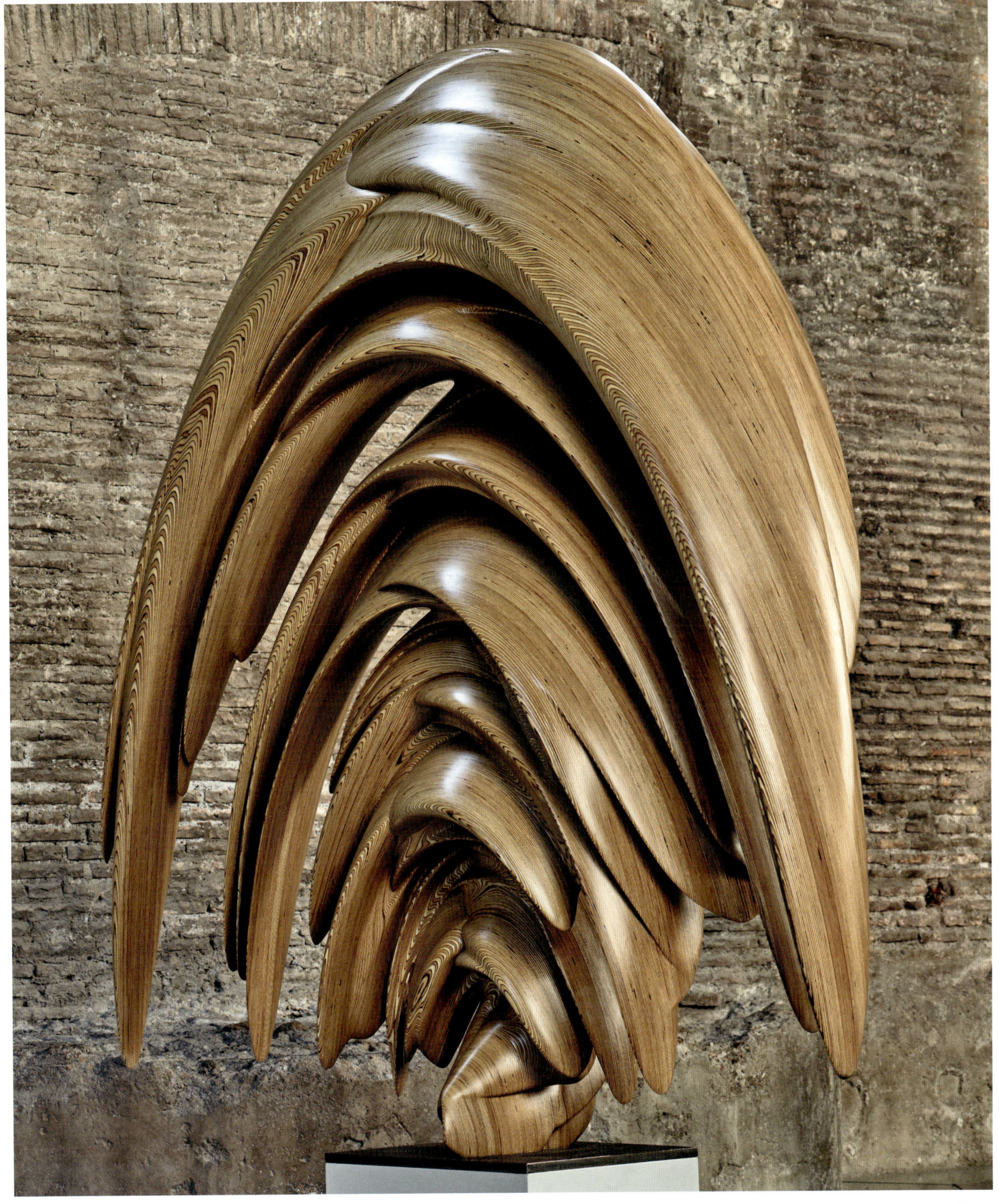

Spring, 2016

Scala

JW: Spesso fai riferimento a esempi di scala come il ciottolo sulla spiaggia, il granello di sabbia o un seme in una mano, il corpo in un paesaggio e così via. La tua scultura è sempre in un rapporto di scala con il corpo umano?

TC: In quanto essere umano, la mia unica unità di misura è il mio corpo. Non sono alto due metri, e forse una persona alta due metri ha una scala di riferimento diversa. Potrebbe pensare che questa stanza sia piccola o che quella porta sia piccola. Analogamente un bambino penserebbe "quell'armadio laggiù è davvero enorme". Quindi negli esseri umani esiste già un ampio spettro di variazioni di scala. Relativizzare la percezione iniziale poi dipende anche dalla quantità e dal tipo di esperienze che si sono accumulate. Che dire poi delle scale davvero grandi? Ad esempio, se qualcuno ti dice che ci sono due trilioni di neuroni nel cervello umano, la scala di riferimento è enorme, giusto? E d'altro canto, ci troviamo di fronte a un universo infinito. Quindi, in termini di ordine di grandezza, può avere un significato diretto solo quando produce un effetto diretto su di noi.

JW: Cosa pensi del concetto di scala in termini culturali direttamente "efficaci"?

TC: Il concetto di scala, in termini culturali, ha a che fare con il rapporto tra le dimensioni di un oggetto e l'effetto da esso prodotto. Prendiamo ad esempio la guglia di una chiesa: nel periodo in cui veniva costruita la maggior parte delle chiese era un elemento di notevoli dimensioni. La guglia si innalzava perché (in assenza di radio, televisione e altri mezzi simili) era un modo per comunicare da una distanza relativamente grande dove si trovava il centro della vita spirituale. E poi le campane erano imponenti perché il loro suono doveva abbracciare un territorio

Scale

JW: You have often made references to the highly scale-orientated examples of the pebble on the beach, the grain of sand or seed in the hand, the body in landscape etc. Is all your sculpture on a scale with the human body?

TC: As a human being, I only have this bodily concept of scale. I'm not two-metre high, but maybe a two-metre high person has a different understanding. He might think this is a small room, and he would definitely think that was a small door. Similarly a child would think 'that's a great, big, enormous cupboard over there'. So there are already some ranges and changes of scale in human beings. It is also to do with the accumulation of other kinds of experiences that relativise that initial perception. But what about all those really large scales? For example, as soon as someone tells you there are two trillion neurons in the human brain, that's an enormous scale, isn't it? And on the other side of things, we are faced with a universe that is infinite. So in terms of scale, it can only directly have meaning when it has a direct effect on us.

JW: What about scale in directly 'effective' cultural terms?

TC: Scale in terms of culture has to do with the relationship between the size that something has and the effect it has. So take a church spire: at the time most churches were built they were quite big. The spire went up high because (in the absence of radio, television and any other such means) it was a way of communicating from a relatively large distance where the centre of spiritual life was. And then the bells were very big because their noises also had to cover a lot of terrain. At a certain time churches were the biggest things that humans were making, and this has also been the case for a lot of such monumental things.

molto vasto. In una determinata epoca, le chiese erano gli oggetti più grandi che l'essere umano stesse realizzando, e così è stato anche per molte altre cose monumentali. Le piramidi, ad esempio, erano le costruzioni più maestose che l'uomo avesse mai realizzato: il loro effetto scaturiva dalle dimensioni.

JW: Parliamo ora di quella che potremmo definire l'etica delle dimensioni, ovvero la responsabilità artistica che l'ordine di grandezza porta con sé. Come scultore, senti di dover realizzare cose molto piccole o molto grandi, o che siano in stretto rapporto di scala con il corpo umano?

TC: Penso che le cose che si fanno siano sempre in un rapporto di scala con il corpo umano; e che le dimensioni delle cose, in un certo senso, dipendano in parte da ciò che vogliamo che esse esprimano, dal messaggio che vogliamo ci trasmettano. Se si vuole dominare o essere magniloquenti, allora si fanno cose decisamente monumentali. Credo che questa strategia sia riconoscibile anche oggi con i "pattern" e gli "assemblaggi di pattern", che sono ovunque, e che vede coinvolti molti architetti e artisti. Trovo queste strutture che si ripetono all'infinito, e che possono essere enormi, totalmente fasciste sia concettualmente sia fisicamente. Riempiono inutilmente lo spazio e richiedono troppa attenzione per quello che offrono in cambio. È una strategia territoriale, una sorta di conquista del territorio. Sono esempi recenti di una lunga serie di prodotti culturali che hanno il solo scopo di soggiogarci intellettualmente ed emotivamente.

JW: So let's talk about what we might call the ethics of scale, or the artistic responsibility that scale carries with it. As a sculptor, do you feel you have something of an obligation then to make very small things or very big things, or things that have a close relational dimension with the human body?

TC: I think we will make things that have a dimensional relationship to the human body anyway, and the size of the things has to do partly with the expression you want the things to have, in a sense; the message you want these things to send. If you want to dominate or to be bombastic, then you'll make very big things. We can also, I think, witness this strategy today with 'patterns' and 'pattern installations', which are everywhere, with lots of architects and artists involved in them. I find these endless structures, which can be very large, both conceptually and physically, incredibly fascistic. They unnecessarily fill up the space and take too much attention for what they offer in return. It's a territorial strategy, a kind of territorial gain. But they are recent examples in a long line of cultural products that are meant intellectually or emotionally to subjugate you.

JW: Pensando alle questioni di scala e agli spazi espositivi contemporanei, a volte enormi... quando ti trovi di fronte a questi spazi, ti viene mai la tentazione di realizzare sculture in scala molto ridotta rispetto a essi?

TC: Non credo che le mie opere sarebbero piccole rispetto a questo genere di spazi contemporanei. Nella mia pratica artistica però ho superato la fase in cui si pensa di risolvere il problema dall'esterno. Non mi interessa fare scultura "situazionale" o specificatamente legata a un luogo. Mi affascinano le problematiche che si sviluppano nel corso del lavoro, e non l'effetto che questo produrrà nel luogo dell'esposizione. Preferisco inserire un'opera di cui sono convinto all'interno di un contesto ambientale sfavorevole, piuttosto che doverla modificare per farla apparire in qualche modo più adatta a quella cornice.

JW: Come si affronta il problema della base, del supporto?

TC: Naturalmente, il rapporto di scala si intreccia anche con la questione della base. Ho risolto il problema della base ragionando sul fatto che di solito non mi inginocchio sul pavimento per modellare o scolpire qualcosa. Se l'opera viene realizzata su un piano da lavoro, allora bisognerebbe rispettare l'energia di visualizzazione – ovvero il modo in cui è stata creata e immaginata – e forse in questo caso l'opera dovrebbe essere osservata su una superficie posta all'altezza di quello stesso piano. Se poi è sufficientemente grande da starmi accanto e competere con la mia stessa fisicità, o con le dimensioni di una figura umana o altro, allora credo che dovrebbe stare direttamente sul pavimento. Detto questo, forse però non sempre si vuole che un oggetto sia in scala con sé stessi – forse una scultura commisurata ai corpi delle persone intorno a noi ha qualcosa

JW: Thinking about scale and about the sometimes huge contemporary exhibition spaces... when you're faced with such spaces is there a temptation to make very small-scale sculpture in relation to them?

TC: I don't think my work would be small in relation to many such contemporary spaces. But I'm past the point with my work where I would be attempting to solve the problem from outside. I'm just not prepared to make sculpture in order for it to become 'situational' or tied specifically to a site. I'm interested in the concerns that I develop in the work, and I'm not really interested in the effect it's going to have on the stage. I would rather put a work I'm convinced about within an unfortunate physical framework, than have to change the work so that it somehow looks better in that framework.

JW: How do you deal with the plinth problem now then?

TC: Of course, scale is also slightly mixed up with the question of the plinth. I generally resolved the plinth problem by saying that I don't kneel on the floor to model something or carve something. If it's made on a table, then the visualising energy — the way I've made it and seen it — should then be adhered to and the work maybe should be seen on a table height surface. If the thing is big enough to stand next to me and rival my own physicality, some measure of a person or whatever, then there is a sense that it should stand on the floor. Having said that, maybe you don't always want to give an object a one-to-one parity with yourself — maybe it's too familiar to have a sculpture judged like the bodies of other personalities around us. So maybe you want to give him a base or a platform to stand on that separates him from the mundane and banal world around you, so it gives him a special status or something.

di troppo informale. Così magari ritieni che sia meglio una base o un supporto su cui poggiarla, in modo da separarla dal mondo banale e mondano in cui è immersa, in modo da conferirle uno status speciale o qualcosa del genere.

JW: Passando poi dall'interno all'esterno, dalle gallerie ai parchi di sculture, ad esempio, ci troviamo ancora ad affrontare la questione dimensionale e gli importanti cambiamenti nei rapporti di scala.

TC: Sì, c'è un cambio di scala notevole, ma molte delle sculture che ho esposto all'esterno finora, in realtà funzionavano bene anche all'interno. Anche se naturalmente ci sono delle eccezioni. Tuttavia credo che il requisito fondamentale e la vera sfida sia fare il lavoro che si vuole fare, dove lo si vuole fare e delle dimensioni che si vogliono fare, e in uno spazio sconosciuto. Non è un vantaggio conoscere lo spazio in cui si pensa che l'opera verrà esposta.

JW: Davvero?

TC: Sì, ritengo che non sia affatto un vantaggio. Se so già dove verrà installata, allora comincio a pensare di più al contesto, e non è proprio ciò che mi interessa. Non sto dicendo che per altri artisti non sia una cosa rilevante, dico soltanto che non è il problema che mi pongo io. Il mio problema è pensare a come realizzare il prossimo lavoro, pensare a come muovermi concretamente, e continuare a modificare il processo di creazione in corso d'opera, in modo da arrivare a qualcosa che mi sorprenda e di cui mi senta soddisfatto. È come quello stupido detto – che peraltro non condivido – che "l'arte è fare ciò che non si può fare o non si sa fare, oppure che l'arte è ciò che non si può fare".

JW: And moving from indoors to outdoors, from galleries to sculpture parks for example, one is still surely dealing with the question of scale and important changes in scale relationships.

TC: Yes, there is a change of scale, but a lot of the sculptures that I've shown outside so far have managed to go well inside as well. Though there are of course some exceptions. But I do think the test of the matter and the challenge is to make the work you want to make, where you want to make it and the size you want to make it, and in an unknown space. It's not an advantage to know the space you think the work's going to end up in.

JW: Really?

TC: Well, I think it's no advantage at all. If I know where it's going to end up it, then I start to think more about the context, and that is just not what I'm interested in. I'm not saying it's not an interesting thing for other artists to do, it's just not the problem I want to solve. I have a problem as it is making the next work, working out how I'm going to physically get around things, and while I'm making it, to keep changing it so that I arrive at something that surprises me, and that I am happy with. It's like that stupid saying — that I simply do not agree with — that 'art is what you can't make or don't know how to make, or that art is the thing that you can't do'.

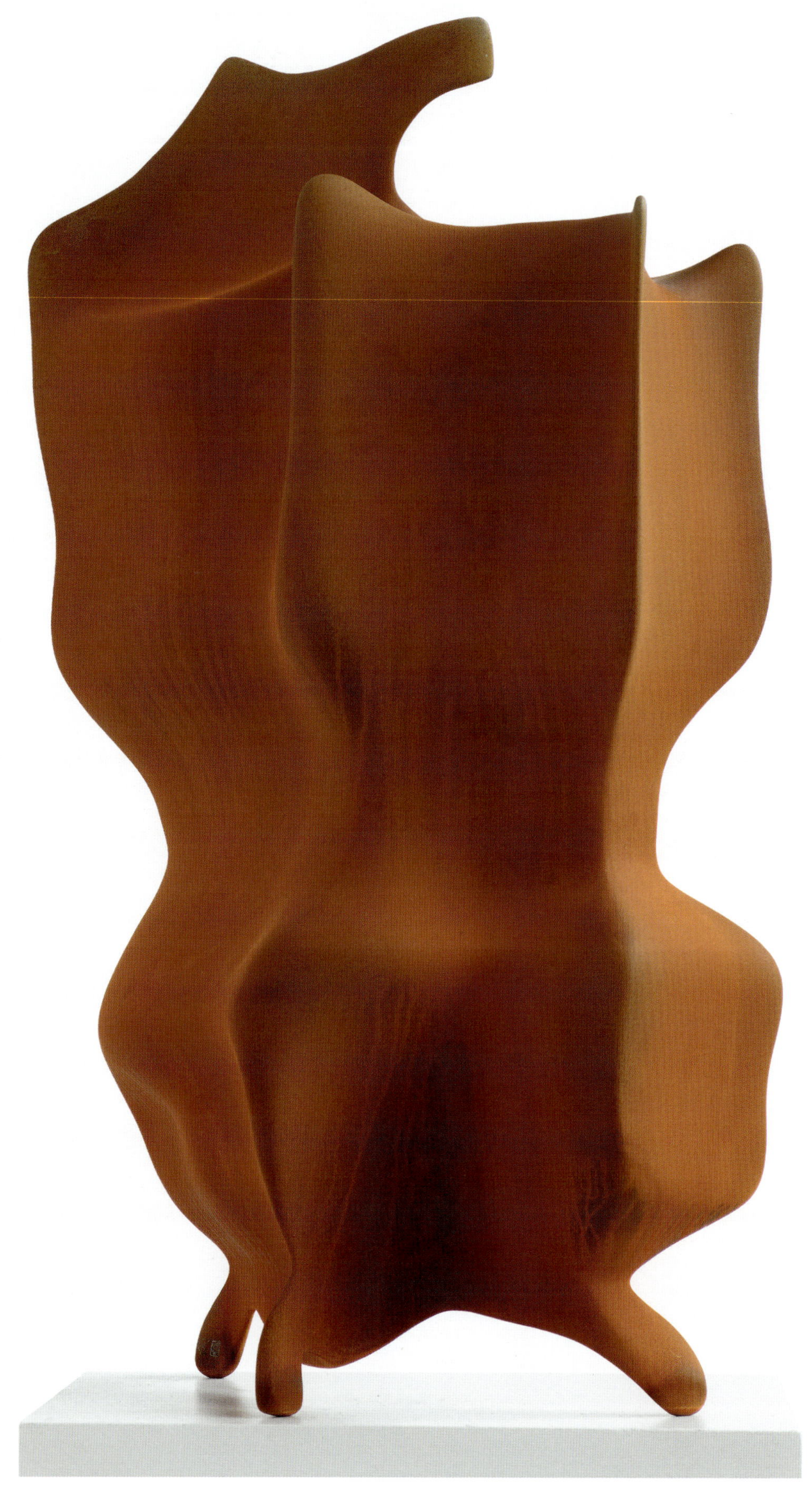

Stand, 2023

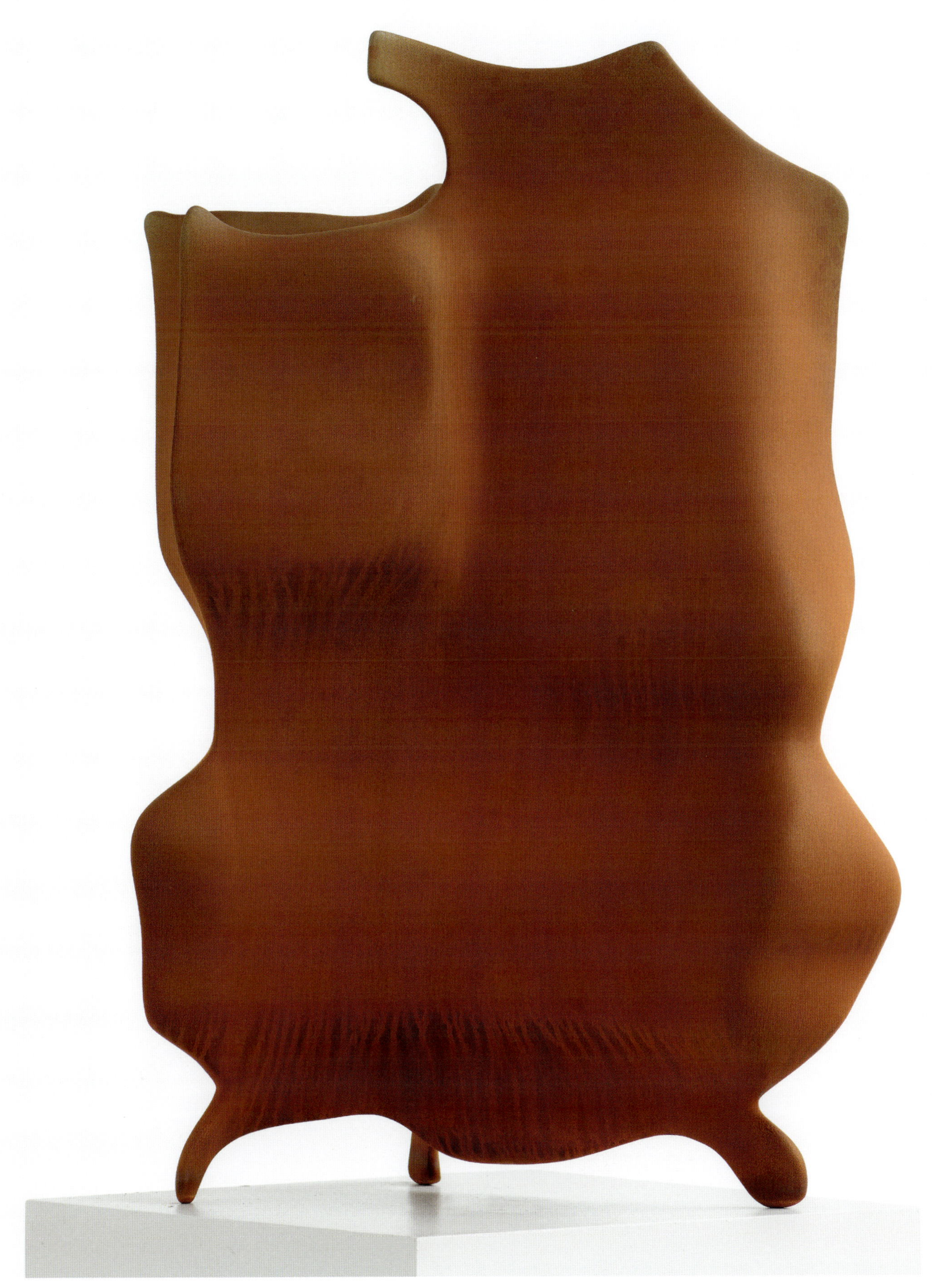

Stand, 2023

JW: In riferimento al rapporto tra ordine di grandezza e mercato dell'arte, le opere di piccole dimensioni sono spesso più facilmente commerciabili e adatte al collezionismo. Ricordo che una volta hai detto che spesso le persone quando visitano il tuo studio scelgono piccole sculture da infilarsi sotto il braccio e portare a casa. Questa scala ridotta ti appassiona in qualche modo?

TC: Penso che esista una misura più adatta al trasporto. Per quanto mi riguarda, penso di aver realizzato poche opere "trasportabili". Le volte che ho creato opere di piccole dimensioni, alte meno di un metro, di solito erano il risultato di un'indagine specifica sulla forma o di una ricerca specifica di una forma. Credo che la maggior parte delle cose piccole ancora in sospeso siano dei fallimenti, dei tentativi di trovare la forma che stavo cercando. Quelli che secondo me hanno avuto successo in alcuni casi esistono come sculture più piccole, ma ce ne sono pochissime. In realtà, non voglio scendere a compromessi. Non credo che il mio compito sia quello di favorire il collezionismo di sculture. Il mio lavoro è spingere sempre più in là i limiti degli oggetti scultorei nel mondo che mi circonda. Ed è questo ciò che mi interessa veramente. Applicarmi affinché le cose siano facilmente disponibili è per me di scarsa importanza rispetto al fatto di creare cose che ritengo valide. Ma, curiosamente, per me è anche importante (può suonare pretenzioso) che qualcuno se ne prenda cura, quindi ovviamente sono molto contento che siano oggetto di collezione.

JW: Vorrei capire meglio ciò che spinge gli scultori a realizzare opere di grandi dimensioni e, allo stesso modo, ciò che li spinge a realizzare oggetti piccoli. Questa associazione di gigantismo e miniaturizzazione quasi infantile (con modelli

JW: Thinking of the relationship between scale and another framework, namely the art market, the smaller scale is often a highly collectable, consumable scale. I remember you saying once that you sometimes get visitors to your studio looking around for little sculptures to tuck under their arm and take home with them. Does this small-scale intrigue you in any way?

TC: I think there is a carrier scale for people. In my own work, I think there are perhaps very few small-scale 'carry-able' works. The times that I've made smaller works, less than a metre tall, have usually resulted from a specific investigation of the form or a specific search for a form. I think that most of the smaller attempts that still hang around have been failures to find the form I've been looking for. The ones that I felt were successful in some cases exist as smaller sculptures, but there are very few. I don't want to compromise that much really. I don't think that it is my job to facilitate the collecting of sculpture. My job is to push the envelope of sculptural objects in the world around me. That's much more interesting for me. Making things highly available is less interesting for me than making things that I think are important. But, funnily enough, their importance to me (it might sound pretentious) also demands that somebody looks after them, so I'm obviously very interested in them being collected.

JW: I want to know more about what motivates sculptors to make large works and, by the same token, what's motivating the making of very small things. That combination of gigantism and then almost childlike miniaturisation (with

e plastici) è molto suggestiva. L'alternanza in scultura di questi due elementi sembra caratteristica di tanti *corpus* di opere, lo è anche per te?

TC: Forse, sì. Innanzitutto esiste un rapporto inspiegabile tra dimensione e contenuto, perché immediatamente il contenuto rimanda all'effetto che si produce sugli altri. Se si realizza una scultura molto grande, non si può fingere di farla solo per sé stessi. È lontano anni luce dall'idea di bozzetto, giusto? Quindi quel processo intimo della creazione e della creazione di oggetti a cui gli artisti si dedicano nella solitudine del loro studio è certamente compromesso – e, aggiungerei, volontariamente compromesso dal bisogno di produrre un effetto sugli altri. Lo si vede nella differenza di scala tra Medardo Rosso e Rodin: l'uno è un artista umanitario socialista, umilmente preoccupato per gli esseri umani, l'altro ingigantisce la scala delle opere per impressionare quanto più possibile il mondo. Alla fine, naturalmente, si tratta di stabilire quale sia l'opera che ha impressionato di più, perché poi il pubblico arriva a rapportarsi alla scala dell'opera con le proprie personali suggestioni e i propri interessi. E spesso può sentirsi respinto da una scala più grande. La Piazza Rossa di Mosca e Piazza Tienanmen, ad esempio, sono enormi, ma l'effetto è molto straniante. Il motto "più è grande più è potente" non sempre è vincente, le cose sono più complesse, perché più grande in questo caso vuol dire forse anche più patetico – può portare con sé più pathos, più insensatezza.

JW: Hai detto che l'ordine di grandezza è strettamente legato al contenuto, e sembrerebbe anche allo sviluppo della carriera. Ovvero più un artista ha successo, e più le sue opere diventano grandi. Sto cercando di pensare a uno

models and maquettes) is very intriguing. The sculptural spin between those two seems characteristic of many bodies of work, perhaps your own included?

TC: Possibly, yes. Well, first of all there is an inexplicable relationship between scale and content, because immediately the content becomes a question of an effect on others. You can no longer pretend, if you make a very big sculpture, that you're only doing it for yourself. It's a very long way from a sketch, isn't it? So the privacy of creation and of creating things that artists have in their studio when they're on their own certainly is compromised — and willingly compromised by a need to affect others. One sees it in the difference of scale between Rosso and Rodin: one is a socialist humanitarian kind of artist, apparently modestly concerned for human beings, and the other ups the scale of the works to make a greater impression in the world. In the end, of course, it's a question of which made a greater impression on you, because in the end the viewer comes to the scale of sculpture with their own set of interests. Often the interests of the viewer can be very dismissive of a larger scale. Red Square in Moscow or Tiananmen Square for example, are enormous but the effect is very strange. It is much more complicated than 'bigger is more powerful' because bigger here is maybe also more pathetic — it can carry more pathos, more meaninglessness with it.

JW: You said that scale is inextricably related to content, and it also seems that scale is also inextricably connected to career development. So as an artist gets more successful then the bigger the work becomes. I'm trying to think

scultore che, una volta raggiunta una maggiore sicurezza economica, si sia messo a creare opere più piccole.

TC: Credo che la maggior parte degli scultori desideri fatalmente realizzare opere monumentali. Quando hai a che fare con un materiale, la semplice curiosità di sperimentare come questo reagisce al tuo lavoro ti spinge a voler capire se è effettivamente possibile realizzare un'opera di dimensioni maggiori o vedere come la tua scultura e la tua visione del materiale funzionino anche su una scala più grande. Se però questo diventa l'idea guida esclusiva dell'opera, se tutto ruota intorno a quest'unica idea, allora il discorso cambia.

JW: E lo studio, in quanto cornice primaria, contenitore di gran parte del lavoro di uno scultore, diventa il luogo da cui venir via proprio come per le opere al suo interno?

TC: Sì, in termini di cosa puoi trasportare quando sei da solo o fare con qualsiasi strumento tu possa gestire da solo o se avessi più persone intorno a te. Scala e misura non sono però la stessa cosa. Il concetto di scala varia in funzione di quanto potere hai, dell'attrezzatura, dell'aiuto, dell'attenzione; penso che ci sia una tendenza in questo senso. Personalmente potrei realizzare opere molte più grandi, lo so, ma ho una certa resistenza al riguardo. Le rare volte che ho realizzato un'opera veramente grande, come quella di Torino, ho sentito che quello era per me forse un limite.

JW: E alcuni lavori non funzionano altrettanto bene su una scala più vasta.

of a sculptor who, as he or she becomes more financially secure, makes smaller work.

TC: I think that most sculptors will inevitably want to make larger work. If you're dealing with material, just a curiosity of working with the material will drive you to want to know if you can actually make a larger work or to see how your sculpture and how your vision of the material will work in a larger size. But then it's very different if you feel that this is the motor driving the oeuvre — if the size then becomes a motor for the work.

JW: And does the studio, the primary frame or container for much sculpture, become the frame to break out of as much as work within?

TC: Yes, in terms of what you can carry when you're on your own or do with whatever tools you can deal with on your own or if you had more people around you. Scale and size are not the same thing though. Scale does change the more power one has, the more equipment one has, the more help one has, the more attention one has; I think that there's a tendency to do that. I could make many bigger works, I know that, but I have a resistance to make them much bigger. The few times I've made a really big work like the work in Turin, I felt that that was in my terms perhaps a limit.

JW: And some works don't work quite on the larger scale.

TC: Sì, infatti, ci sono differenze importanti e sottili nella trasposizione di una forma. Lo si può vedere nel lavoro di Claes Oldenburg e nelle opere in plastilina di Thomas Schütte. Nelle opere di Oldenburg c'è un interesse morboso e un'alterità derivanti dalla combinazione di una variazione di scala astratta e una struttura progettuale meno cosciente. Se avesse preso un oggetto, come possiamo fare oggi, e lo avesse ingrandito in scala di uno a cento, sarebbe stato assolutamente sorprendente vedere l'estrema tensione tra questi oggetti. Ma non l'ha fatto. In entrambi i casi la scala ridotta è più efficace. Non hai modo di intervenire perché il tuo strumento sono le dita: sei proprio impossibilitato a rimpicciolire il tuo manufatto, a meno che non abbia a disposizione un attrezzo molto preciso o qualcosa del genere. Ma finché ti limiti a modellarlo con le dita o a controllare manualmente la forma, arrivi a una sorta di incoscienza o di non intenzionalità, in cui il materiale prende il sopravvento rispetto a ciò che puoi determinare con le tue manipolazioni. Lasciare che il materiale dica la sua è a volte molto interessante; lo scultore dà sempre, in qualche misura, alla materia un supporto per permetterle di esprimere qualcosa di sé. E così la scala a cui fatalmente la tua manipolazione si deve arrendere perché le dita non riescono a tanto – l'impossibilità manuale – mostra tutto il suo interesse quando l'opera viene ingrandita. Manifesta una qualità espressiva inconscia e una qualità invisibile, perché non è qualcosa che siamo abituati a vedere.

Sono molto interessanti anche i cambi radicali di scala che avvengono quando lavori fuori dallo studio. Un ottimo esempio ci è fornito dalla Spiral Jetty di Smithson, dove entra in gioco una capacità immaginativa straordinaria: l'idea sta nel realizzare qualcosa che deve essere visto dal cielo, e questo, sì, è una grande variazione di scala.

TC: Yes that's right, there are important and subtle differences in the translation of form. You can see that in the work of Claes Oldenburg and in the plasticine works of Thomas Schütte. There is morbidity and an otherness in Oldenburg's works that comes through a combination of a sort of abstract scale change and a less conscious design structure. If he'd taken an object, as you could today, and blown it up on a one to a hundred scale, it could really have looked absolutely amazing to see the enormous tension between those objects. But he didn't. In both cases the small scale is more effective. It can't be resolved because the tool you're using is your fingers — you can't make it any smaller, unless you've got a very fine tool or something. But as long as you're just molding it with your fingers, or just manually twisting the form around, you get to a sort of unconscious or intention-less point where the material has a bigger say in what it looks like than you can determine with your manipulations. Letting the material have its say is sometimes very interesting; the sculptor is always, to some extent, giving the material a platform to let it express something of itself. And so the scale at which your manipulation breaks down because your fingers are too clumsy to do it — your manual ineptness — becomes very interesting when the work then gets blown up. It has an unconscious expressive quality and an unseen quality, since it's not something we're used to seeing.

What's also interesting is when there are radical changes of scale brought about through breaking out of the studio. A good example here for me would be Smithson's 'Spiral Jetty'. Suddenly there's an extraordinary mentality here in making something that should be seen from the heavens, and that's a big change of scale. By making something for

Creando qualcosa che si può vedere solo dal cielo, l'artista ha dovuto riflettere sul volo aereo, sul viaggio nello spazio, sugli alieni e così via. Siamo di fronte a un cambio drastico di scala determinato dall'oggetto stesso. Penso che anche il lavoro di Matta-Clark sia un modo fantastico di variare la scala, perché all'improvviso abbandona lo spazio, lasciando intravedere ciò che ne rimane. Un esempio di variazione di scala, quindi, che consiste nel trasportare l'operazione in uno spazio più ampio. Tuttavia questo genere di opere tende a diventare materialmente enorme ed è inevitabile che su questa scala i dettagli ne risentano, se non addirittura scompaiano. Serra, ad esempio, realizza opere monumentali, ma le loro superfici sono lavorate in maniera approssimativa, come risultato del loro trattamento industriale. Per me esiste un rapporto ben preciso tra sforzo, concentrazione e quantità di materiale che può effettivamente entrare in gioco.

somebody who can see it from the heavens, he speculated on air flight, space voyage, aliens etc... That's a dramatic change of scale through the object itself. I also think that Matta-Clark's work is a fantastic way of changing scale because he suddenly just leaves the room, leaving you to see what was left of the room. So that's an example of changed scale by extending the activity over a bigger space. But those works tend to become materially huge and it's inevitably quite likely that the detail is going to suffer or not even be in existence on this scale. Serra, for example, makes very large-scale works, but their surfaces are unworked, as a result of their industrial making. For me, there is an equation between the effort and concentration and the amount of material that you can actually bring to it.

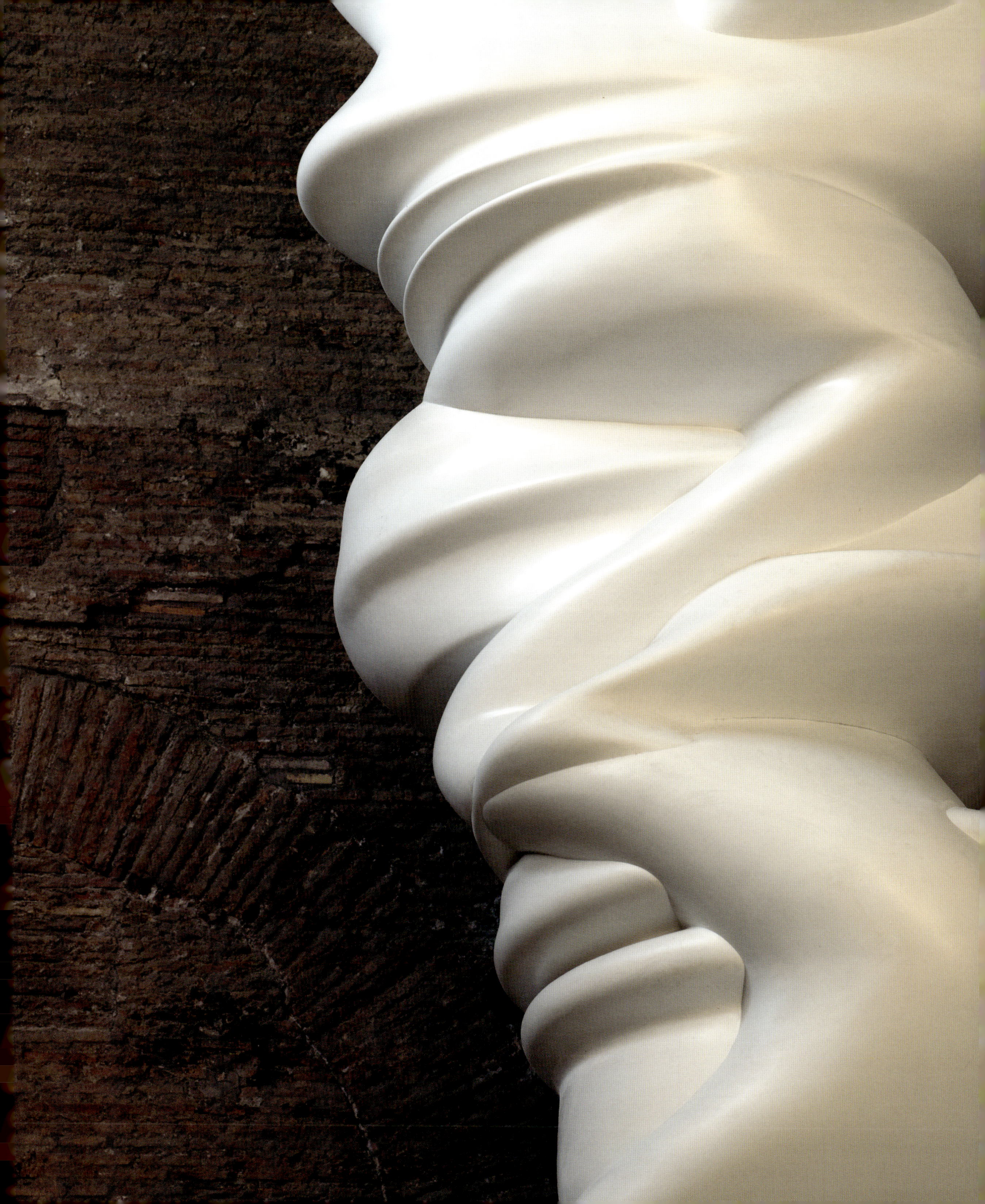

Dimostrazione

JW: Vorrei affrontare la questione del "movimento" in seno alla tua scultura attraverso il termine "dimostrazione" e discutere su come le tue opere esprimono il movimento e come appaiono animate o sollecitate da tensioni, direzioni e flussi. Il disegno è forse il modo più semplice per affrontare il problema. Disegnare sul foglio così come disegnare sulla scultura, sembra che ti permetta di indicare o dimostrare la vita delle tue forme scultoree e di articolarne l'orientamento fisico ed emotivo. Perché non cominciamo dal disegno e dalla mostra di Berlino, visto che nell'ultima sala dell'Akademie der Künste hai allestito due pareti con vari disegni?

TC: Sì, certo, sono disegni più o meno fine a sé stessi, piuttosto che appunti di lavoro. Li faccio quando voglio esprimere qualcosa che non sia solo un problema tecnico o direttamente scultoreo. Oppure possono essere cose che non riesco a riportare nella scultura.

JW: Vale a dire, sculture impossibili che possono esistere solo sul foglio?

TC: Esatto, una specie di scultura sul foglio. Ci sono molte sculture che non verranno mai realizzate perché occorrerebbe troppo tempo, ma che ritengo comunque valga la pena di rappresentare o annotare in forma di schizzo. Ma anche gli schizzi in genere hanno in sé qualcosa che è stato già sperimentato in una precedente creazione. Questo accade anche nella scultura. *Rational Beings* ad esempio prende le mosse da *Minster*, il tema è quello dell'accumulo, dell'approccio a un'attività concreta senza una particolare conoscenza e intenzione al riguardo, un'avventura con la materia. Sapevo solo di volere tanti oggetti circolari, e

Demonstration

JW: I would like to approach the question of 'movement' in your sculpture through the term 'demonstration' and open up a discussion about how your sculptures make movement manifest and how they seem animated or energised by charges, directions and currents. Drawing is perhaps the easiest way into this issue. Drawing, whether on the page or actually on the sculpture, seems to allow you to indicate or demonstrate the life of your sculptural forms and articulate their physical and emotional orientation. Perhaps let's start with drawing and the Berlin exhibition, since you are showing two walls of drawings in the last room at the Akademie der Künste?

TC: Yes, these are drawings that are made more or less for their own sake, rather than working sketches. They are the drawings that I do as drawings, if I want to express something in drawing which is not just a technical problem or a directly sculptural problem. It may even be the things I can't solve in sculptures.

JW: So impossible sculptures that can only exist on the page?

TC: Yes, sculpture on the page. There is a lot of sculpture that's never going to be made, because it would just take too long, but that I feel is somehow worth doing or recording as a sketch. But even the sketches generally have a basis somewhere in something that's been experienced in making. It occurs in the sculpture too. *Rational Beings* really belong to and begin with *Minster*, simply because it was about collecting, and to do with a physical activity without even really knowing it, an adventure with the material. I just knew I wanted loads of circular objects, and then stacking them up is probably not that complicated

poi il fatto di impilarli non è stato così complicato perché mi era già capitato in passato, oltre a prendere la formula e trarne le conseguenze per il processo di impilamento. Avevo anche disegnato pinnacoli. Da poco ho trovato alcuni schizzi di *Minster*; non so perché li ho fatti, visto che ho realizzato i *Minster* ben prima di disegnarli. In realtà, una volta fissato, concretizzato il lavoro, ecco che si dischiudono ancora milioni di possibilità che non possono essere tutte sviluppate attraverso la scultura.

JW: Si tratta quindi di disegni a posteriori (anziché preparatori) – tue annotazioni su come in seguito hai reinterpretato l'opera, riattivandola e reimmaginando un altro modo di sperimentarla?

TC: Proprio così. Spesso mi chiedono, "Da dove origina il tuo lavoro?". E mi piacerebbe tanto poter rispondere "Dall'ispirazione divina!" Tuttavia, la maggior parte di ciò che si fa deriva da ciò che è stato fatto in precedenza. Questo vale per tutti gli aspetti del lavoro, in termini di emozioni, idee, forme e processi creativi. A volte, le cose che in un dato momento non sembravano importanti, in seguito, magari associate ad altre esperienze non direttamente correlate, assumono un'importanza diversa. Conservare alcuni materiali, anche i lavori "falliti", riguardare ciò che ho realizzato ed eseguire disegni è uno dei tanti modi con cui posso registrare e persino riattivare un interesse o una suggestione per un particolare lavoro.

JW: Nel tuo lavoro dai vita a forme e modellazioni poco consuete, poco prevedibili visivamente, e per l'osservatore è meno immediato coglierne le coordinate. Mentre le unità standardizzate a livello industriale – putrelle, tubature metalliche e così via – sono dotate di proprie

because I'd done that in the past, as well as taking the formula and getting consequences out of it for the stacking process. There were even drawings of the spires. I've recently found some sketches of *Minsters*; I don't know why I'd draw a *Minster* because I know I made the *Minsters*'before I drew them. But after they were fixed, there are already a few million possibilities that can't all be worked out through sculpture.

JW: So were these post-work (as opposed to preparatory) drawings — records of how you subsequently interpreted the work, reactivating it and re-imagining how it could be experienced?

TC: Exactly that. I am often asked, 'Where does the work come from?' And I would love to be able to say 'Divine inspiration!' However, most of the work results out of what has gone on before. This applies to all facets of the work, in terms of emotions, ideas, forms and making processes. Sometimes it is the things that did not seem important at the time which later, possibly in combination with other unrelated experiences, become important in a different way. Keeping some of the material, even 'failed' works, looking again at the work I have made and making drawings are amongst the ways in which I can recall and even restart an interest or, concern in the work.

JW: Within your work, shapes and forms are less familiar, less visually predictable and it is less immediately possible for viewers to get their co-ordinates. Whereas industrially formatted units — I beams, metal piping and tubing etc. — come with their own 'instructions' which viewers can

"istruzioni" che che possono essere seguite da tutti più facilmente. Il disegno è per te anche uno strumento per indicare il percorso, per guidare il pubblico e mostrargli le energie che agiscono all'interno, al di là e intorno alla superficie di una scultura? Queste linee forniscono in definitiva commenti e indicazioni di significato?

easily follow. Do you use drawing as a way of leading the way, guiding viewers and showing them the energies in, over and around a sculpture's surface? Are these lines ultimately providing commentaries and indications of meaning?

TC: Per certi versi, l'ambiente prodotto industrialmente e i suoi manufatti sono i nemici dello scultore. Ci offrono la cornice esistenziale più vantaggiosa e noi facciamo grande affidamento su di essi. Ovviamente, abbiamo bisogno di un mondo funzionale da plasmare per i nostri scopi. L'utilitarismo e i sistemi industriali dominano la materia reale intorno a noi, e con essa i nostri sensi e i nostri pensieri. A volte diventa persino difficile intravedere una realtà alternativa. Ci siamo allontanati parecchio dal ricco vocabolario di forme che discende dal mondo naturale. La natura mediata e le specie industriali popolano la nostra realtà. Qualunque disegno o utilizzo di materiale in contrasto con le logiche dei sistemi di produzione industriale offre la speranza di fornirci nuove forme e nuove immaginazioni. D'altro canto, a volte riesco a malapena a padroneggiare i miei percorsi alternativi bidimensionali e tridimensionali, figuriamoci se riesco ad avere carta bianca per indicare agli altri la strada da seguire.

TC: In some sense the industrially produced environment and its artefacts are the sculptor's enemy. They offer us the most efficient existential framework and we rely on them greatly. Obviously, we need a useful world that we can form to our purposes. Utilitarianism and industrial systems dominate the real material around us and with that our senses and our thoughts. It even becomes difficult at times to see any alternative reality. We have moved a long way away from the rich vocabulary of form resulting out of the natural world. Mediated nature and industrial species populate our reality. Any drawing or, any use of material that does not obey the rationale of industrial production systems offers the hope of providing us with new forms and new imaginations. On the other hand, at times I barely have a grip my own two and three dimensional alternative routes, let alone having a hand free in order to show others the way.

JW: Forse le immagini che mi hanno colpito di più sono le stampe che hai realizzato con Coracle Press, alcune delle quali contenevano linee vorticose e a spirale che avevi tracciato sulle fotografie ingrandite della tua scultura, che se ne stava inerte, statica nello studio. Puoi dirmi cosa hai cercato di esprimere con queste combinazioni di immagini?

JW: Perhaps the images that come to mind most strongly for me are the prints you did with Coracle Press, some of which contained swirling, spirals drawings you had drawn over large photographs of your sculpture, which stood static in the studio. Can you say what you were trying to articulate in these combinatory images?

TC: "Statica" è una parola interessante perché si riferisce ovviamente a un oggetto nello stato di quiete. Allo stesso tempo, però, sappiamo che in assoluto non esiste una condizione del genere. C'è sempre in atto un qualche tipo di tensione o altro potenziale, ad esempio l'elettricità statica. Energia potenziale tenuta sotto controllo, ma che continua a spingere, a pulsare. Energia chimica che ribolle sotto il livello delle nostre percezioni. Energia nucleare in forme e stati che sfuggono a ogni definizione. Ogni granello di materia parte integrante di un cosmo in continuo fermento, le infinite possibilità di ogni opera d'arte, il potenziale delle nostre stesse esistenze. Tutto troppo grandioso e pretenzioso per essere oggetto di semplici disegni, ma sono proprio questioni come queste a essere al centro di ogni opera d'arte. Starsene seduti in uno studio pieno di materiali inerti, che è poi il tema di queste stampe, è un'esperienza deprimente se non si riesce a superare la banalità della situazione e a lasciarsi trasportare dal materiale in un viaggio.

JW: Tu passi dal disegno su foglio al disegno direttamente sulla scultura. È un aspetto che ritroviamo spesso nel tuo lavoro: da opere come *Chariot* (1983) e *Mountain-Nature* (1984), ai contenitori di *Trade Winds* (1995) e *Verses* (1997) fino alle opere costituite di piccolissimi cubi come *Secretions* (2001). Perché cerchi di attrarre costantemente l'attenzione sull'involucro esterno e sulla superficie delle tue sculture?

TC: Ci sono doversi motivi per cui ho disegnato sulle mie opere in passato. In molti casi è stata una necessità scaturita direttamente dal mio lavoro. La prima volta che ho disegnato sugli oggetti, all'inizio degli anni settanta, è stato per contrassegnare gli oggetti e i materiali che

TC: 'Static' is an interesting word because it obviously refers to an object at rest. At the same time, however, it lets you know that there is no such thing. It infers some kind of charge or other potential, for example static electricity. Potential energy held in check, but still pushing. Chemical energy seething under the level of our perceptions. Nuclear energy in forms and states that defy definition. Every grain of material part of a violent cosmos, the possibilities of any art work, the potential of our own existences. All much too grand and pretentious to be the subject of some simple drawings, but it is exactly concerns like this that are at the heart of every artwork. Just sitting in a studio full of inert material, which is the subject of those prints, is a downer if you don't manage to get over the banality of the situation and let the material take you on a trip.

JW: Moving from drawing on page, to drawing on the sculpture itself. We find this across your work: from works like *Chariot* (1983) and *Mountain-Nature* (1984), to the vessels of *Trade Winds* (1995) and *Verses* (1997) and then to the dice works like *Secretions* (2001). Why are you consistently drawing attention to the skins and surfaces of sculpture?

TC: There are several reasons why I have drawn on my work in the past. Most of them have resulted as a necessity arising out of the work. The first time I drew on objects, and this was in the early 1970s, it was intended to mark the found objects and materials I was using to give them a distinction apart from other materials. It was also as a way of fixing them together. The drawings were rough gestural meshes. Later I realised that the drawing helped define the surface in terms of its contours, its extension and even its colour. I reused this kind of drawing technique in the early 1980s again, for works like *Evensong* and *Echo*. The

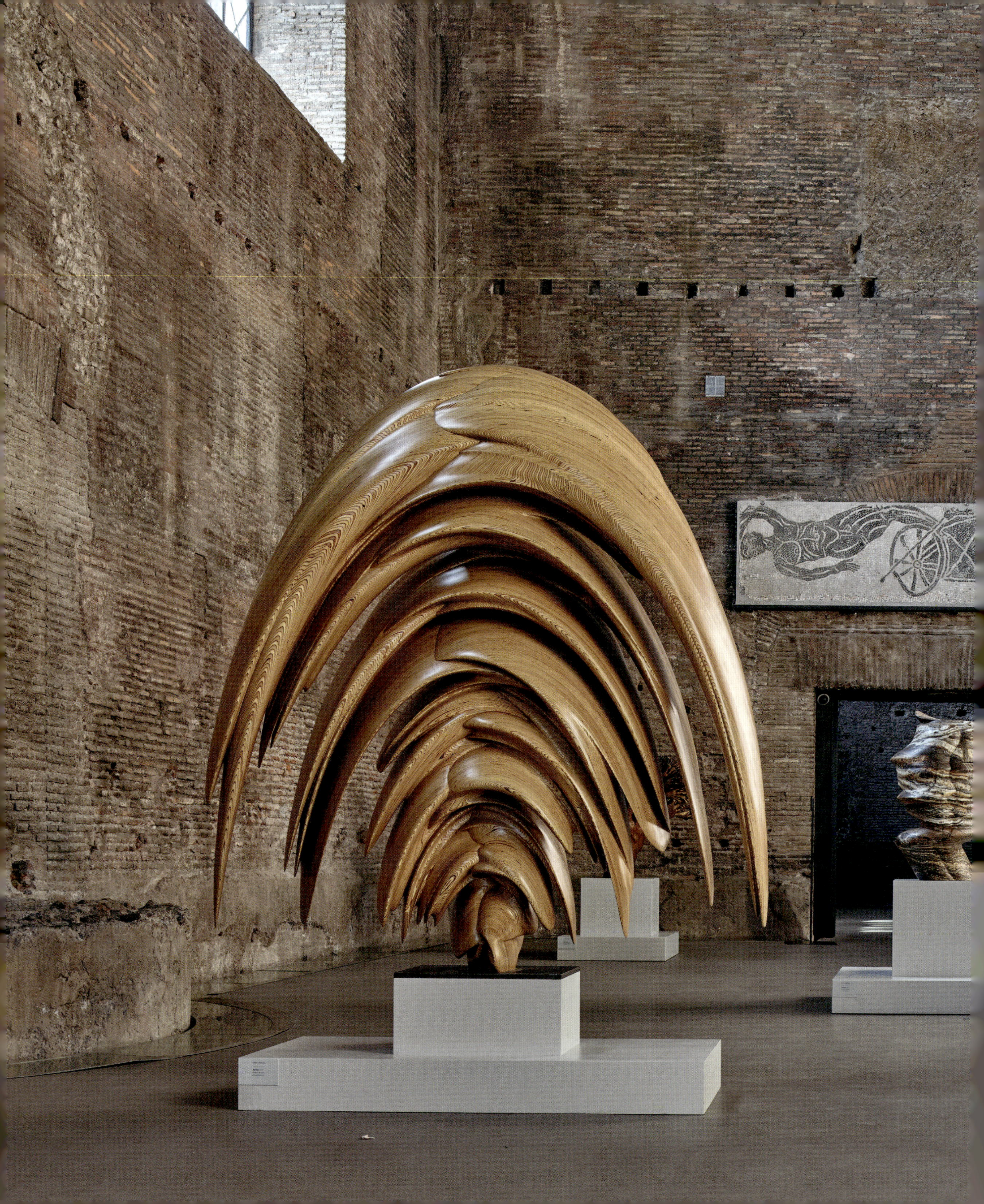

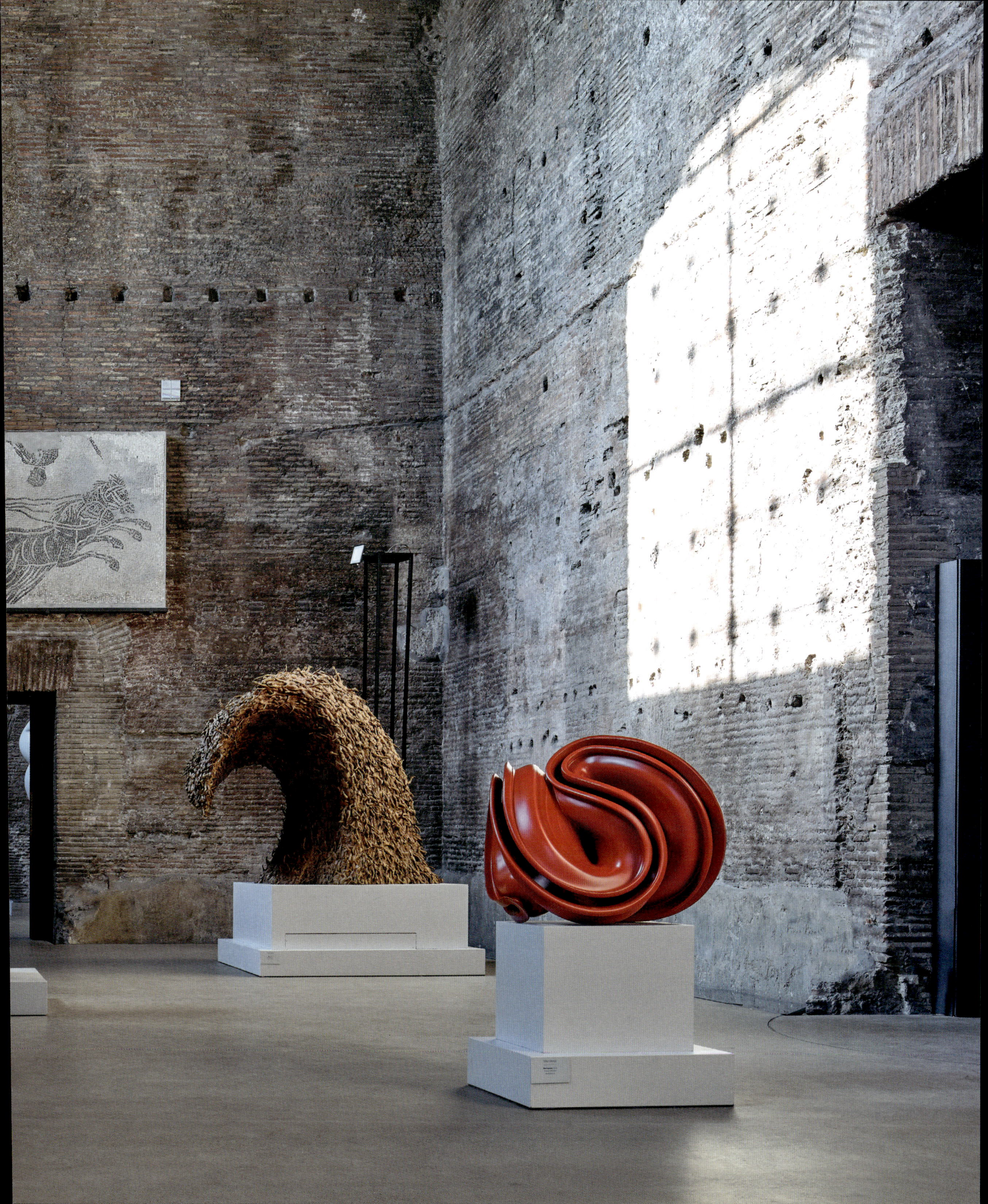

stavo usando in quel momento e distinguerli così da altri materiali. Era anche un modo per tenerli insieme. I disegni si limitavano a una sorta di reticolato gestuale molto approssimativo. In seguito mi sono reso conto che aiutavano a definire la superficie nei suoi contorni, nella sua estensione e anche nel suo colore. Ho riutilizzato questo tipo di tecnica di disegno all'inizio degli anni ottanta, per lavori come *Evensong* e *Echo*. Il disegno a cera, nero e a volte bianco, sulle superfici di formica metteva in risalto i colori pigmentati dei marroni e dei grigi, altrimenti non percepibili, e a volte dava alle forme una sorta di direzione. Da lì è stato facile disegnare su una superficie scultorea le frecce che avevo usato nei miei precedenti disegni su carta, come ho fatto ad esempio in *Trade Winds*. Questo dava alle forme un carattere, ovvero un movimento superficiale che lasciava intendere tutta una dinamica interna. L'ho trovato entusiasmante, perché è piuttosto interessante la prospettiva di realizzare sculture in cui la forma è il risultato di una causa interna, sia essa reale o desunta. Anche altre opere, come *Secretions*, costituita da dadi, e persino *Formulations*, in cui il rilievo superficiale viene scavato nel calco negativo prima della fusione, sono modi per affrontare questa problematica.

JW: Riflettendo su questa "dinamica interna", ho spesso pensato a questo genere di sculture, in termini linguistici, come a un incrocio tra sostantivi e aggettivi. Allo stesso tempo statico e specifico, ma anche attivo e descrittivo – quindi tanto una cosa quanto un processo – di fatto molto simile alla parola "scultura" come è oggi in inglese. Ma se usiamo un termine latino, penso che questo tipo di scultura sia come un gerundio, un sostantivo verbale dal significato attivo. Come "ars scribendi" (l'arte di scrivere) o "ars sculpendi" (l'arte di scolpire).

black and sometimes white wax drawing on the formica surfaces brought out the pigmented colours of the otherwise non-descript browns and greys, and at times gave the forms some kind of a direction. From there it was an easy step to drawing the arrows that I had used in earlier drawings on paper on the surface of the work as I did with *Trade Winds*. This gave the forms a climate or, a surface movement which inferred an internal dynamic. I found that exciting because the prospect of making sculptures where the form is the result of an internal cause, whether real or inferred, interesting. Other works such as the *Secretions* made of dice, and even *Formulations* where the surface relief is gouged into the negative form before casting, are also ways of dealing with this concern.

JW: Thinking of this 'internal dynamic', I have often thought of these kinds of sculptures of yours, in linguistic terms as being a cross between nouns and adjectives. At once static and specific, but also active and descriptive — so both a thing and a process — actually very like the word 'sculpture' is today in English. And using a term from Latin, I think this kind of sculpture as being like a gerund, a verbal noun which is active in meaning. Like 'ars scribendi' (the art of writing) or 'ars sculpendi' (the art of sculpting).

TC: È un buon modo di dirlo. Credo ci sia un enorme potenziale per quanto riguarda l'attivazione della superficie delle forme con disegni e annotazioni. Intendo dire che non si può ridurre la funzione della scultura a un mero supporto per ammirare le qualità estetiche di un materiale, sia esso marmo o plastica. E il semplice fatto di dipingere sulla scultura raramente fornisce ai pittori una superficie migliore per le loro immagini rispetto alla tela. A ogni buon conto a loro non interessa cosa c'è sotto la pittura, ma allo scultore sì.

JW: Il disegno prosegue addirittura all'interno della struttura delle tue sculture e "dimostra" tanto dall'interno quanto dall'esterno?

TC: Sì, in termini di dimostrazione c'è una sorta di grammatica o di struttura delle frasi nella forma della scultura. In una colonna di acciaio inossidabile come *The Fanatics* ci sono cose di ogni genere che si accumulano lentamente, grazie al fatto che l'opera ha due assi e quattro punti di vista. Al contrario, è la struttura che circonda l'oggetto a non essere immediatamente evidente. Ecco che vengono fuori, si interrompono, partono dal centro della scultura fino alla superficie e poi ancora fuori e oltre. C'è una sorta di orientamento rispetto alla posizione di chi guarda. Dopo aver osservato la scultura per qualche minuto, diventi molto più consapevole di questi assi, perché su di essi luccicano le sagome in modo che siano riconoscibili. Quindi c'è già una sorta di viaggio in corso. Non sto dicendo che sia logico; semplicemente all'inizio gioco e improvviso con il disegno, e poi, arrivato alla fase di realizzazione, modifico la forma scultorea. Perciò ci sono linee verticali che riprendono sicuramente una frequenza, che riprendono delle curve, che accennano in parte a cose che già conosciamo, come

TC: That is a good way of putting it. I believe that there is an enormous potential for activating the surface of forms with drawings and notation. I mean, it is not really a very important function for sculpture if it is only a platform to admire the asthetic qualities of a material, whether it is marble or, plastic. And, simply painting on the sculpture rarely provides a better surface for painters for their images than the canvas does. They don't care what is underneath the paint anyway but, a sculptor does.

JW: Does drawing continue inside the structures of your sculptures and 'demonstrate' from within as much as from without?

TC: Yes, in terms of demonstration, there is a kind of grammar or sentence structure to the form of the sculpture. In a stainless steel column like *The Fanatics* there are all sorts of things that are slowly accumulating, through the fact that it's got two axes and four points of view. It is the structure around the thing that is not immediately apparent. They go out, they cut in, and they come from the centre of the sculpture onto the surface and then out and beyond. There's a kind of orientation relative to your position. Once you've looked at the sculpture for a few minutes you become very aware of those axes, because on those axes the recognisable silhouettes blink at you. So there's already some navigation going on there. I'm not saying it's logical, it's just simply me playing and improvising with the drawing initially, and then once you get into the making stage, modifying the sculptural form. So there are vertical lines that definitely take up a frequency, which take up curves, which partly hint at things we already know about, like faces. And then part of the work

i volti. E poi parte del lavoro consiste nel riflettere su cose che non conosciamo. C'è il riflesso, che irrompe nello spazio al di là della scultura e dietro l'osservatore e che permette anche all'osservatore di essere presente nell'opera.

JW: Pensando a questa intensificazione dell'esperienza e della consapevolezza, hai parlato dell'irradiazione delle cose che ci circondano, cose che forse non cogliamo consapevolmente. Mi chiedevo se "irradiazione" non sia solo un altro modo di dire "aura", e anche un modo per evitare le ansie legate alla discussione sul potenziale auratico di un'opera d'arte. Termini come "irradiazione" e persino "risonanza" non evitano anch'essi associazioni di tipo metafisico o ideologico?

TC: Mi riferisco sostanzialmente all'efficacia dell'oggetto, del materiale. E poiché l'associazione metafisica e fisica occupa già uno spazio semantico, mi interessa stabilire un rapporto con i materiali e le cose che mi circondano senza dover ricorrere a nozioni preconcette di un linguaggio già saturo. È un po' come spogliare del nome di battesimo, come spersonalizzare qualcosa. Vale a dire che il mio è un tentativo di riavviare il rapporto con la materia, cosa che credo gli scultori debbano fare a prescindere.

JW: Pensando alla maggiore consapevolezza che questo aspetto del tuo lavoro cerca di instillare e alimentare nell'osservatore, puoi dire qualcosa sul tipo di sensibilità che vorresti vedere potenziata? In che cosa il tuo lavoro è una dimostrazione, una dimostrazione per chi e per che cosa? Quale tipo di pensiero intendono stimolare le tue sculture?

is reflecting on things we don't know about. There's the reflection, which is breaking into the space beyond the sculpture and behind the viewer and also allowing the viewer to be seen in the work.

JW: Thinking about this heightening of experience and awareness, you have talked about the radiation of the things around you, the things we're maybe not consciously picking up on. I was wondering if 'radiation' is just another way of saying 'aura', and also a way of sidestepping the anxieties around discussion of the auratic potential of a work of art. Aren't terms like 'radiation', and 'resonance' even, terms that also avoid any metaphysical or ideological associations.

TC: I basically mean the effectiveness of the object, of the material. But because the metaphysical and the physical association are already occupied, I'm interested in somehow establishing some relationship with the materials and the things around me without using the preconceived notions of an already occupied language. It is a bit like taking away a Christian name and depersonalising something. What I mean is that it's an attempt on my side to restart the relationship with the material, which I think sculptors have to do anyway.

JW: Thinking of the increased awareness that this side of your work tries to capture and harness in the viewer, can you say a bit about the kind of sensitivities that you would like to see heightened? What do you see your work as demonstrations of and for? Your sculptures are triggers for what kind of thinking?

TC: Esiste un'attitudine a guardare le cose e a osservare gli oggetti e i materiali che si basa su una tradizione meditativa di contemplazione: l'idea dell'universo in un granello di sabbia, o forse anche idee religiose in cui si entra effettivamente in contatto a un certo livello con il mondo materiale, a un livello più profondo di quello che ovviamente si è in grado di raggiungere nella quotidianità, perciò a un livello straordinario, al di fuori delle proprie esperienze ordinarie.

Non sto dicendo che non sia interessante o importante. Ma penso anche che questo lasci spazio affinché la vita quotidiana sia governata da un pensiero non contemplativo e non meditativo. Può sembrare una commistione di termini, ma credo che ci sia un lavoro da fare anche a livello di vita quotidiana, "secondo per secondo", a livello esperienziale. Credo che ci sia un lavoro da fare per migliorare la qualità della contemplazione riguardo alla consapevolezza del mondo materiale – il mondo materiale visto come un'estensione immediata di sé stessi, e se non di sé stessi, almeno un'estensione immediata dello sforzo sociale comunitario, dello sforzo culturale di cui si fa parte.

JW: Come si passa da un'esperienza contemplativa individuale a un'esperienza di rilevanza comunitaria?

TC: In gran parte si ha solo una rilevanza comunitaria. Tutto ciò che puoi fare da te è formulare le tue frasi, cucinarti un pasto che ti soddisfi, vestirti nel modo che più ti si addice; il resto lo devi accettare perché è stato fatto da altre persone per te. Ma ovviamente, anche se non ti hanno chiesto il permesso, c'è qualcosa di consensuale in tutto questo,

TC: Well, there is an attitude to looking at things and to looking at objects and materials which is based on a meditative tradition of contemplation: the universe in a grain of sand idea, or maybe even religious ideas where you actually get in contact on some level with the material world, on a deeper level than the one that you obviously are capable of reaching in an everyday situation, so on an extraordinary level, outside of your ordinary experiences.

I am not saying that that's not interesting or important. But I also think that this leaves the battleground for the everyday life to be governed by non-contemplative thought and non-meditative thought. And this may sound like a mixing of terms, but I think that there is a job to be done even on an everyday, 'second-for-second' level of life — on the experiential level of life. I think there is a job to be done here in improving the quality of contemplation about an awareness of the material world — the material world seen as an immediate extension of oneself, and if not oneself, then an immediate extension of the communal social effort, the cultural effort that you are part of.

JW: How does it move from being an individual contemplative experience to being one that has a communal relevance?

TC: In the main part it only has communal relevance. All you can do for yourself is formulate your sentences, cook yourself a meal that suits you, get dressed in the fashion that suits you, and everything else you have to put up with as having been made by other people for you. But obviously, even if they didn't ask your permission, there's

no? Anche se non ti piace, non stai facendo alcuno sforzo per cambiare le cose. E forse c'è la possibilità di essere attivi in questo. Penso che, anche se non mi piace, e non sarei in grado di cambiare granché, potrei però gettare il seme per un cambiamento nella direzione che ritengo opportuna. È la misura del grado di responsabilità che ci vogliamo assumere per il cambiamento. Cercare di più nel mondo visivo che mi circonda e cercare più linguaggio, è in un certo senso un modo per accrescere la sensibilità e ampliare un vocabolario, e quindi ampliare le risposte a un vocabolario è un modo per accrescere la sensibilità. Non sono un politico, ma credo che viviamo ancora in un mondo fortemente dominato dal mesmerismo e dai modelli mistici, che sono causa di distrazione perché di fatto ci impediscono di provare davvero ad affrontare la realtà.

something consensual about that, isn't there? Even though you don't like it, it doesn't look like you're making an effort to change it. And maybe there's some active thing there. My idea is that even if I don't like it, I wouldn't be able to change a great deal of it, but I could sow the seed for some change in the direction that I feel would be important. It's a measure of how much responsibility one takes for the change. Looking for more in the visual world around me and looking for more language, in a sense, is one way of heightening sensibilities and expanding a vocabulary and then expanding the responses to a vocabulary is a way of heightening sensibilities. I'm not a politician, but I think we still live in a world that is greatly dominated by mesmerism and mystical models, which are very distracting because they actually stop us from really trying to face reality.

Peso

JW: Il peso è un aspetto estremamente importante della scultura e mi sorprende sempre che venga citato così di rado nei cataloghi insieme alle consuete informazioni su materiali, dimensioni, data, provenienza e così via.

TC: Nel recente catalogo di Goodwood viene indicato.

JW: Probabilmente è una delle eccezioni che conferma la regola.

TC: Sì, forse l'unica eccezione. Sapevo che in qualche modo aveva la sua importanza!

JW: La mostra di Goodwood, a ogni modo, è molto interessante per quanto riguarda la questione del peso, dato che in questa occasione hai esposto sculture "pesanti" di grandi dimensioni, all'aperto, cioè sculture che in qualche modo indagano e lavorano sul "peso", se così posso dire. C'erano opere stratificate in pietra che sembravano del tutto inamovibili, sculture in metallo giallo brillante che parevano essere state sospinte da un novello Sisifo sopra cumuli erbosi, e opere la cui superficie appariva forata, con una maggiore leggerezza, quindi, ma in grado di reggersi e strutturalmente intatte. Oppure, in altri casi, hai lavorato sulla lucentezza e la lucidatura per cercare di rendere più complesse le superfici dell'opera, e questo ha influito sul peso, rendendolo ambiguo, difficile da valutare. Comunque sia, continui a essere un creatore di sculture "pesanti".

TC: Sì, ma è un discorso relativo. Non si può parlare di peso senza parlare di densità, perché la densità, il peso e il volume sono collegati in modo interessante. Quindi, ad esempio, si possono realizzare oggetti senza volume, come un pallone aerostatico od oggetti in polistirolo (e

Weight

JW: Weight is such an important condition of sculpture and it always surprises me that it so rarely gets listed in catalogues alongside the usual inventory of material, dimensions, date, provenance etc..

TC: It is in the recent Goodwood catalogue.

JW: Well, maybe that's one of the exceptions to the rule.

TC: Yes, perhaps the only exception. I knew it was relevant somehow!

JW: The Goodwood exhibition is very interesting, however, in relation to the question of weight, because you showed a lot of large, outdoor, 'heavy' sculptures there — but sculptures that each explored 'weight', if I can put it that way. There were layered stone works that looked like they really wouldn't budge for love nor money, bright yellow metal sculptures that had been rolled almost Sisyphus-like onto the top of grassy mounds and works whose frames were punctured with holes, lighter but still standing and structurally intact. Or elsewhere it was a question of how shine and polish were employed as ways of trying to complicate a sculpture's surfaces so that weight becomes more ambiguous and difficult to judge. Nevertheless, you are still a maker of 'weighty' sculpture.

TC: Yes, all things relative. You can't talk about weight without talking about density, because density, weight and volume are interestingly linked. So, for example, you can make volume-less things, like an air balloon or things out of polystyrene (and wood is also not so dense). But then you get to the practical reality of the weight question. For

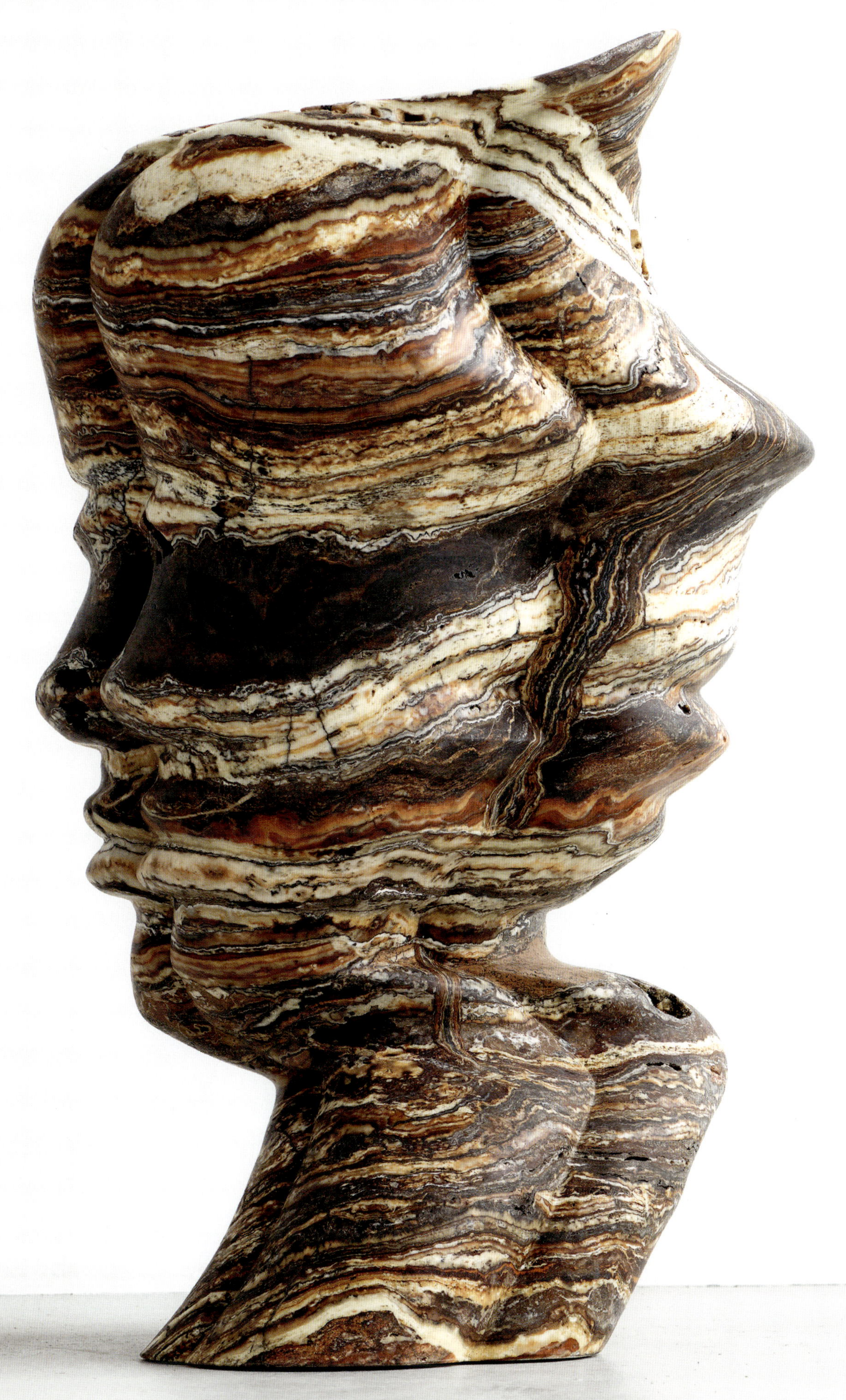

anche il legno non è poi così denso). Ma poi alla fine ci dobbiamo confrontare con la realtà pratica della questione del peso. Prendi un metro cubo di legno: anche se non è un gran volume, pesa circa 900 chili, e un metro cubo di acciaio pesa circa sei tonnellate... insomma il peso entra immediatamente a far parte del significato dell'opera. Così come la cavità, quando vuoi lavorare con il vuoto.

JW: A un certo punto hai detto che quando hai cominciato a realizzare sculture in bronzo eri un po' preoccupato per il fatto che fossero cave, e che al loro interno ci fosse "solo" aria.

TC: Sì, è così. Nella maggior parte delle mie sculture in bronzo penso di aver cercato di ottenere in qualche modo che le sculture si rivelassero da sé, che rivelassero la relazione tra il loro peso e il loro volume. Questo è evidente in un'opera come Envelope perché si può vedere all'interno del volume e si diventa consapevoli della qualità del suo involucro. Anche le *Early Forms* sono in relazione biunivoca, perché qui abbiamo una superficie esterna e una interna, e un foro (un'entrata o un'uscita) che conduce dall'una all'altra. Nel caso di *Rational Beings* è un po' diverso, perché ho dovuto cimentarmi con una sezione trasversale secondaria.

JW: Prima hai anche detto che ci sono sculture (e hai citato il lavoro di Henry Moore e le sue sculture realizzate in un materiale pesante come il bronzo) in cui si guarda la sagoma, al di là della scultura. Finisci anche tu per guardarle in questo modo, così che in un certo senso la materia e il peso vengono meno in quei momenti? È un effetto che si ottiene anche con la lucidatura, una sorta di evaporazione della scultura attraverso la lucentezza. Puoi dirci qualcosa

example, if you've got a cubic metre of wood, then even though it is not a very big volume, it weighs about 900kg, and if you have a cubic metre of steel, it weighs about six tonnes... and so immediately the weight is a part of the meaning of the work. As is hollowness, when you have to start considering vacuums.

JW: You said at one point that when you first started making bronze sculptures you were slightly anxious about the fact that they were hollow, and that there was 'just' air inside them.

TC: I think I was. I think that with most of my bronze sculptures I've tried in some way to get the sculptures to reveal themselves, to reveal the relationship between their weight and their volume. It's obvious in works like *Envelope* because you can see inside the volume and become very aware of the skin. The *Early Forms* also have a one-to-one relationship because there is an outside surface and an inside surface, and a hole (an entry or an exit) which leads from one to the other. It's slightly different in the case of the *Rational Beings* body of works, because I'm dealing with a peripheral cross section.

JW: You also said earlier on was that there are sculptures (and you mentioned Henry Moore's work and sculptures made out of a weighty material like bronze) where you look at the silhouette, beyond the sculpture. Do you also end up looking through it so that in a way the material and the weight disappears at those moments? You also get this with polish, a kind of evaporation of the sculpture through shine. Can you talk about this, for example,

al riguardo, in relazione all'aspetto estremamente lucido di un'opera come *The Fanatics*?

TC: Sì, il tentativo è di superare la rappresentazione di un corpo a sé stante, separato, che sia il mio, il tuo o una pietra, o una bottiglia sul tavolo. So che alla nostra percezione le cose appaiono con un contorno piuttosto netto rispetto all'ambiente, ma in realtà esse sono molto più integrate con ciò che le circonda di quanto possiamo immaginare. Prendiamo ad esempio un sasso sulla spiaggia. Innanzitutto, è parte integrante della storia della spiaggia e ha anche la stessa temperatura di ciò che lo circonda, il che non è irrilevante. Inoltre, lascia che la luce venga riflessa dalla sua superficie. Anche se è solo una pietra, reagisce chimicamente con l'aria nella quale è immersa: evapora, irradia e assorbe le radiazioni. Non puoi banalmente levare la pietra e non metterci niente: al suo posto non può esserci uno spazio vuoto. È una componente di supporto, svolge un ruolo di supporto.

Quindi se pensi che sia solo una pietra, immagina allora il nostro corpo, le nostre vibrazioni e le nostre essenze, i nostri odori o la temperatura che emaniamo, la crescita dei nostri capelli, il nostro sorriso, le nostre parole, i nostri pensieri, le nostre azioni, le nostre interazioni con la materia. Noi esistiamo in un grande contesto sociale.

Ovviamente è necessario per la nostra salute mentale distinguere gli oggetti, separarli, ma a un livello più profondo c'è una grande mescolanza di cose che si integrano a vicenda. Quindi, utilizzare materiali in grado di dischiudersi e permettere di avere visioni approfondite ha a che fare con questa consapevolezza. Gli oggetti risucchiano la stanza, sai, esattamente come noi, e allo stesso tempo

in relation to the highly polished surface on a work like *The Fanatics*?

TC: Yes, I'm still trying to get over this description of a discrete body, whether it's mine, yours or a stone, or a bottle on the table. I know it seems to have, to our perception, quite a hard contour around it, but it's much more integral to everything else around it than we imagine. Take the example of a stone on the beach. First of all it's integral historically to the beach and it also has the same temperature as the things around it, which is not insignificant. It's also letting light be reflected off it. It's also, even if it's only a stone, chemically reacting with the air around it; it's evaporating, it's radiating and it's absorbing the radiation. You can't just take where that stone is and put nothing there — there cannot be a blank there in its place. It's a supportive component, it plays a supportive role.

So if you think that's just a stone, well think then about our bodies, with our vibrations and our essences, our smells or the temperature we let off, our hair growth, our smile, our words, our thoughts, our deeds, our interactions with the material. We are existing in a big social context.

I know we have to keep our sanity and therefore separate things into discrete objects, but on another level there is an enormous integral mix of things. So using material that is opening itself up and letting you have in-depth visions relates to this awareness. Objects suck in the room, you know, as we suck in the room, and they push out the room at the same time. That works in the same

la espellono. Funziona allo stesso modo con la superficie riflettente, che non è possibile guardare senza che l'immagine della stanza venga risucchiata dall'oggetto e allo stesso tempo respinta. E cosa vedi quando guardi la superficie? Vieni respinto nella stanza che stai guardando e nel tuo stesso volto. Sono aspetti di un'interazione tra l'oggetto e lo spazio.

JW: Prima hai detto che scala e contenuto sono interconnessi, ma per quanto riguarda peso e contenuto?

TC: La scala è strettamente collegata al peso, se si ha una certa sensibilità per i materiali. Questo aspetto è chiaramente sviluppato nelle piccole opere cubiche di Serra, ad esempio, e forse anche nelle sculture di Ulrich Rückriem. Non siamo di fronte a sculture eccezionalmente grandi, ma il fatto che un metro cubo di pietra pesi due tonnellate ti dà già una misura di grandezza. E forse anche il valore economico del materiale può rientrare in una questione di grandezza, motivo per cui un metro cubo d'oro sarebbe una scala molto grande, mentre un metro cubo d'acqua probabilmente no. È una questione di valore, e il valore ha a che fare con la rarità e la scarsezza del materiale, perciò ci sono parametri strutturali chiari rispetto alla sua disponibilità.

JW: E riguardo all'etica del peso in termini di trasportabilità della scultura? C'è un'interessante relazione tra arte, etica ed economia, soprattutto negli ultimi anni, laddove molti scultori più giovani realizzano opere decisamente leggere che possono viaggiare in tutto il mondo con estrema facilità, mentre una scultura di due tonnellate può costare molto o non poter viaggiare affatto.

way with the reflective surface, which you can't look at without the image of the room being sucked into the object and at the same time pushed back. And what do you see when you look at the surface? You get pushed back into the room you're looking at and your own face. So they are facets of an interaction between the object and the space.

JW: You said earlier that scale and content were interconnected, but what about weight and content?

TC: Scale is weight to some extent, if you have some degree of sensibility for what materials are. That's definitely exploited in the small cubic works of Serra, for example, and even maybe with Ulrich Rückriem's sculptures. They're not exceptionally big sculptures, but the fact that one cubic metre of stone weighs two tonnes is already a measure of scale. Maybe the financial value of the material can also be a matter of scale — so a cubic metre of gold would be a very big scale and a cubic metre of water is perhaps not a very big scale. It's to do with value and the value has to do with the rarity and scarcity of the material and so there are clear structural parameters to the material availability.

JW: What about the ethics of weight in terms of sculpture's transportability? There is an interesting relationship between art, ethics and economics here, especially in recent years with a lot of younger sculptors making very light work which can travel around the world very easily, whereas a two-tonne sculpture either might cost a lot or might not travel at all.

TC: O essere spedite via mail?

JW: Esatto. Intendevo solo riflettere su una possibile etica del peso – il peso è una condizione che comporta una maggiore consapevolezza della responsabilità artistica?

TC: Credo che il peso sia una risorsa, che a sua volta richieda altre risorse, tuttavia la scultura è una quantità così minima e marginale rispetto al materiale totale del mondo manifatturiero che, a mio avviso, diventa insignificante se considerata in un quadro più ampio. Oggi si producono certamente più bicchieri di carta – tonnellate di bicchieri di carta – rispetto a qualsiasi scultura. Di fronte all'enorme produzione di cose, il volume della scultura è davvero irrisorio. Questo è importante come strumento necessario per relativizzare il resto della produzione e la logica economica. Inoltre, alcuni oggetti ritenuti molto leggeri, come i video o i DVD, in realtà richiedono un grande dispendio di energia per produrre quelle componenti di computer e non solo necessarie per la loro realizzazione. Dietro la produzione di un lettore DVD, ad esempio, si cela un complesso sistema industriale.

TC: Or be sent as an email?

JW: Absolutely. I mean just to speculate on a possible ethics of weight here — is weight a condition that entails a much greater awareness of artistic responsibility?

TC: I think that weight is resource and one which in turn demands resources, but sculpture is such a small and insignificant amount of the material of the total manufacturing world that I think it pales into insignificance when seen within the bigger picture. There are more paper cups — tonnes of paper cups actually — being made today compared to any sculpture. There are so many things being made that the tonnage of sculpture is miniscule. This is important as a necessary means of relativising the rest of the production and the economic logic. Secondly, some things which are deemed to be very light, like videos or DVDs, require enormous power to produce the computer parts and everything else that is needed to make them. There is an enormous industrial system necessary to produce a DVD player, for example.

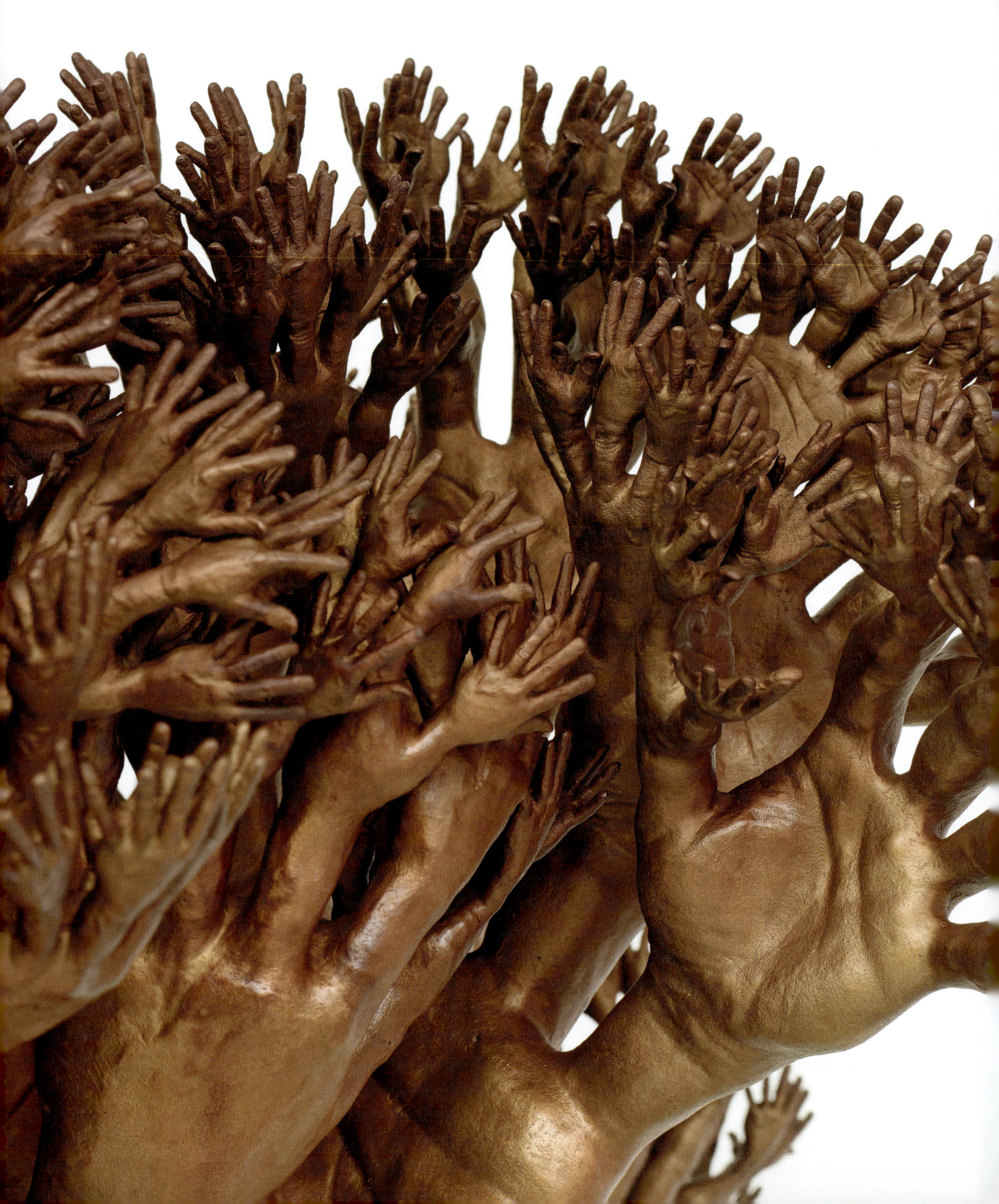

Generazione

JW: Vorrei analizzare la questione della riproduzione, della replica, della moltiplicazione, della fusione e così via, ovvero di tutto ciò che riguarda la creazione di un'opera successiva a un'altra, attraverso il termine "generazione". Mi sembra che tu sia fortemente interessato a questo termine (e alle relative metafore biologiche) e come scultore sia alla costante ricerca di quella che si potrebbe definire una scultura "generativa", ovvero opere che hanno una struttura e un formato autogeneranti, da cui facilmente si possano realizzare altre opere.

TC: Sì, è vero, e credo che la massa e l'energia debbano essere necessariamente generate – qualunque cambiamento, per essere efficace, deve essere generato. Mi riferisco a un'iniziativa positiva diretta a cambiare le cose. "Generativo" per me, nei termini di ciò che faccio, significa che nell'ambito del mio lavoro, a un dato momento, l'opera genera sé stessa, è come se fosse sempre presente una sorta di autogenerazione. Il lavoro che faccio oggi è possibile solo grazie al lavoro di tre o quattro mesi fa, che a sua volta è stato possibile solo grazie al lavoro di nove o dodici mesi fa... Anche se il processo non avviene in modo lineare, le cose si generano. È una specie di autodiffusione, di energia autogenerativa che credo sia insita nella materia. E, se ci pensi, anche nel termine "generativo", derivato da "genere", si trova l'idea del creare un gruppo apparentato di cose, che si tratti di un'associazione di oggetti o di una popolazione, specie diverse di cose che "relativizzano" la generazione.

JW: Fammi capire come funziona e si manifesta nella tua scultura questo modello biologico di organizzazione e di concezione di un'opera.

Generation

JW: I would like to raise the question of reproduction, replication, multiplication, casting etc... that whole terrain of the making of subsequent work, through the term 'generation'. You seemed to be deeply concerned with this term (and its attendant biological metaphors) and a sculptor who is constantly looking to make what one might call 'generative' sculpture, works that have a self-generating structure or format and that can facilitate the creation of further works.

TC: Yes, absolutely, and I think mass and energy need to be generated — any effective change has to be generated. It's to do with a positive directed initiative to change things. 'Generative' for me, in terms of my work, is the fact that within my own work within any given period the works generates itself and there is a self-generating characteristic. The work I'm making today is only possible because of the previous work of three or four months ago and that was only possible because of the work of nine or twelve months ago... Even if it's not a linear thing, things are generating. There is a sort of self-propagating, self-generative energy that is inherent in the material, I think. And even in the term 'generative', from 'genus', is the idea of making a family group of things, whether making an associative group of things or creating a population, a species of things which 'relativise' generation.

JW: Let's look at how this biological model for organising and envisaging an oeuvre actually works and plays itself out within your sculptures.

TC: Devo ammettere che, sebbene possa apparire come un metodo di lavoro ben definito, mi ci sono voluti parecchi anni per riconoscerlo o accettarlo in quanto tale. Di fatto, ho cominciato a vederlo in questo modo in assenza di un processo di lavoro alternativo chiaro e sistematico. Già da più di dieci anni creavo opere a sbalzi, con pause, sviluppi paralleli, realizzando tanti lavori diversissimi tra loro. Tuttavia, i temi della mia pratica artistica e, in una certa misura, le mie aspettative al riguardo erano sempre rimasti inalterati. Ciò che mi ha sempre stupito è la quantità di nuove informazioni che acquisisco dopo ogni nuovo lavoro. Per me ha senso fare una nuova scultura solo quando non ho la chiara visione di come sarà una volta terminata. Ciò significa che non so esattamente quale sarà il suo aspetto, come reagirà nel mondo, come si sentirà e quali idee potrà trasmettere. Per questo motivo non ho mai trovato interessante realizzare sculture che rappresentassero oggetti esistenti e raramente ho inteso lanciare un messaggio predeterminato. Preferisco guardare avanti, orientarmi verso una nuova esperienza e una nuova conoscenza piuttosto che guardare indietro a una qualche particolare fonte già esistente. La tendenza a guardare avanti ha in sé una qualità generativa. E d'altronde è il motivo per cui abbiamo dei discendenti, per proiettare una parte di noi stessi nel futuro. Per un certo periodo, ci preoccupiamo di formarli e informarli e a un certo punto, invece, sono loro che iniziano a informare noi e gli altri. Ci poniamo in relazione con loro nei termini delle categorie di famiglia, genere e specie.

Il razionalismo industriale tende a censurare le infinite possibilità della forma attraverso il processo decisionale basato sul minimo comune denominatore, la standardizzazione dei materiali e l'uso di geometrie producibili a basso costo.

TC: Well, I must admit that although this seems to be something approaching a working method it took many years for me to recognise or, accept it as such. In fact I was forced into seeing it in this way in the absence of any other clear systematic working process. I had already made works for over ten years with jumps, breaks, parallel developments and made a lot of quite different looking work. However, the themes in the work and to some extent my expectations in the work had remained constant. What always amazed me was how much new information I took away with me after every new work. For me it is only really worth while making a new sculpture when I don't know what it will be when it is finished. That means that I do not know precisely what it will look like, how it will react in the world, how it will feel, and what ideas it will convey. This is why I have never found it interesting to make sculptures that represent existing objects and I rarely set out with the intention of presenting a pre-described message. I prefer looking forward to a new experience and a new acquaintance than to looking back at a source. This tendency to look forward has for me a generative quality. That is why we have offspring, in order to project part of ourselves into the future. For a period we are preoccupied with forming and informing them and at some point they start to inform us and others. We relate to them in catagories of family, genre and species.

Industrial rationalism tends to censor the possibilities of form by lowest common denominator decision making, formatting materials and using cheaply producible geometries. Any other way of making things looks relatively organic.

Qualsiasi altro modo di fare le cose appare relativamente organico. Dopo la mia iniziale infatuazione per il minimalismo da studente, ho fatto uno sforzo consapevole per tenermi alla larga dalla produzione costruttiva di scatole di latta e dalle parodie industriali. A volte sembra che i grandi sistemi di produzione commerciale agiscano in modo quasi darwiniano, dove la sopravvivenza del più adatto garantisce la dinamica del sistema, o quantomeno qualcosa di organico. Ma così si ignora che l'evoluzione darwiniana presuppone una molteplicità di nicchie biologiche da cui si può sviluppare una molteplicità di specie. Questo non è assolutamente il caso del nuovo concetto "il mondo è a mia disposizione". I media del marketing preparano il terreno schiacciando ogni sensibilità diversa o nicchia culturale e poi scaricano ovunque i loro i-Pod e BMW. La cultura è più simile a una vasca affollata di coccodrilli che a una ricca flora di specie diverse che potrebbero aiutarci a creare un nuovo linguaggio, nuovi sistemi di pensiero e nuove prospettive. Fare scultura è un buon modo per ricostituire ancora una volta questa vasca di forme, anche se nemmeno per un istante si deve pensare che sia un processo logico, razionale o solo intrinsecamente giusto.

JW: In termini di ricostituzione di questa "vasca di forme", consideri allora la tua mostra all'Akademie der Künste come un'occasione per esporre non solo "generazioni" di sculture, ma anche un corpus di opere in materiali diversi e in fasi e dimensioni diverse, al fine di tracciare le connessioni "genetiche" all'interno di una stessa opera e tra le opere?

TC: Mi piacerebbe presentare le sculture di questa mostra non come opere singole. Voglio dare il senso di quasi vent'anni di scultura. Voglio anche che l'esposizione abbia una qualità più contenuta e dia l'opportunità di vedere il

After my initial infatuation with minimalism as a student, I made a conscious effort to stay away from constructive tin box making and industrial parodies. Sometimes it seems that big commercial production systems act in an almost Darwinian manner where the survival of the fittest ensures the dynamic of the system, at least somewhat organic. Unfortunately this ignores the fact that Darwinian evolution assumes a multiplicity of biological niches in which a multiplicity of species can develop. This is absolutely not the case in the new 'the world is my oyster' concept. The marketing media prepare the ground by crushing any disparate sensibility or, cultural niche and then they off-load their i-Pods and BMWs everywhere. The culture is more like an overpopulated pool of crocodiles, than a rich flora of many species which could then help us to create new language, new thoughts and new perspectives. Sculpture making is a good way of replenishing the form pool, even though, you shouldn't imagine for one moment that it is logical, rational or, even intrinsically right.

JW: And in terms of replenishing this 'form pool', do you see your exhibition at the Akademie der Künste as a chance to show not only 'generations' of sculptures, but also bodies of work in different materials and at different stages and sizes, in order to map out the 'genetic' connections within and between the works?

TC: I would like to show the sculptures in this exhibition not as individual artworks. I want there to be a sense of almost twenty years of sculpture making. I also want the display to have a more insular quality to it and give the

lavoro in modo un po' diverso; magari anche per cogliere una profondità storica e offrire la possibilità di mostrare un'evoluzione della forma così come un'evoluzione del significato della forma, almeno all'interno di un gruppo di opere. In qualche modo, subiranno anche una sorta di maltrattamento: il solo fatto di riunire le sculture l'una accanto all'altra e di trattarle come singole parti unitarie di una storia più grande, avrà un inevitabile impatto sul loro status individuale.

JW: Una varietà più anarchica nell'opera di uno scultore ti preoccupa o ti mette ansia?

TC: No, direi proprio di no. Al contrario. Se un'opera non ha un certo grado di complessità o semplicemente non è un po' fuori controllo, mi viene il sospetto di una sorta di strategia a tavolino, forse allora si dovrebbe fare design!

JW: Le idee biologiche di generazione e germinazione e così via sembrano mettere in primo piano l'evoluzione naturale, la crescita e tutto il resto, e sostituiscono il ruolo della sperimentazione, degli errori e delle opere "sterili" che non si sviluppano o generano ulteriori lavori – "sculture cul de sac, ovvero senza uscita" che non portano da nessuna parte. Cosa succede a queste sculture nel tuo schema delle cose?

TC: Quando parliamo di discendenza o dell'idea di una cosa che deriva da un'altra, possiamo immaginare forme come un cespuglio o un albero. Affinché forme come queste si sviluppino al massimo del loro potenziale, devono crescere e dividersi continuamente. Tutto ciò che non riesce a contribuire alla crescita generale si degrada e diventa compost. Una cosa è certa: nulla va sprecato.

opportunity to see the work in a slightly different way; perhaps also to have a historical depth and maybe offer a chance to show an evolution of form and an evolution of the meaning of the form as well, within at least one group of works. In a sense, there will also be a kind of mistreatment as well — just bunching the sculptures up next to each other and treating them as individual unit parts of a bigger story will inevitably impinge on their individual statuses.

JW: Does a more anarchic diversity in a sculptor's oeuvre worry you or make you anxious?

TC: Not at all. On the contrary. If an oeuvre does not have a certain degree of complexity or, is even slightly out of control, I suspect some kind of cold-hearted strategy, perhaps they should become a designer instead!

JW: The biological ideas of generation and germination etc... seem to foreground natural evolution and growth etc. and displace the role of experimentation, of mistakes and of 'infertile' works that don't develop or generate further work — 'cul de sac or dead end street sculptures' that don't lead anywhere. What happens to these sculptures in your scheme of things?

TC: When we talk about offspring, or the idea of one thing stemming from another we can imagine forms like a bush or a tree. In order for forms like this to extend to their full potential they grow and divide continually. Anything that does not manage to contribute to the general growth falls off and becomes compost. One thing is for sure: nothing is wasted.

JW: Per quanto riguarda l'applicazione di questa metafora biologica alla scultura, e in relazione alla più vasta storia della disciplina, vorrei chiederti perché, secondo te, gli scultori spesso sono così preoccupati e consapevoli di tutta la storia della scultura e dell'idea delle sue origini. Hai già citato le piramidi, il che è molto interessante. Se invece si intervista un pittore, è improbabile che citi le pitture rupestri o qualche altro esempio simile, mentre gli scultori sembrano curiosamente propensi a citare le piramidi. La scultura egizia, le piramidi, la sfinge e tutto il resto ci offrono immediatamente tutta la profondità della storia della scultura. Anche questo fa in qualche modo parte di quell'immaginario della "generazione" di uno scultore?

TC: Se prendi un brano musicale, avrai il ritmo, l'armonia, l'altezza del suono e altre caratteristiche che compongono una melodia. Esistono caratteristiche e concetti simili anche per la scultura. La capacità di durare è una qualità del materiale e quindi, in un certo senso, il materiale fa da ponte nel tempo. È un modo per lasciare un messaggio relativamente duraturo e resistente. È anche interessante osservare che fa da ponte a epoche diverse. Da un lato espande il tempo, dall'altro lo contrae. Si può entrare in una stanza dove c'è qualcosa che ha tremila anni, trecento anni, trent'anni e qualcosa che è stato realizzato solo la settimana scorsa. In qualche modo, ciò che rimane in quel residuo di tempo ci permette di riflettere sulle caratteristiche umane e interpretare le variazioni di cose che ci sono familiari: preoccupazioni umane (alcune espressive, altre forse umoristiche, altre ancora con dignità, idee di bellezza, questioni di verità, di etica, di morale e così via) che si raccolgono in una forma materiale, concreta. E ancora una volta, in ultima analisi, è logico che io dica che voglio fare scultura, perché la scultura ha a che fare con la

JW: In terms of this organic metaphor's application to sculpture, and in relation to the larger history of sculpture, I want to ask you why you think it is that sculptors often have such self-conscious preoccupation with sculpture's long history and about the idea of sculpture's ostensible origins. You've already mentioned the pyramids, which is really interesting. If you interview a painter, they're not likely to mention cave paintings or some such example, whereas sculptors seem strangely likely to mention pyramids. Egyptian sculpture, the pyramids and the sphinx etc… immediately present a very long sense of sculpture's history. Might that also be part of a sculptor's imagining of 'generation'?

TC: If you've got a piece of music in front of you, you have rhythm, harmony, pitch and certain criteria that make a melody. There are similar criteria and concepts around sculpture. Longevity is a quality of material and so in a sense material is a good bridge through time. It is a way of leaving a relatively lasting and durable message in time. It's also interesting to observe that it's a bridge over different times. On the one hand it expands time, but it also contracts it. You can walk into a room where there's something which is 3,000 years old, 300 years old, 30 years old and something that was made just last week. Somehow, what's left in that residue of time makes one reflect on human characteristics and read variations of things that are familiar to us: human concerns (some expressive, some maybe humorous, some with dignity, some ideas of transported beauty, questions of truth, of ethics, of morals etc.) grouping up together in a material, concrete form. And once again, ultimately, it is logical as a result of this for me to say that I want to make sculpture — because sculpture has to

materia e la materia avrà un significato ancora più profondo e a lungo termine nel futuro. Guardare al passato è l'altra faccia della medaglia: in un certo senso è una prova che il passato ci fornisce testimonianze materiali delle istanze e dei valori umani.

JW: Riciclare è un termine adeguato? Esiste una politica del riciclo nell'ambito del tuo lavoro?

TC: Mi verrebbe spontaneo rispondere "sì", ma a causa della mia storia specifica sento che con questo termine si fa il gioco della moda ecologica. Sono sempre attento a evitare questi termini, perché altrimenti si può dar vita a qualcosa che perde il suo vero valore, quando viene rivestito di un semplice contenuto politico o sociale. È un segno dei tempi, se vogliamo, ed è molto frequente che un artista prenda un'immagine o un oggetto e vi trasfonda un significato politico o sociale predeterminato. Ma non è questo che mi interessa fare. Mi piacerebbe scoprire nuovi significati piuttosto che lasciare che le cose siano solo metaforiche.

JW: Il termine "rivestire" mi fa pensare al punto in cui ci si può fermare o interrompere un'opera. Se usiamo l'analogia della crescita della popolazione, dove si pone allora il limite per smettere di fare scultura? O si deve continuare a fare scultura? La scultura si riproduce come i conigli, si diffonde a macchia d'olio... dove andrà a finire?

TC: La domanda avrebbe un senso se camminando per strada non riesci a proseguire perché vai a sbattere contro qualche scultura! Se questo non accade, allora siamo ben lontani dall'essere minacciati dalla scultura, dalle diverse specie di scultura.

be concerned with the material and material will carry a deeper, long-term meaning into the future. Looking back into the past is the other side of the coin — it's proof in a sense that the past provides us with material witnesses of human concerns and values.

JW: Is recycling a useful term? Is there a recycling policy operating within your work?

TC: Spontaneously I'd like to say 'yes', but because of my own particular history I feel that you can play into the hands of ecological fashion with such a term. I'm always concerned to avoid those terms, because if you don't you can actually make something where the real value of it gets lost, when it is capped with some simple political or social content. It's a sign of the times if you like, and it's very prevalent that an artist gets some image or object and transcribes onto it a pre-described political or social meaning. That's not what I'm interested in doing. I'd like to discover new meanings rather than just let things be metaphorical.

JW: That term 'capping' makes me think of where you might stop or discontinue a body of work. Using the analogy of population growth, where do you draw the line with stopping making sculpture. Or does it just carry on? Sculpture breeding like rabbits, spreading like wildfire... where will it all go?

TC: Well, that question becomes relevant when you're walking down the street and you don't make much progress because you're bumping into sculpture! Or your living room, your kitchen and your bedroom are cluttered up with sculpture! If that's not the case then we're a long way from being endangered by sculpture, by the species of sculpture.

In verità, penso che la scultura sia un prodotto umano straordinariamente raro. E penso che il mondo avrà bisogno della scultura in futuro, per decidere la forma e la struttura di molte cose – avremo bisogno della scultura e del pensiero scultoreo. Mi piacerebbe applicare il pensiero scultoreo alla biomeccanica, alle istituzioni governative, alle strutture sociali e così via. Non nel senso di voler imporre determinate strutture, ma per utilizzare l'analisi della forma e metterla in relazione con gli ideali e gli imperativi morali. Mi piace immaginare che il lavoro degli artisti possa avere un ruolo più rilevante nella forma delle istituzioni politiche sociali, delle pratiche educative, dell'agricoltura, della silvicoltura, dell'ecologia in generale, dell'alimentazione, delle relazioni umane, della giustizia, della risoluzione dei conflitti. Può sembrare inverosimile, ma poiché ritengo che la soluzione a tutti questi problemi risieda nella materia, la scultura sarebbe una buona disciplina per affrontare questi problemi. E in futuro la scultura diventerà ancora più attrezzata per affrontare problemi materiali complicati. Credo che la scultura, forse anche più di qualsiasi altra attività artistica o culturale, sia uno strumento per costruire un mondo migliore.

I think that sculpture is an incredibly rare human product, it really is. And I think the world will need sculpture in the future, in order to decide about the form and structure of many things — we will need sculpture and sculptural thinking. I would like to apply sculptural thinking to biomechanics, to government institutions, to social structures etc. I don't mean in terms of dictating what the structures would be, but in order to use the analysis of form and relate that to ideals and to moral imperatives even. I think that I could imagine the work of artists becoming much more integral to the form of social political institutions, of educational practices, to agriculture, to forestry, to ecology generally, to nutrition, to human relationships, to justice, to the resolution of conflicts. It may sound far-fetched, but because I find the solution to all of these problems lies in the material, sculpture is a good discipline for approaching these problems. And in the future sculpture will become even more equipped to deal with complicated material problems. I do believe that sculpture, perhaps sometimes more than any other artistic or cultural activity, is a tool for building a better world.

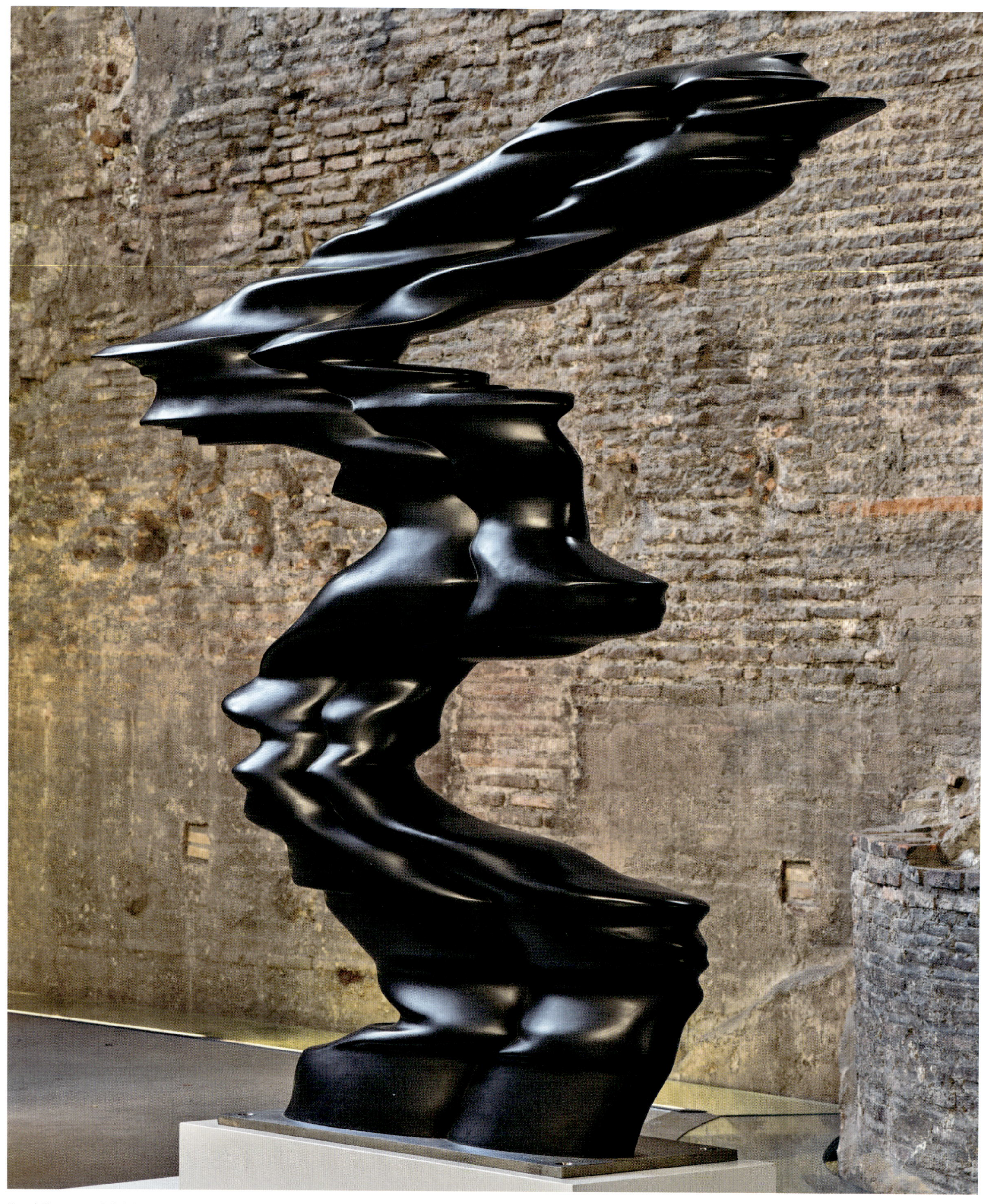

Red Figure, 2008

Red Figure

La *Red Figure* esposta in mostra è realizzata in bronzo anche se in origine, come molte altre sculture di Cragg, era formata da fogli di compensato sovrapposti. Le forme di questa scultura, intensamente allungate e tese, suggeriscono un'energia intensa e guizzante. I profili contenuti nei volumi sono frenetici e sfuggenti e l'intera scultura si erge imponente nello spazio come un oggetto iperaccelerato e attraversato da intensi scuotimenti.

Anche il colore riveste un ruolo di grande fascino in questa scultura. Abbiamo già visto come Cragg ami optare per colori audaci e primari – che si tratti degli allestimenti in plastica a pavimento (come *New Stones Newton's Tones* del 1977 e *Spectrum* del 1985), delle opere in plastica a parete (come le Bottles e le Figures dei primi anni ottanta), oppure dei più tardi bronzi colorati, come *Declination*, *Outspan*, *McCormack* e *Red Square*. Oltre a catalizzare l'attenzione, il colore acceso conferisce all'opera un'indipendenza visiva che consente di distinguerla come un oggetto autonomo nell'ambiente espositivo.

Troviamo il blu, il giallo, l'arancione e il verde in molte opere, ma è il rosso il colore primario più utilizzato da Cragg, il tratto distintivo più volte posto in stretta correlazione con l'artista e la sua opera. *Red Figure* continua alcuni aspetti della poetica ribelle e solitaria del rosso. La sua energia sottoposta a un ferreo controllo e amplificata, più barocca e meno disordinata, risulta ancora più accelerata per il volume che le viene assegnato.

Red Figure

Red Figure is exhibited here in bronze, but like many of Cragg's sculptures it was originally made in stacked plywood. The forms of this sculpture are dramatically extended and stretched, suggesting an intense, darting energy. The profiles contained within the volumes are frenetic and fleeting and the whole sculpture stands compellingly in space as a hyper-accelerated and agitated object.

Colour plays a fascinating role in this sculpture too. As we have seen, Cragg has regularly relished deploying bold and primary colours in his works — whether in the plastic floor works (like *New Stones Newton's Tones* (1977) and *Spectrum* (1985)) and the plastic wall works (such as the *Bottles* and *Figures* in the early 1980s) through to the later coloured bronzes such as *Declination*, *Outspan*, *McCormack* and *Red Square*. Bold colour is not only eye catching, but it gives the work a visual independence helping to set it apart as an autonomous object from the environment of its display.

We find blues, yellows, oranges and greens in many works, but red is the primary colour most used by the artist. It has become his signature colour and one which he and his work have sometimes become closely associated with. *Red Figure* continues some of the solitary rebellious poetry of redness. Its energy has become more tightly controlled and exaggerated, more baroque and less disorderly, as it has been given volume and further accelerated.

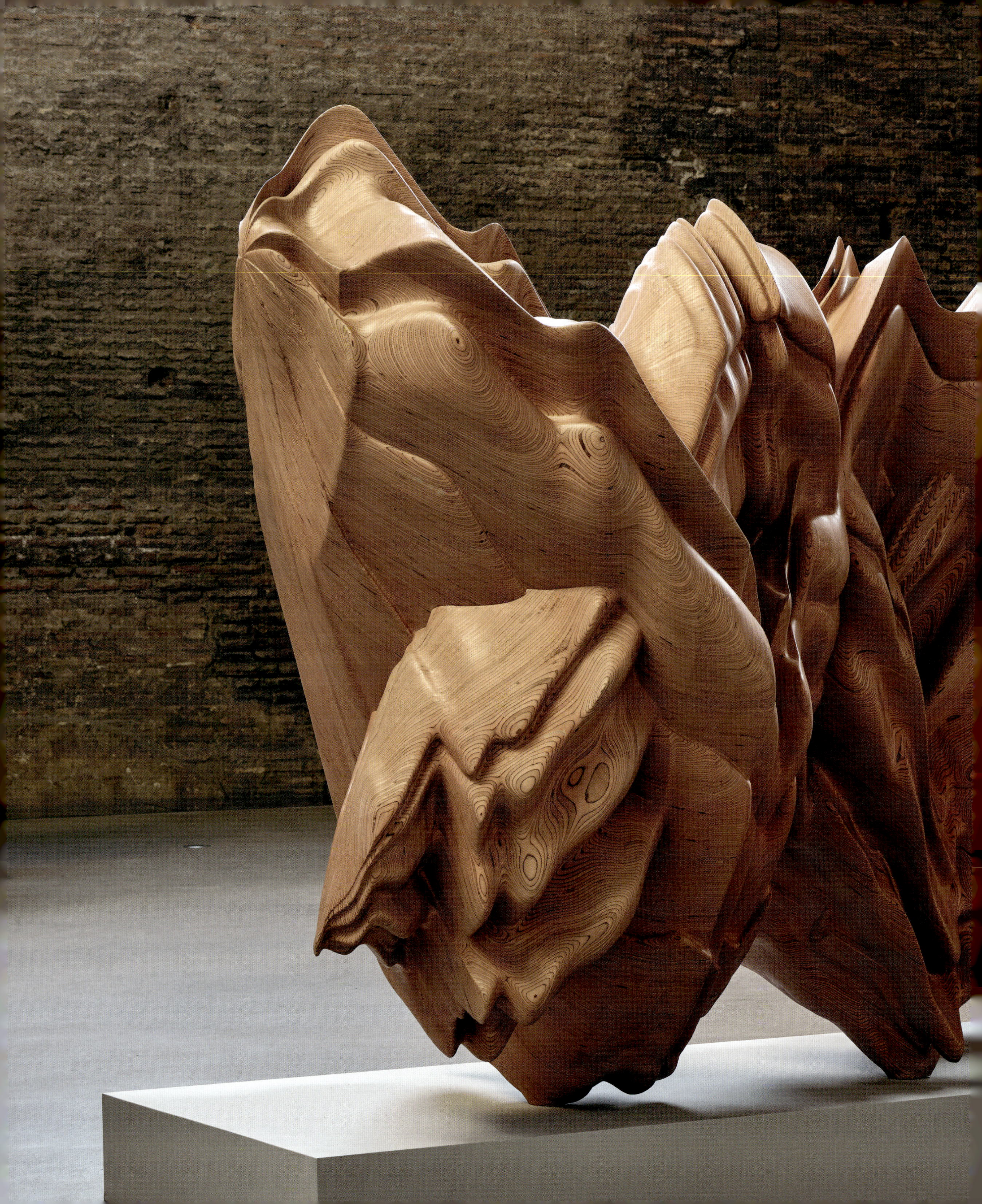

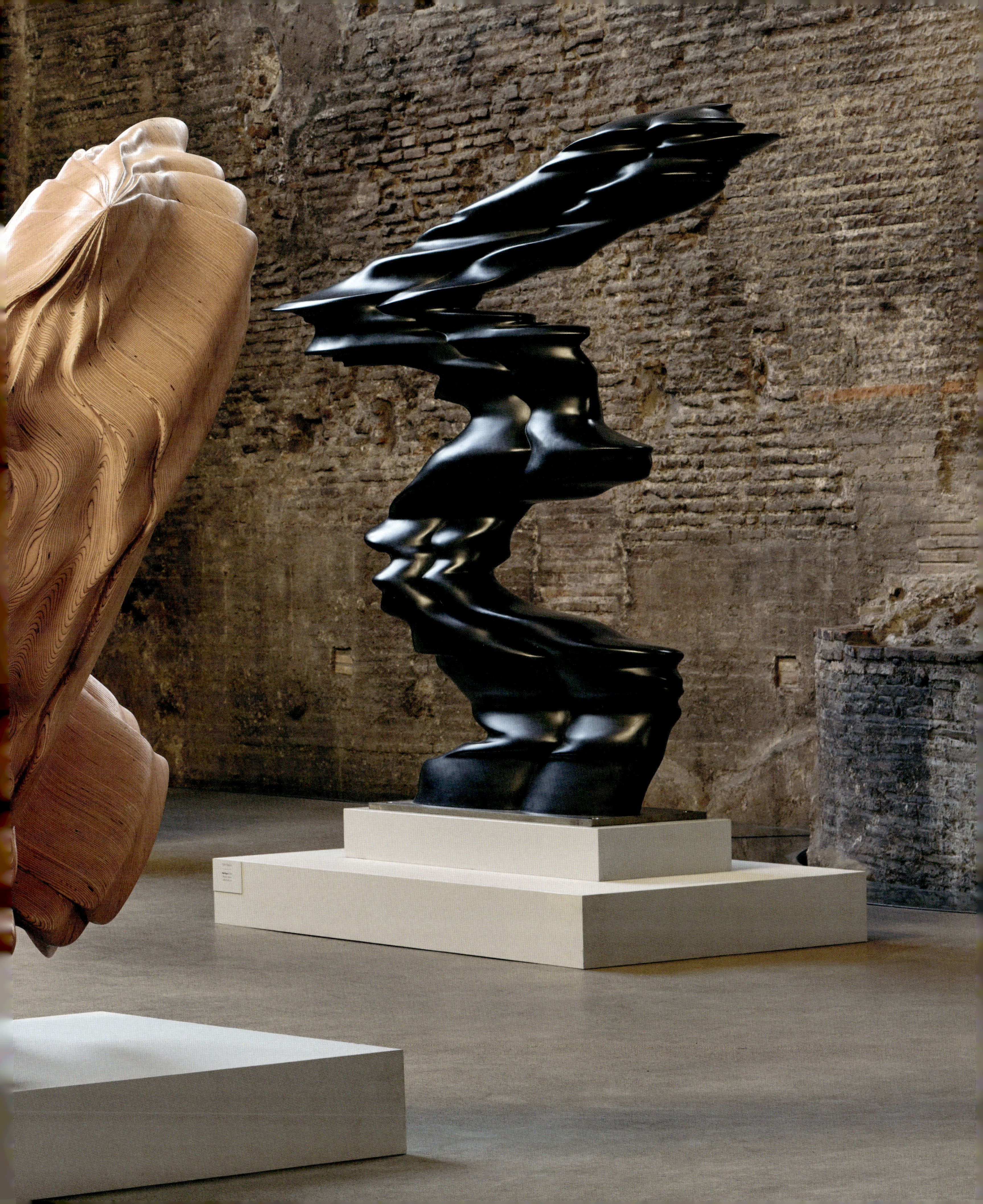

Karst

Al centro della passione indagatrice di Cragg per le forme materiali vi è un autentico apprezzamento per l'importanza e il significato che potrebbero rivestire per l'osservatore. L'artista è in grado captare il linguaggio mediante il quale il materiale comunica costantemente con noi e influenza le nostre vite. Karst esemplifica alla perfezione il modo in cui Cragg costruisce una scultura a partire da strutture relativamente semplici allo scopo di creare una forma dall'aspetto organico che sia anche in grado di evocare un turbinio di idee ed emozioni in continua interazione. *Karst* è dunque la rappresentazione di uno stato della mente e della materia.

Una delle qualità sorprendenti della scultura recente di Cragg è la compresenza di forze che si intersecano e si elidono a vicenda, si scontrano e collidono. In complesso, al netto di queste collisioni, le sue sculture mostrano una struttura compositiva ben equilibrata. *Karst*, nello specifico, è un'opera costruita in verticale, ma composta e orientata in orizzontale che costituisce un ottimo esempio della combinazione di equilibrio e squilibrio che caratterizza la sua scultura recente. Benché sia realizzata in pannelli di compensato sovrapposti, è un chiaro rimando alla pietra nella forma e nel titolo. Il termine inglese "Karst" è entrato nella lingua tedesca verso la fine del XIX secolo per descrivere una serie di caratteristiche geologiche che si riscontrano soprattutto nelle formazioni rocciose delle Alpi Dinariche, nell'Italia nord-orientale. *Karst* è la manifestazione di una concezione scultorea ispirata al dinamismo della creazione che evoca le possenti forze della natura e la vita geologica del paesaggio.

Karst

At the centre of Cragg's interrogative passion for material forms is an appreciation of the importance of what they might mean to us. He sees a language of material that constantly speaks to us, influencing our lives. *Karst* is an excellent example of how Cragg builds up a sculpture out of relatively simple structures to create not just an organic-looking form, but one that transmits the feeling of turbulent emotions and ideas interacting. Karst is thus a rendition of a state of mind and matter.

It is one of the striking qualities of Cragg's recent sculpture that we find eliding and intersecting forces, crashing and colliding into each other. Despite such collisions, the overall composition of his sculptures is well-balanced. *Karst*, for example, is a vertically constructed, but horizontally composed and orientated work. It is a good example of the combination of balance and imbalance in his recent sculpture. Although it is made in stacked plywood, it is evocative of stone, through form and title. 'Karst' (originally an English word) entered the German language in the late nineteenth century to describe geological features, particularly those found in rock formations located within the Dinaric Alps in North-Eastern Italy. Signalling the dynamism of creation, *Karst* evokes the powerful forces of nature and the geological life of landscape, as well as the manifestation of sculptural thought.

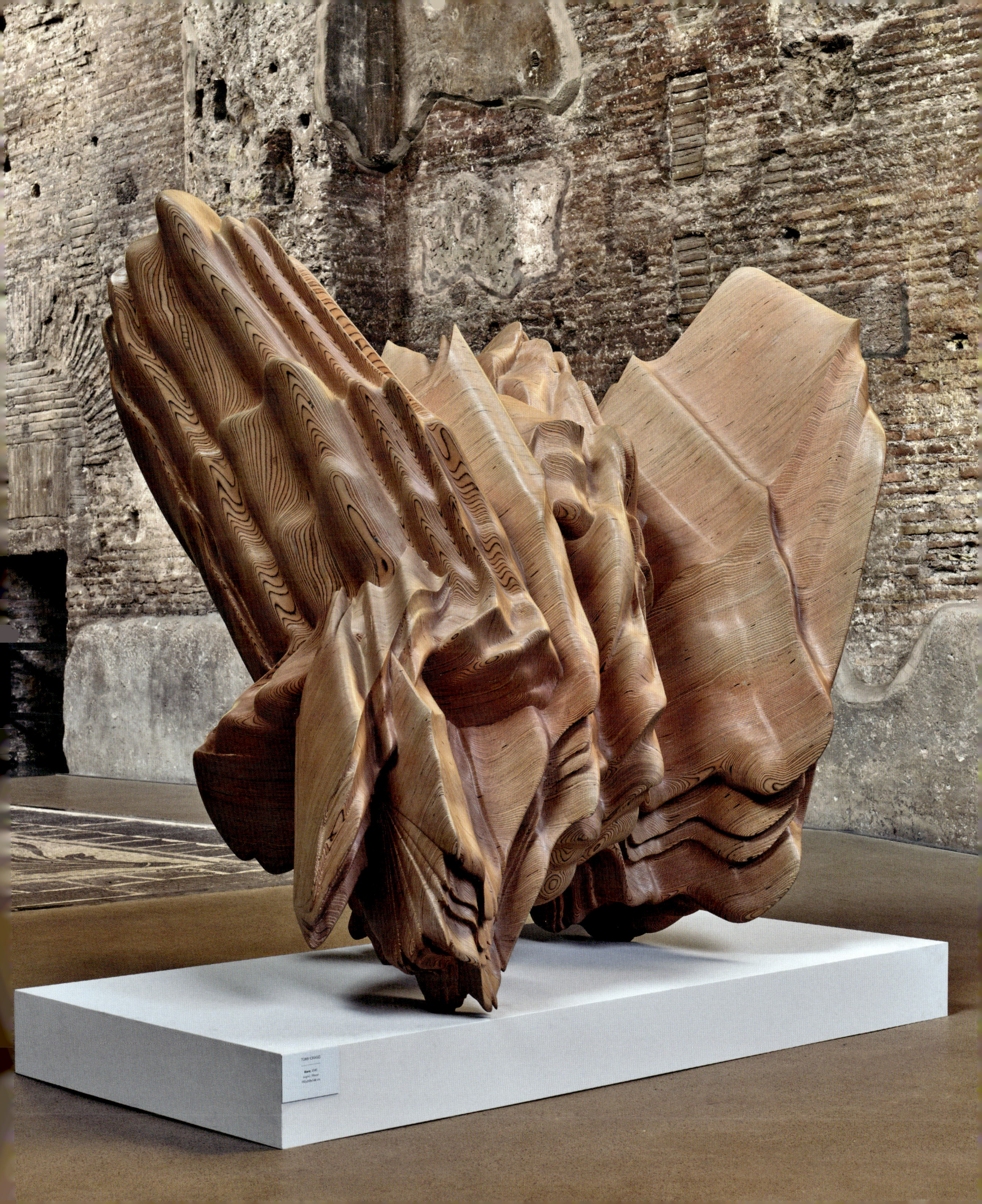

TONY CRAGG

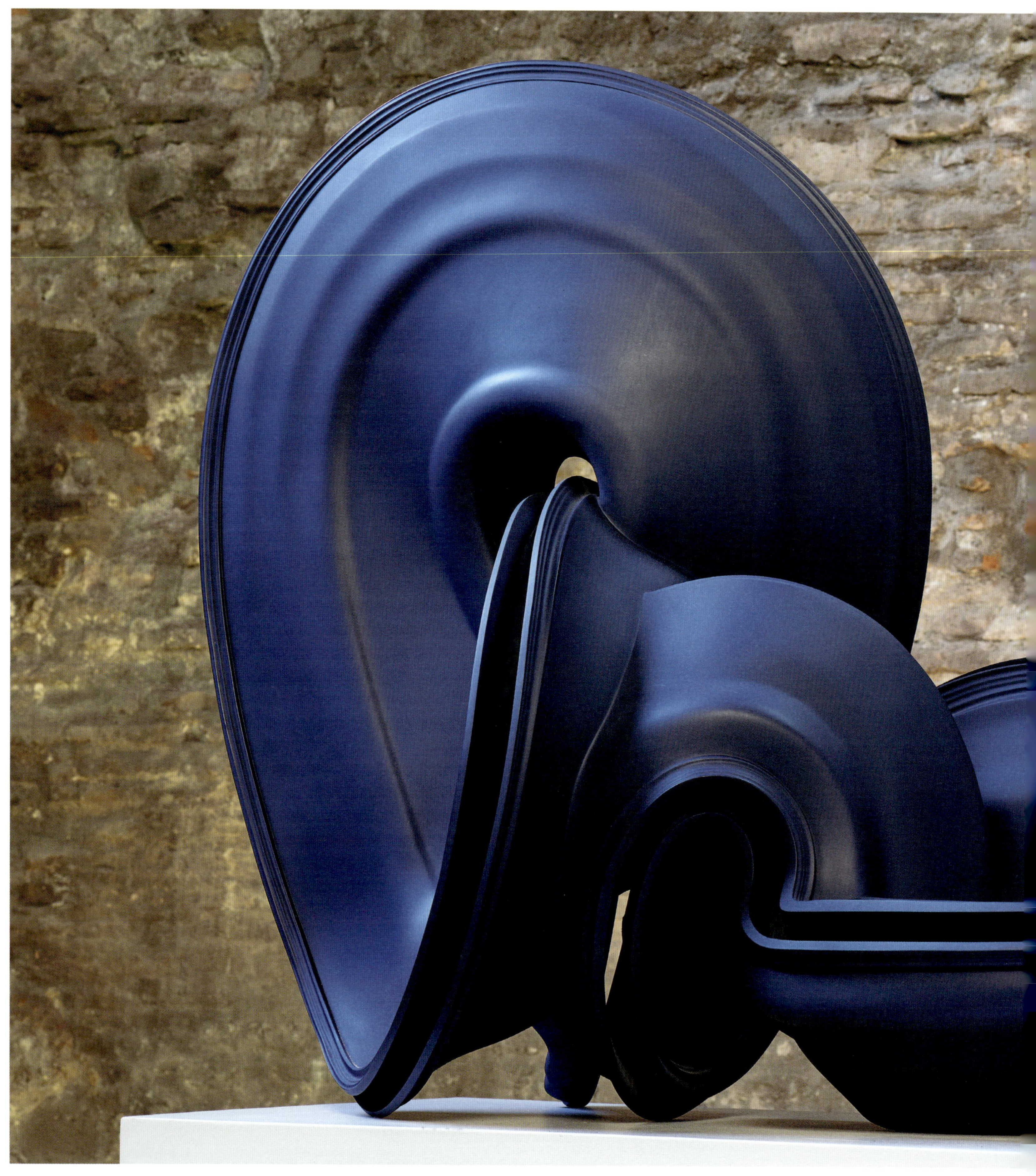

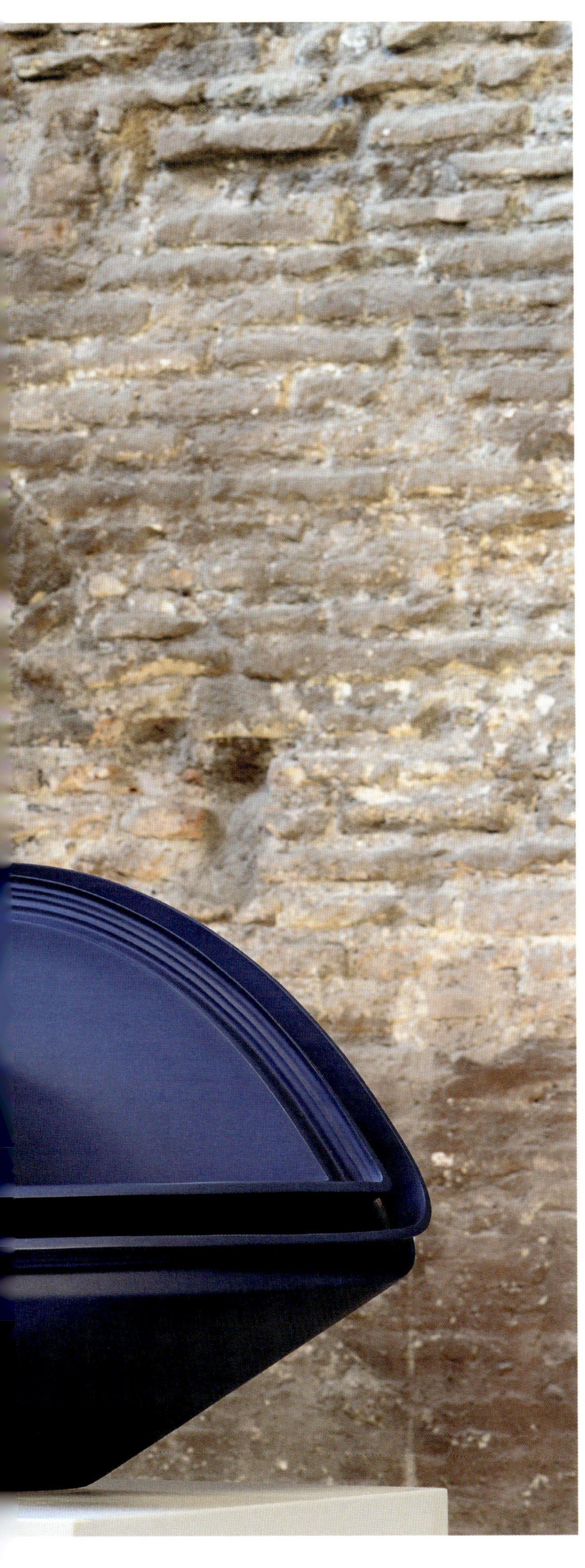

McCormack, 2007

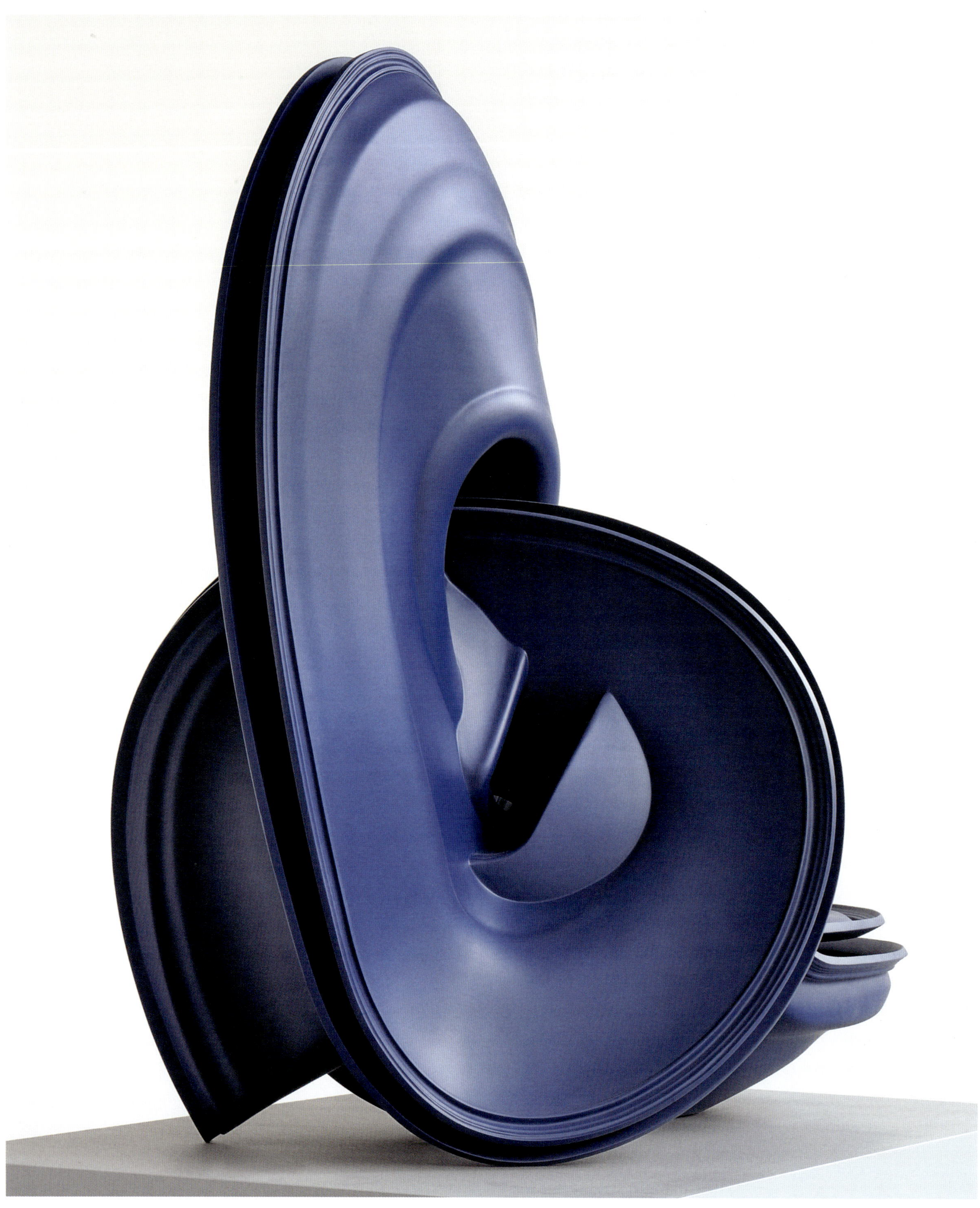

McCormack, 2007

McCormack, Red Square and Outspan

McCormack, Red Square and Outspan

Ripercorrendo a ritroso il percorso della scultura di Cragg nel corso dei decenni, troviamo importanti continuità tra diversi gruppi di opere. Ne è un buon esempio il continuo impiego in funzione immaginativa del recipiente commerciale – come i contenitori per detersivi, i flaconi dei detergenti per la casa e in genere per i prodotti di pulizia. Cragg ha utilizzato per la prima volta questi recipienti (o parte di essi) nei suoi bassorilievi murali in plastica, quindi li ha trasferiti nelle opere *Early Forms*, dove hanno continuato a svolgere un ruolo importante nelle sculture dei primi anni 2000, in particolare *McCormack* (2003), *Red Square* (2008) e *Outspan* (2008). Tutte queste opere articolano molteplici metamorfosi di recipienti e descrivono una transizione continua da una forma all'altra.

Tra le caratteristiche più evidenti di queste sculture in bronzo vi sono i tratti armoniosi e aggraziati, se non barocchi. Sono il risultato di composizioni fantasiose, suggestioni di movimento dinamico. I recipienti si torcono e ruotano nello spazio, e a motivo di questi sviluppi formali le sculture poggiano su punti asimmetrici, anziché su una base completamente piana e aderente al suolo, come nel caso delle colonne articolate. In queste nuove opere ci imbattiamo in forme che paiono sul punto di decollare nello spazio con slanci di grande intensità e accelerazione.

Uno degli impieghi primari di oggetti non utilitaristici come le sculture di Cragg è di fatto la loro inutilità: sono libere dai vincoli della funzione. Le sculture sono dunque espedienti (o "modelli di pensiero", per ricorrere a un'espressione cara all'artista) che inducono a fermarsi e osservare, insegnano a guardare oltre i punti di vista utilitaristici e a riflettere sulle cose superando i vincoli estetici di una cultura materiale formattata industrialmente. Parte del loro straordinario

Looking back at Cragg's sculpture over the decades, we find important continuities across different bodies of work. The ongoing imaginative deployment of the commercial vessel — such as those used for washing up liquid, household detergents and cleaning products — is a good example of this. Cragg first used such vessels (and parts of them) in his plastic wall reliefs and they carried over into his *Early Forms* works, continuing to play important roles in the sculptures he made in the early 2000s, notably in *McCormack* (2003), *Red Square* (2008) and *Outspan* (2008). All these three *Early Forms* works articulate vessel transformations, describing a looping transition from one form to another.

One of the striking characteristics of these newer bronze sculptures is their balletic, even baroque qualities. These are the result of their fantastical compositions and their suggestions of dynamic movement. Vessels are twisted and spun in space, and because of these formal developments, the sculptures sit on asymmetrical points, rather than fully grounded on a level base, as is the case with his articulated columns. We find forms starting to take off into space, with these new works, in more intensified and accelerated ways.

One of the primary uses of non-utilitarian objects, such as Cragg's sculptures, is in fact their uselessness — their liberation from the binds of function. The sculptures are thus devices (or 'thinking models' to use a phrase dear to the artist) to make us stop and stare, looking beyond utilitarian points of view and ruminating on matters outside the aesthetic constraints of an industrially formatted material culture. Part of their extraordinary (and perhaps paradoxical) power, however, is that they employ modern-

(e forse paradossale) potere, tuttavia, è che sfruttano processi produttivi moderni per materializzare queste fantasie. L'ordine si combina al disordine, la razionalità all'irrazionalità, il metodo alla follia. Le sculture di Cragg sono sogni che si materializzano, fanno riferimento a una qualità molteplice che lo scultore Eduardo Paolozzi una volta descrisse nella sua stessa opera come "il lirismo della casualità combinato alla disciplina di un dato specifico"[1].

Outspan è una scultura in bronzo simile a una conchiglia che racchiude i suoi spazi solo in parte, a differenza dell'ordinato spazio cubico di una scatola. Tony Cragg è sempre stato affascinato dalle conchiglie, dai fossili e dalle forme di vita primordiali. La forma delle conchiglie fa pensare a un recipiente primordiale e le sculture *Early Forms* ne articolano lo sviluppo in modo fantasioso. Il colore vistoso contribuisce a rafforzare ulteriormente l'autorevolezza compositiva delle tre sculture, facendo sì che spicchino e si distinguano dagli ambienti in cui sono poste. Per colore, forma e titolo, ognuna di esse rimanda a una diversa poetica associativa. "Outspan" richiama alla mente le arance dell'omonimo marchio e il colore arancione, evocando un'idea di rilassamento e allentamento della forma. "McCormack" riprende il nome di un membro di lunga data del team dell'artista e conferisce all'opera la qualità tecnica di un utensile. "Red Square" evoca sia un luogo, la Piazza Rossa, sia la figura geometrica del quadrato. In realtà, la scultura curvilinea ad anello non è in alcun modo correlata all'ordinato spazio cubico di una scatola: è anche un'allusione ironica all'entusiastico interesse per il minimalismo che Tony Cragg nutriva da studente.

day production processes to materialise these fantasies. Thus, they combine order and disorder, rationality and irrationality, method and madness. Cragg's sculpture are materialised dreams and relate to a combined quality that the sculptor Eduardo Paolozzi once described in his own work as the 'lyricism of randomness with the discipline of a specific.'[1]

Outspan is a shell-like bronze sculpture that contains its own partially closed spaces, quite unlike the tidy cubic space of a box. The artist has long been fascinated by shells, fossils and by the forms of early life. Shells are forms of early vessel and his *Early Forms* sculptures articulate the development of vessels, in fantastical ways. Bold colour helps further consolidate the authority of the compositions of all three sculptures, enabling them to stand out and apart from their environments. In colour, form and titles, all carry different poetries of association. 'Outspan' brings to mind the fruit and colour 'orange', while suggesting ideas of the relaxation and loosening up of form. 'McCormack' is the name of a long-standing member of his studio team, giving the work a technical, tool-like quality. 'Red Square' alludes to both a place and a looping curvilinear sculpture, quite unrelated to the tidy cubic space of a box. It also refers, in an ironical manner, to his enthusiastic interest in minimalism that he had as a student.

---

[1] *Eduardo Paolozzi: Recent Sculpture, Drawings and Collage*, Hatton Gallery, Newcastle 1965, s.n.p.

[1] 'Eduardo Paolozzi: Recent Sculpture, Drawings and Collage' (Newcastle: Hatton Gallery, 1965), n.p

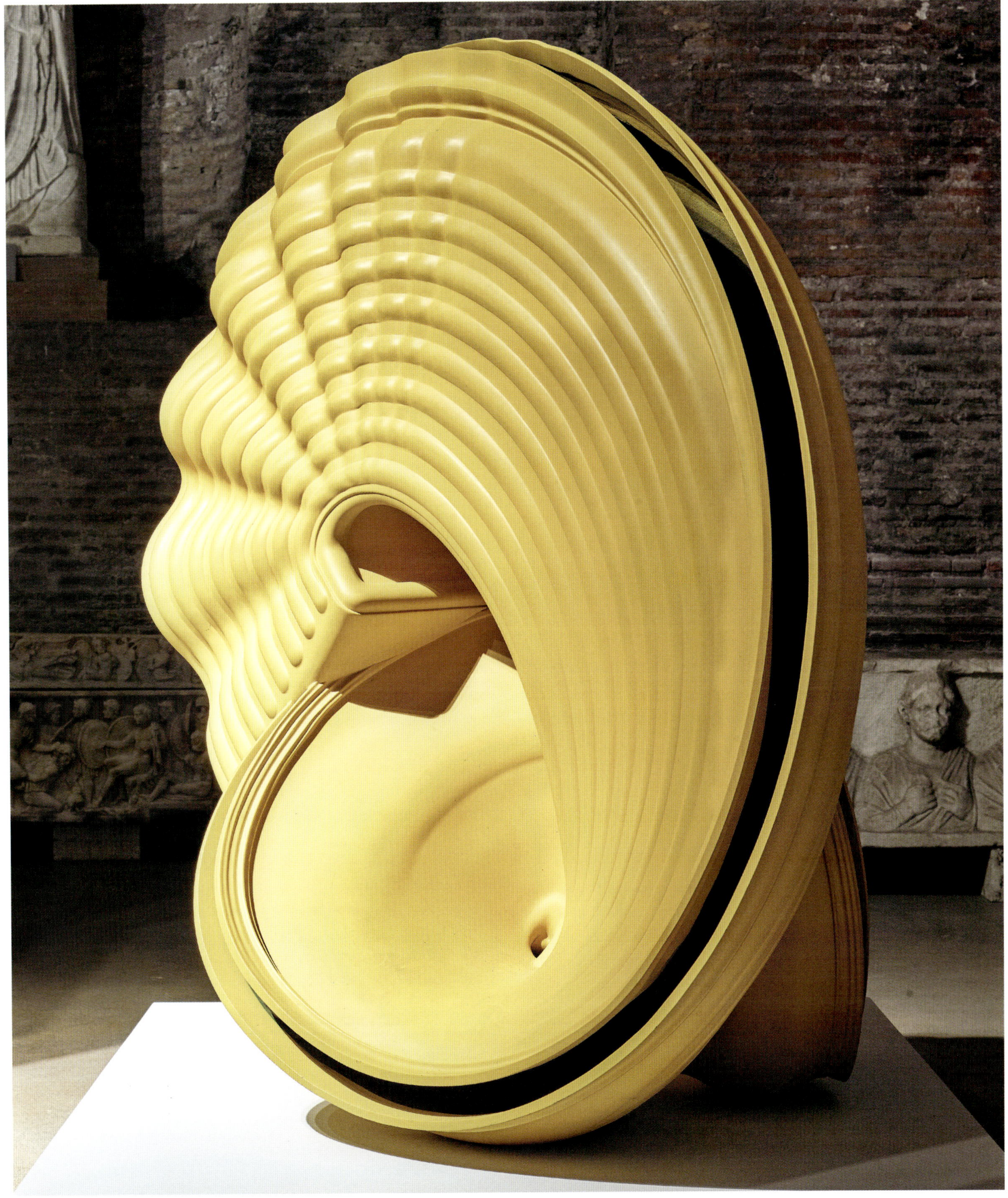

Outspan, 2007

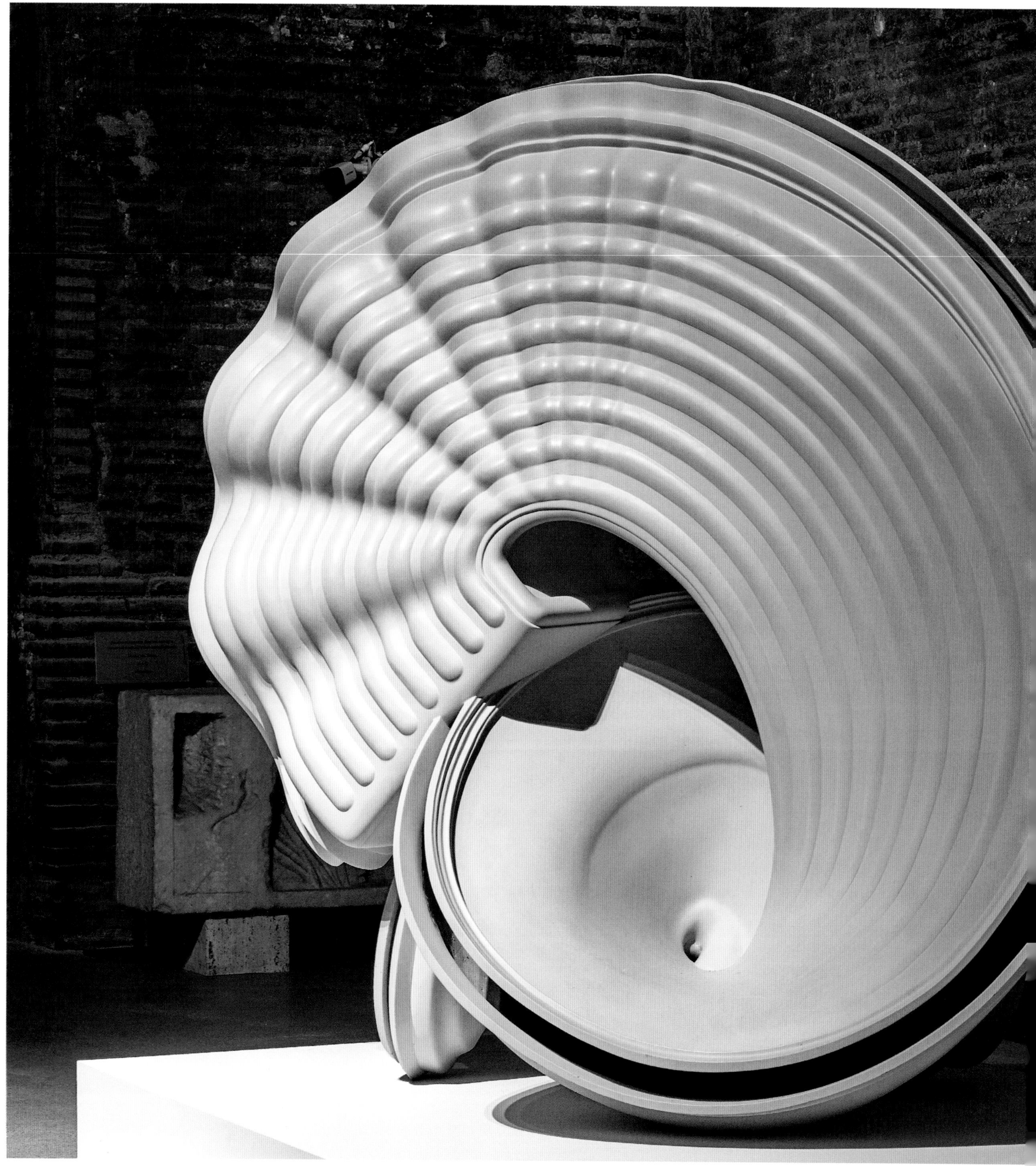

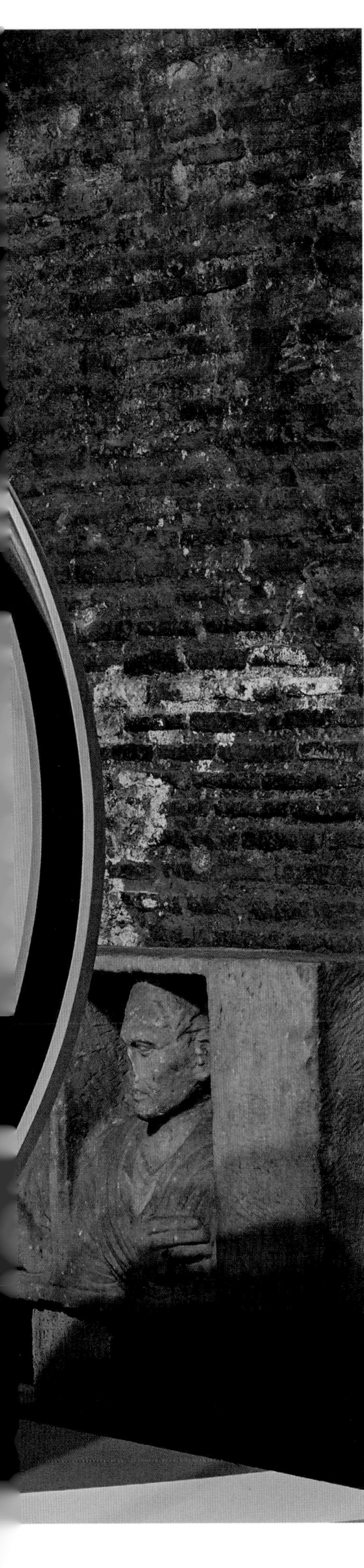

Outspan, 2007

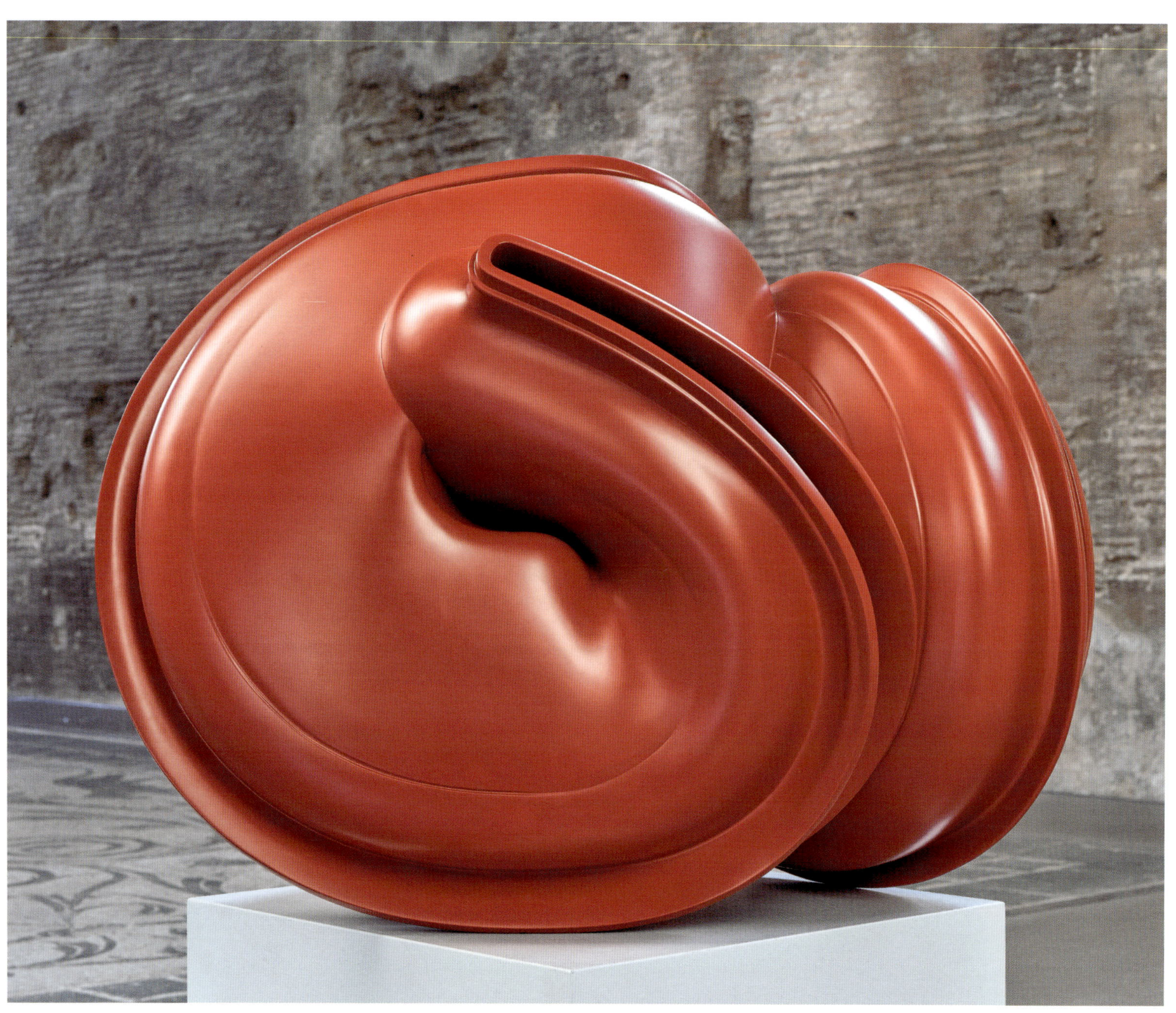

Red Square, 2016

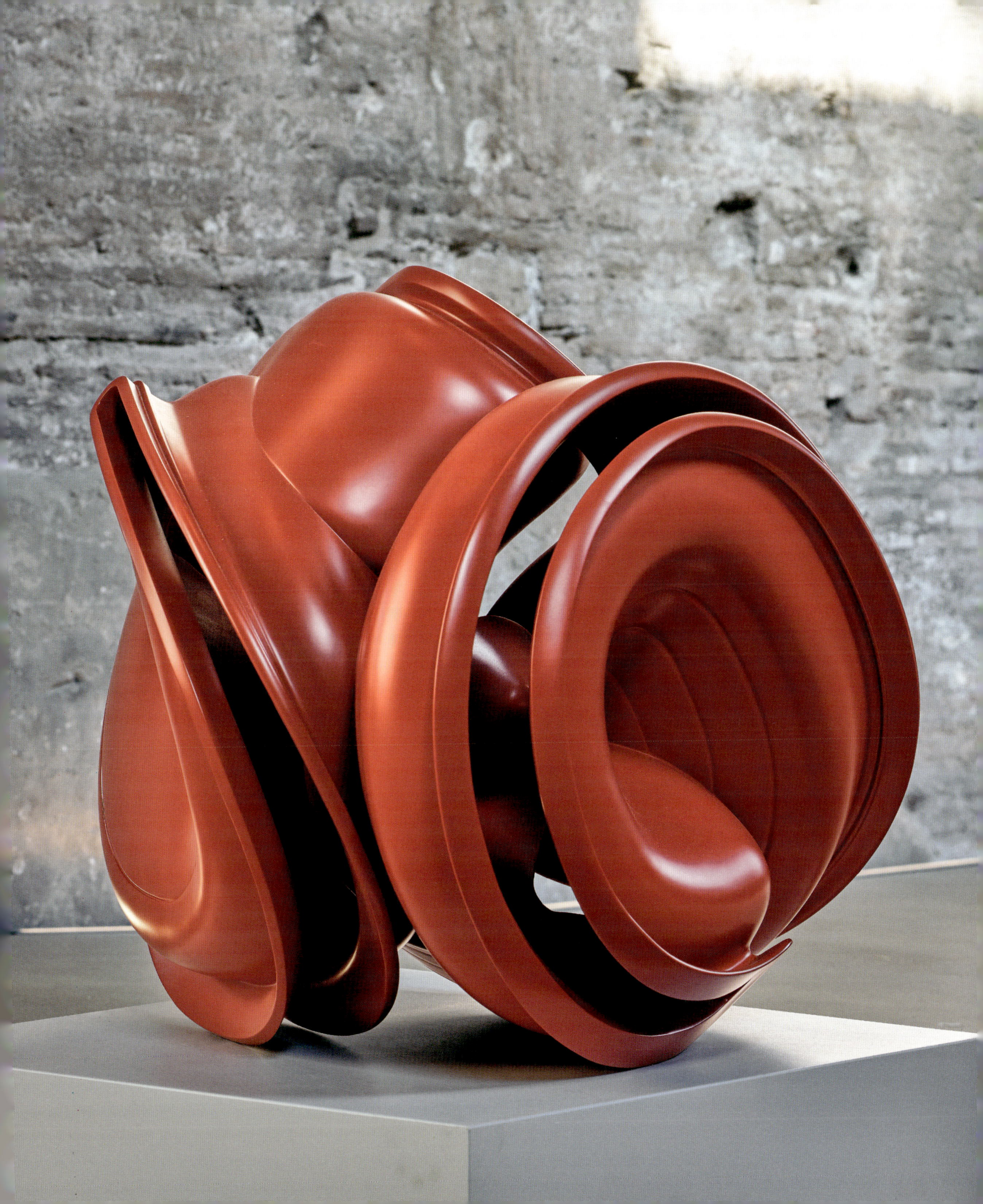

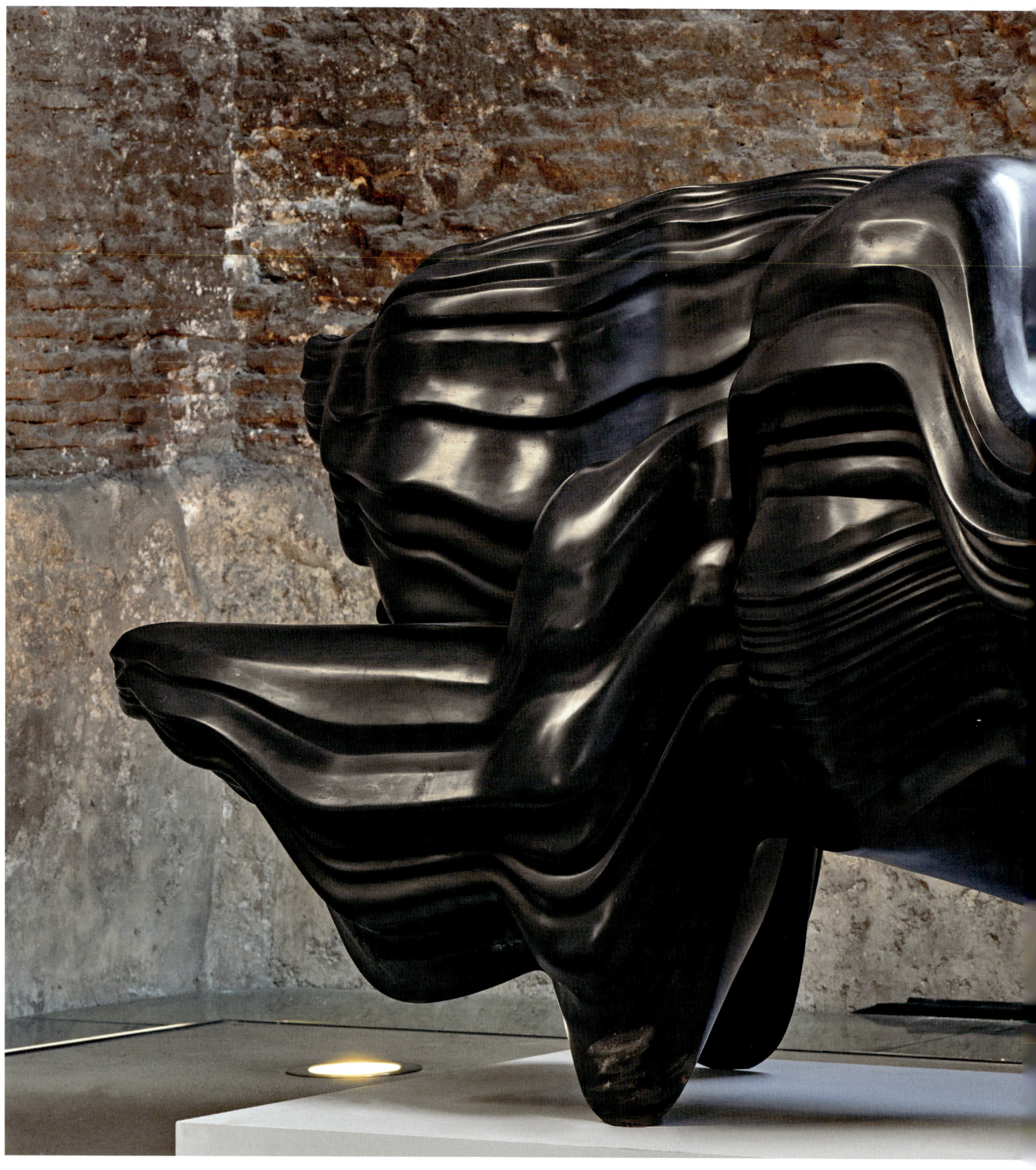

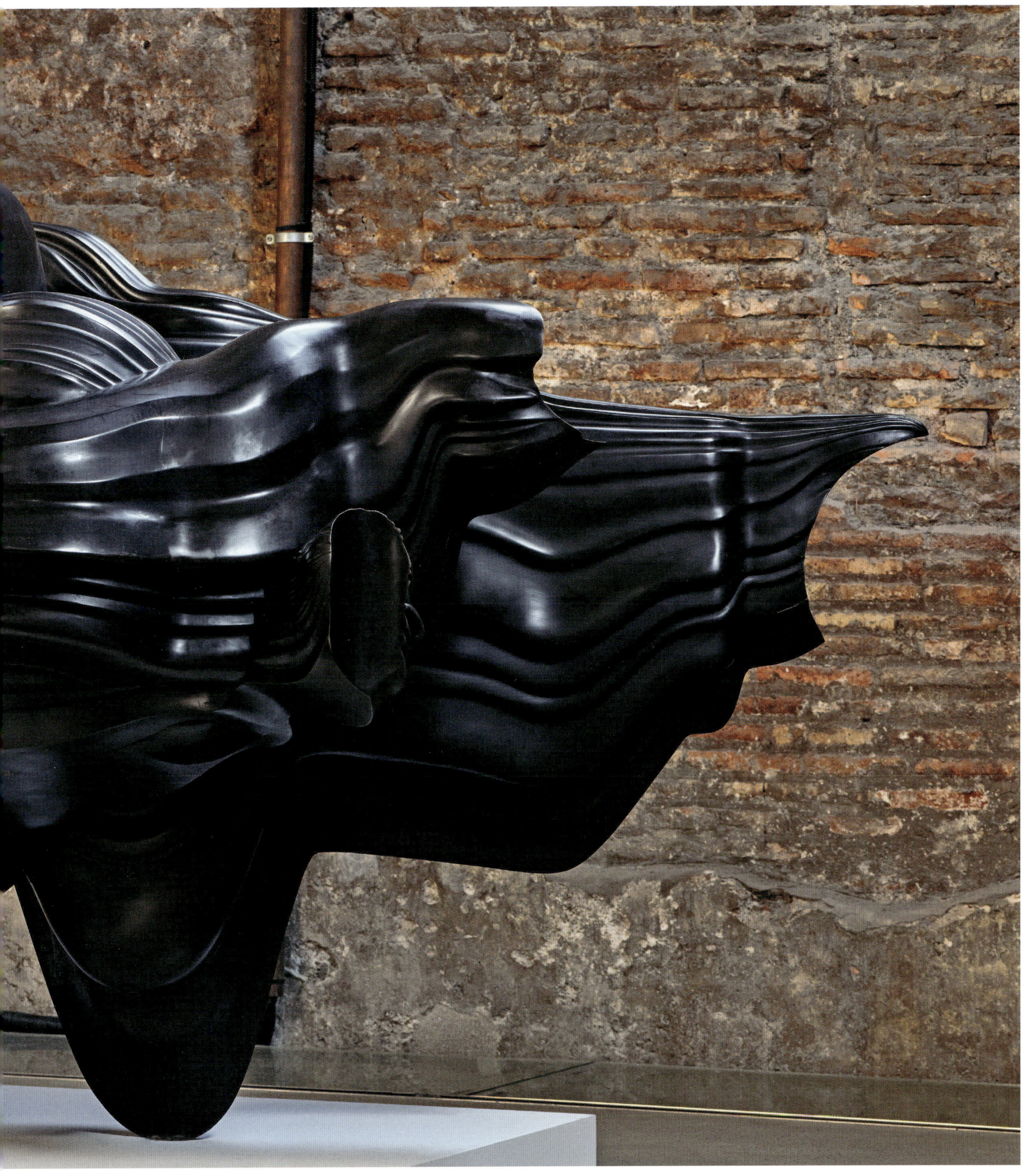

Caught Dreaming, 2006

Caught Dreaming

L'opera *Caught Dreaming*, così come il corpus di opere denominate *Mental Landscapes* di cui fa parte, si sviluppa in orientamento orizzontale anziché verticale, differenziandosi dalle colonne ellittiche realizzate da Cragg fino a questo momento.

Caught Dreaming e il gruppo dei *Mental Landscapes* nel suo complesso occupano uno spazio affascinante nell'evoluzione della scultura di Cragg. L'opera vede la luce in un periodo in cui l'artista era intento a riflettere sulle potenziali interconnessioni tra due gruppi più ampi di sculture a cui stava lavorando, *Early Forms* e *Rational Beings*. *Caught Dreaming* è la prima opera che indaga tali connessioni, in quanto prende in prestito elementi da entrambi. Il risultato sono tre volumi allungati di profili che ricordano i *Rational Beings*; ma anziché svilupparsi in parallelo, il modellato si incurva sinuoso alla maniera delle *Early Forms*. L'opera nel suo complesso acquisisce così una qualità morfologica ulteriormente rafforzata dal fatto che le tre forme profilate fluiscono l'una nell'altra e si compenetrano.

Caught Dreaming è la proiezione nello spazio di tre personalità differenti – come se in una stessa stanza fossero riunite tre persone immerse in pensieri che si intersecano ed entrano in risonanza. In qualità di osservatori, siamo testimoni di un evento radicalmente nuovo e sorprendente. Assistiamo alla formazione di un gruppo: teste e corpi si intrecciano, mentre una forma si protende e si fonde in un'altra. Queste opere suggeriscono forse una fantasia o in un senso più ampio e collettivo uno *Zeitgeist*: un panorama del pensiero umano interconnesso nel quale le riflessioni si esprimono in topografie, luoghi del pensiero resi come oggetti figurativi dalla forte connotazione paesaggistica.

Caught Dreaming

Caught Dreaming belongs to a body of works called *Mental Landscapes* that are horizontal rather than vertical in orientation and unlike the elliptical columns Cragg had made up to this point.

Caught Dreaming — and the larger *Mental Landscape* body of work — occupies a fascinating space within the development of Cragg's sculpture, made at a time when the artist was reflecting upon the potential interconnections between the two larger groups of sculptures he was working on — his *Early Forms* and *Rational Beings*. *Caught Dreaming* is the first work to explore such connections, using elements from both bodies of work. This was achieved by creating three elongated volumes of profiles in the manner of *Rational Beings*, but instead of parallel templates, the profiles were modelled to create curves in the same manner as *Early Forms*. This gives the overall work a morphological quality that is further enhanced by the fact that the three profiled forms flow in and through one another.

Caught Dreaming is the projection in space of three different personalities — like three people in a room having thoughts that intersect and interrelate. Encountering this sculpture as viewers, we find ourselves faced with something very new and surprising. We find a group formation: heads and bodies interwoven, as one form is extended and merged into another. Such works might suggest a fantasy or more collectively a zeitgeist: a landscape of interconnected human thought — expressing thoughts as topographies as thought-places rendered as a figurative-landscape object.

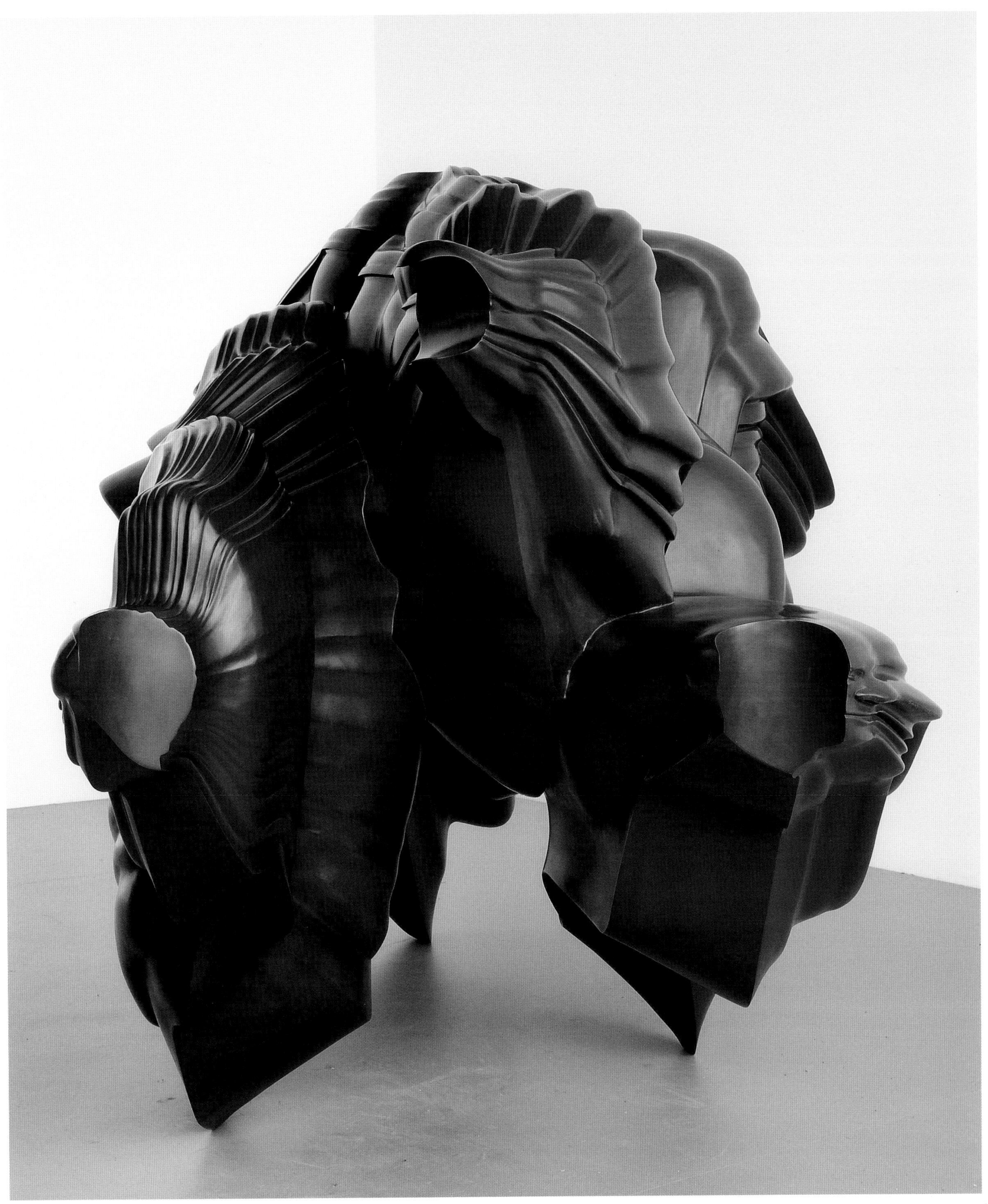

Caught Dreaming, 2006

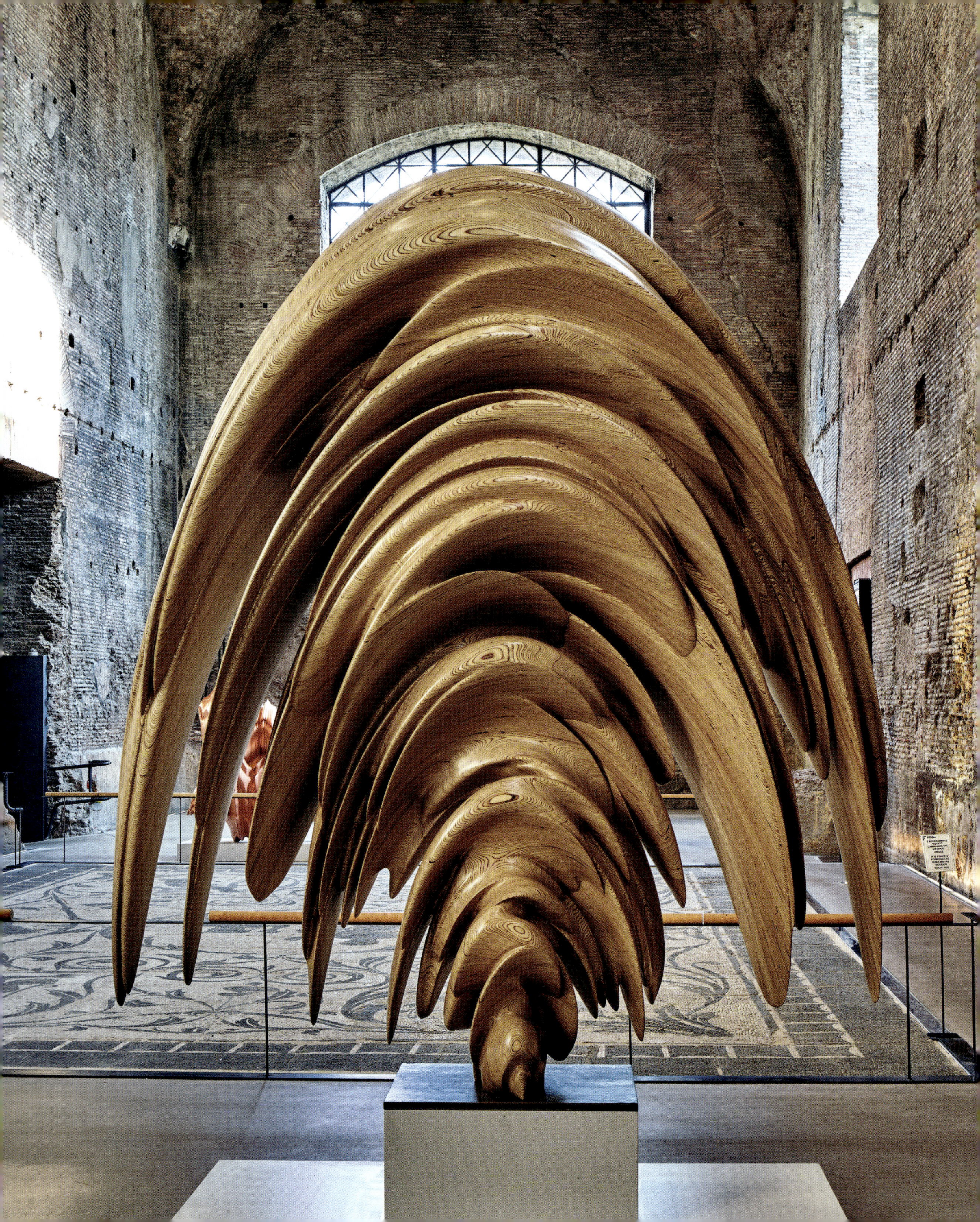

Spring

Con *Spring*, Cragg ha dato vita a un'opera audace e intensa che si slancia verso l'alto per poi incurvarsi verso il basso come *Willow*, conservando sufficiente vigore per non soccombere alla forza di gravità, poiché le sue punte, in modo seducente, non toccano mai il terreno su cui si trova.

Il termine spring richiama alla mente quattro associazioni: la primavera, stagione di rinascita, l'atto di compiere un salto in avanti, una molla carica di energia potenziale e una fonte, intesa anche in senso metaforico come origine della vitalità. Lo stesso Cragg è nato in aprile, il mese di rinnovamento vitale per eccellenza. Questa parola così evocativa è in grado di riunire in sé il dato biologico e quello meccanico e di plasmare così un nuovo tipo di "natura industriale" ibrida, in puro stile Cragg. Tutti questi concetti trovano in questa scultura una sintesi mirabile che nel teatrale fluire delle forme rende tangibile l'energia cinetica ed evolutiva che zampilla verso l'alto. L'opera è pervasa da un senso di ottimismo dinamico e gioioso.

Spring

What Cragg has created in *Spring* is a bold and dramatic work which shoots upwards to then curl downwards, in the same manner as *Willow*, while retaining enough strength to not succumb to gravities pull, as its tips tantalisingly never touching the ground upon which it stands.

The word 'spring' suggests four ideas: a season of rebirth, the act of jumping forward, a coiled object full of potential energy and as the source or origin of vitality. Cragg himself was born in April, a month of rebirth and regeneration. The word has a resonance and brings together the mechanical and the biological to shape a new kind of hybrid 'industrial nature' in typical Cragg fashion. All these ideas resonate together in *Spring*, a sculpture that shows the dramatic flow and flux of forms and their developmental energies and movements, as forms ripple upwards from the ground. There is a sense of dynamic and joyful optimism about this work.

Spring, 2016

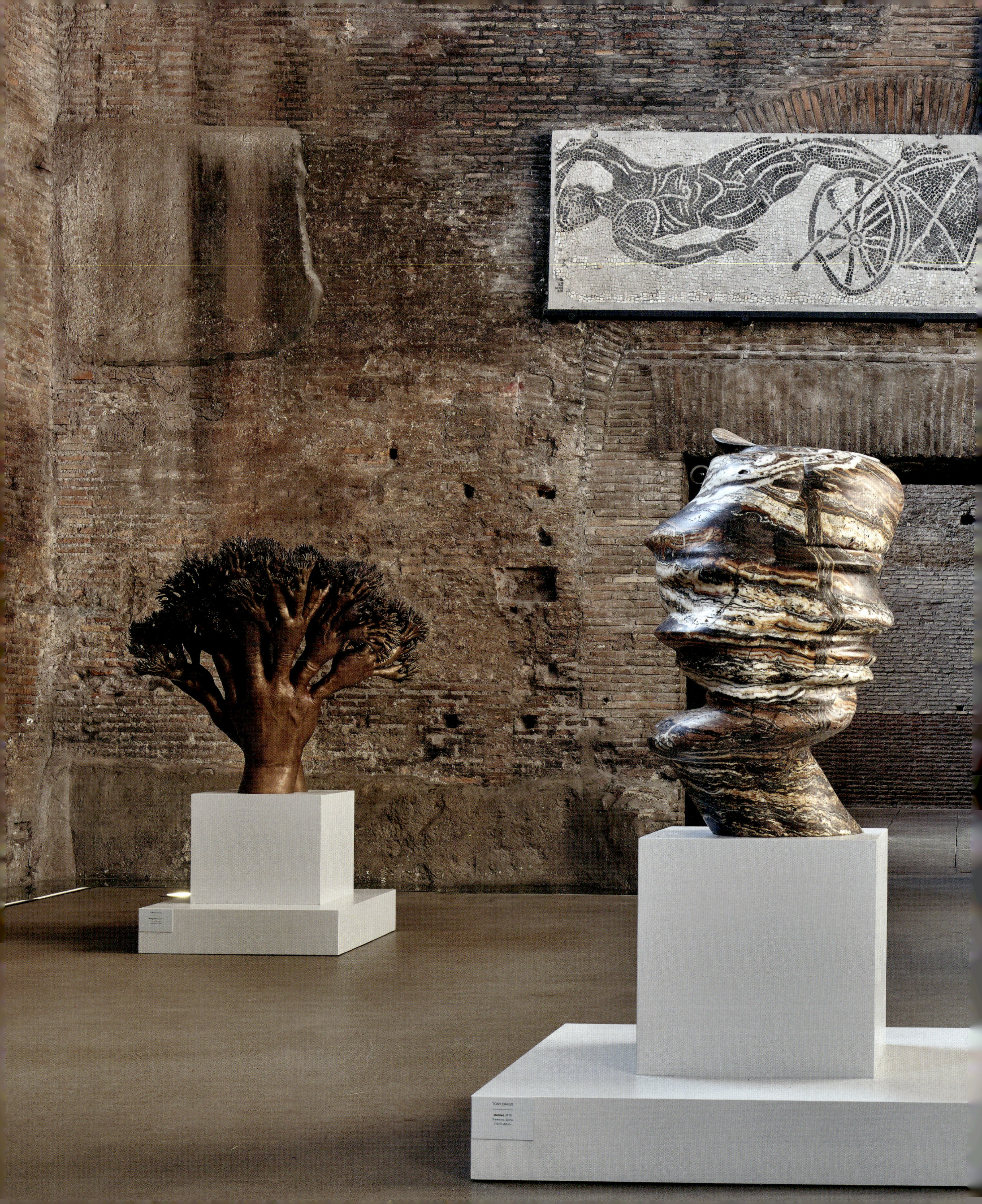

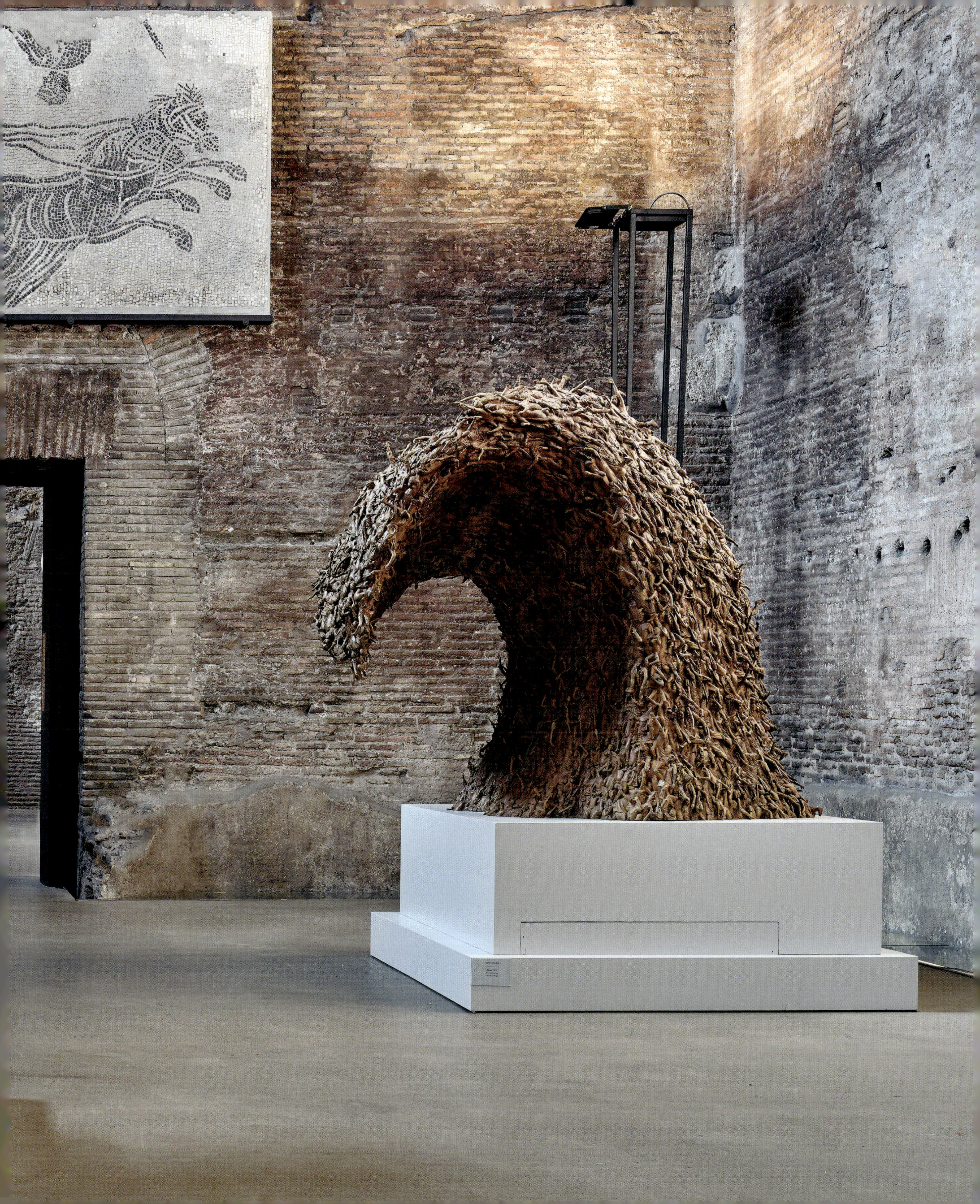

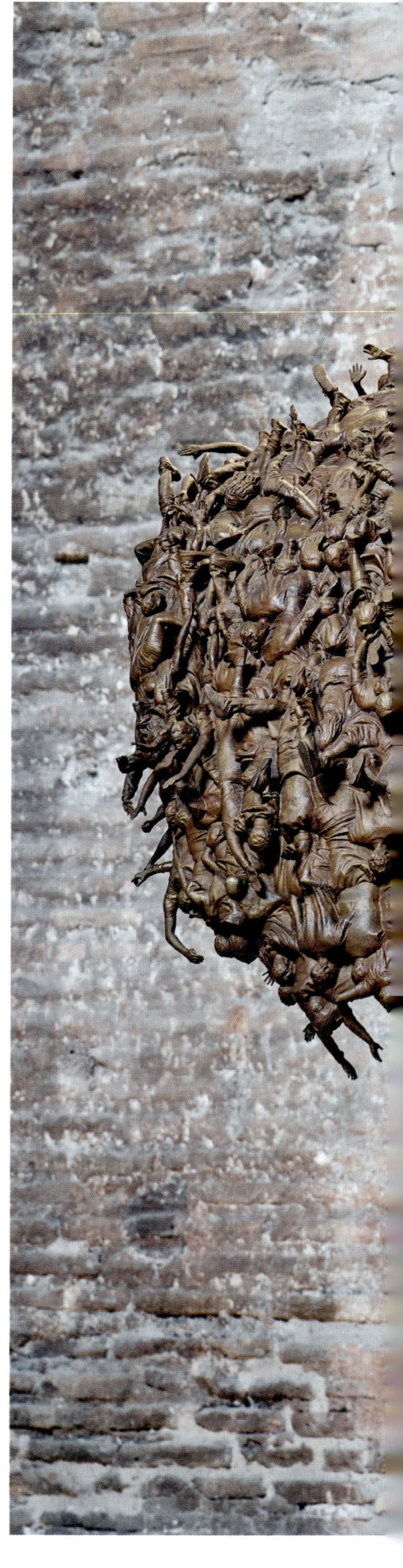

Wave, 2022

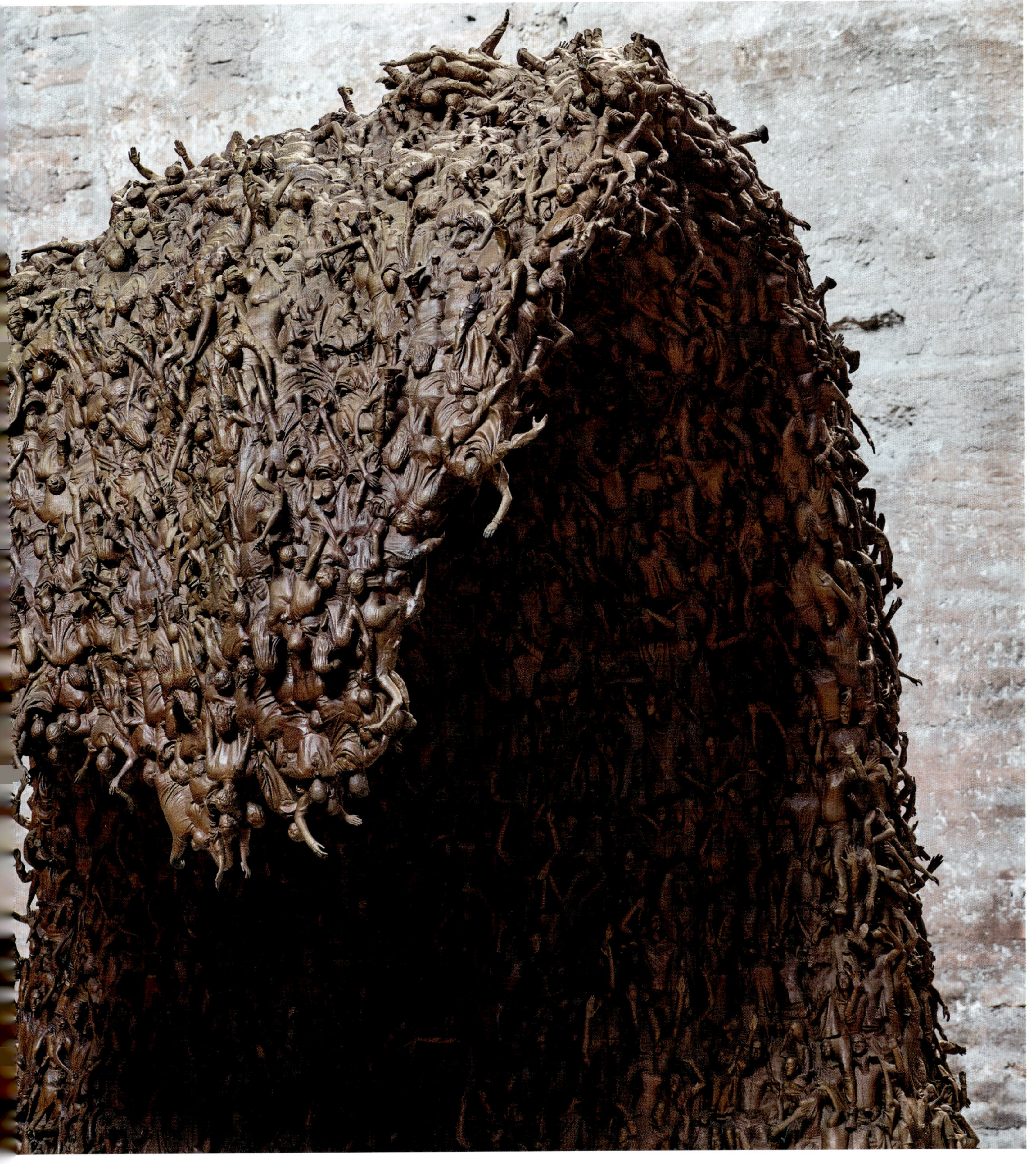

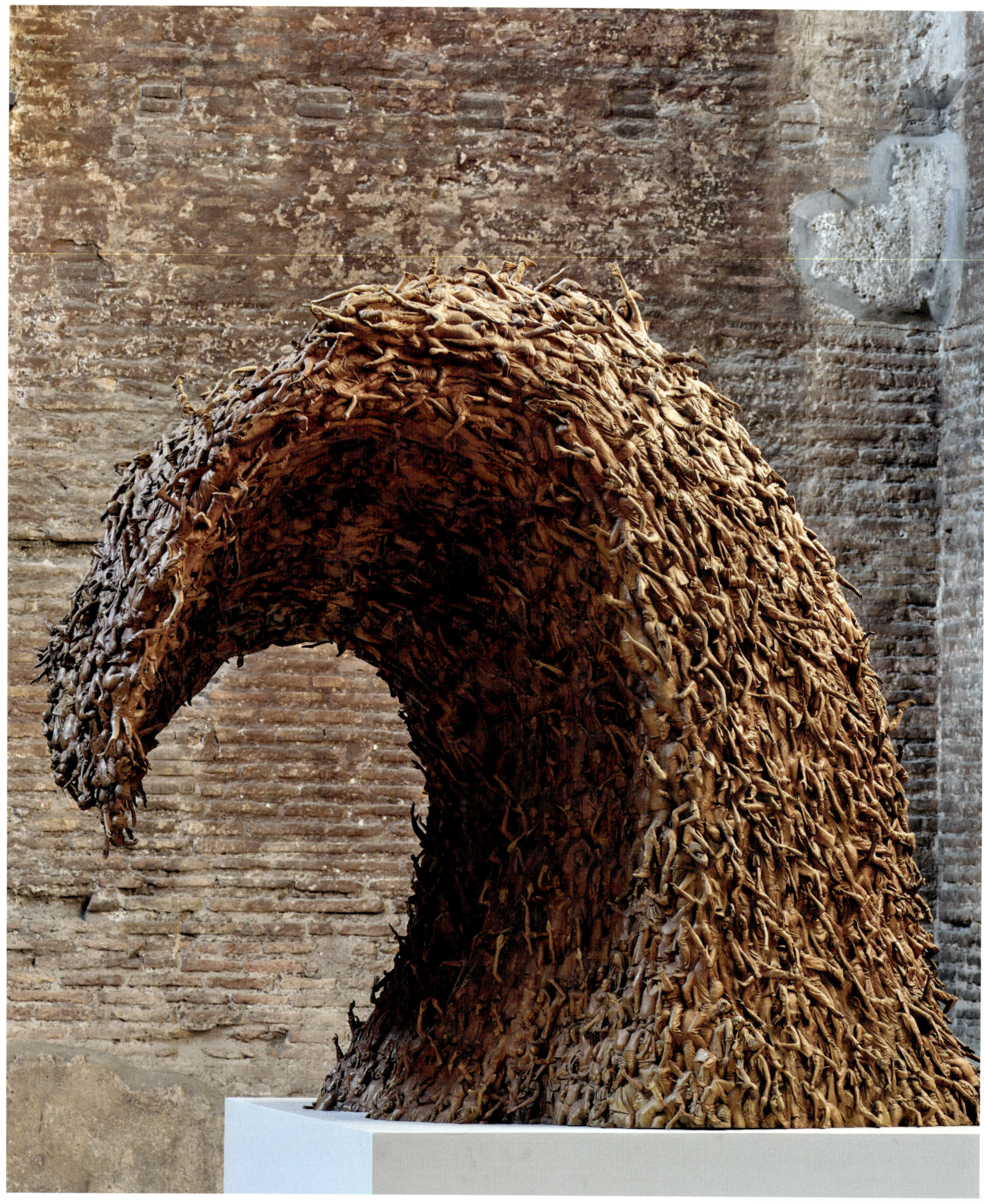

Wave, 2022

Wave

Wave

Una costante della scultura di Cragg è l'accostamento di elementi di piccole dimensioni per creare composizioni di più ampio respiro, multipartite. Le opere sono assemblate un pezzo dopo l'altro, strato su strato, secondo procedimenti che invitano l'osservatore a prendere atto della vita più ampia del frammento e delle connessioni esistenti tra la parte e il tutto, il particolare e il generale, il microcosmo e il macrocosmo. L'opera esprime inoltre una profonda fascinazione per la trasformazione, la morfologia e la fluida mutevolezza, per i mille modi in cui le forme materiali possono alterarsi, slittare e trasfondersi da una sagoma all'altra, dando vita a nuove e sorprendenti forme ibride.

Wave è una recente dimostrazione di questi due principi cardine dell'immaginazione scultorea di Cragg. La composizione nel suo complesso ricorda il fermo-immagine di un'onda possente che ha raggiunto la massima altezza e si incurva come una lingua, un attimo prima di abbattersi al suolo. Tuttavia l'onda è composta di corpi, una ripida muraglia di corpi pronta a travolgere ogni cosa al suo passaggio come uno tsunami. È un'immagine potente e toccante che ci costringe a riflettere sull'angosciante attualità delle tragedie legate al fenomeno migratorio e sui viaggi ricchi di insidie che è costretto ad affrontare chi si avventura nella traversata di una distesa d'acqua.

Across Cragg's sculpture we constantly find smaller elements brought together to create larger, multipartite compositions. Works are built-up piece by piece, layer by layer, in ways that invite viewers to consider the larger life of the fragment and the relations between the part and the whole, the particular and the general, and the microcosm and the macrocosm. We also find a deep fascination with transformation, morphology and fluidity, with the ways in which material forms can slip and slide from one shape into another, as new and surprising hybrid forms are created.

Wave is a recent demonstration of these two key tenets of Cragg's sculptural imagination. The overall composition freeze-frames a large, tongue-like wave that has risen up and is on the brink of crashing down. The wave, however, is made of bodies, a wall of them rising and about to fall like a tsunami. It is a powerful and poignant image, and one that points to our present concerns with the tragedies of migration and the treacherous journeys made by people crossing stretches of water.

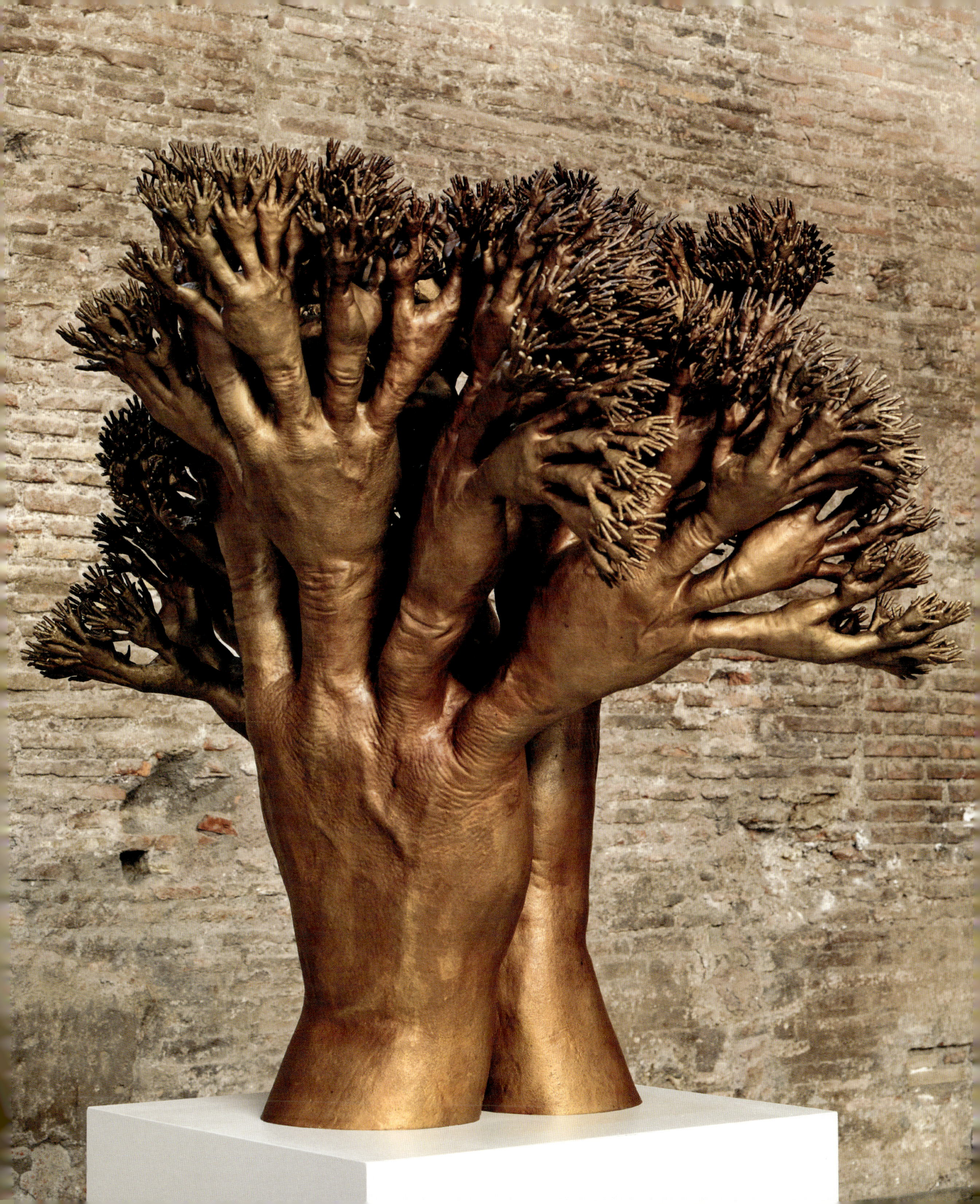

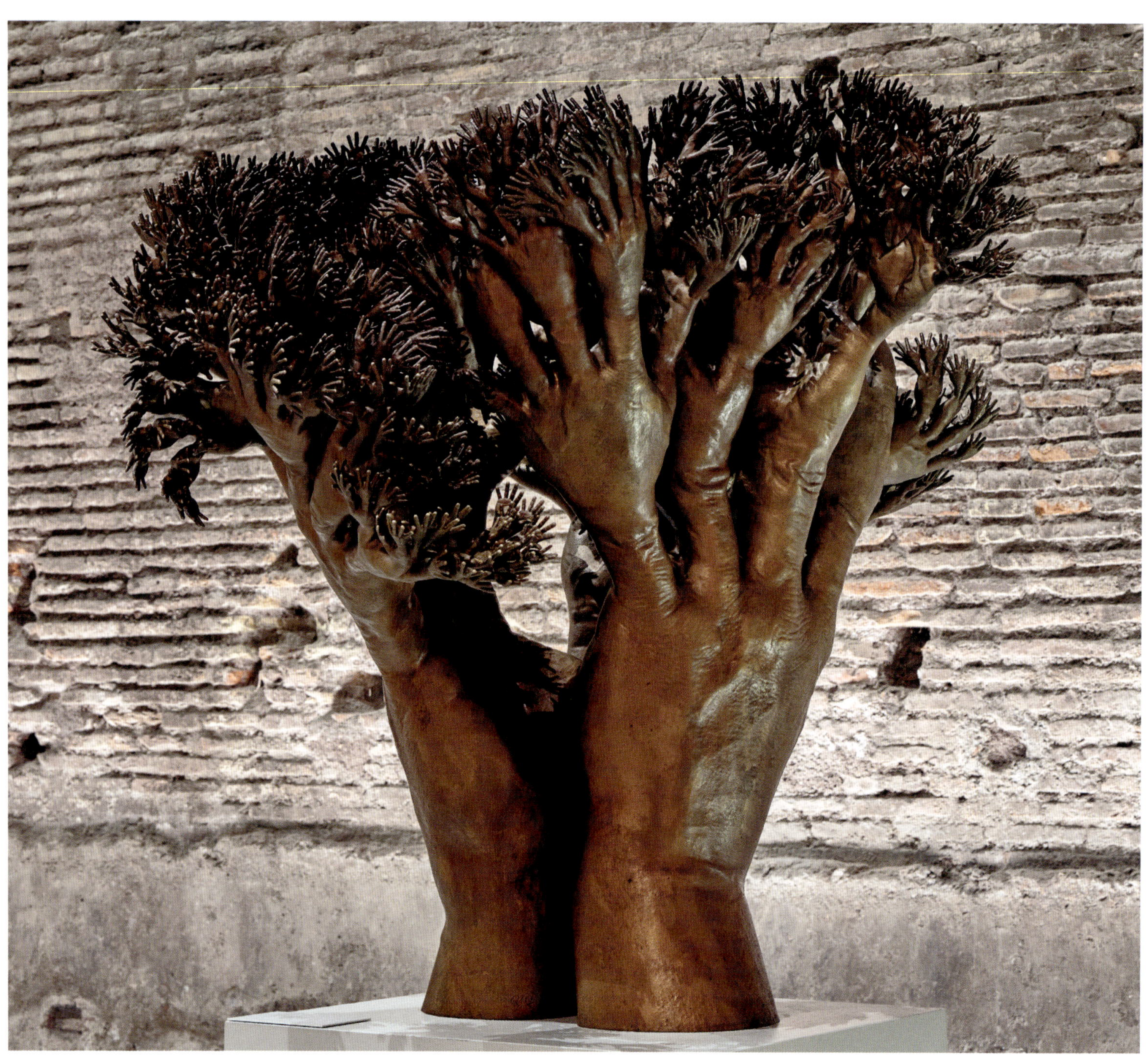

Manipulations, 2017

Manipulations

Di tanto in tanto, Cragg si cimenta in un'opera nella quale la mano dell'uomo si impone come tematica predominante. Da queste sculture traspare l'interesse di Cragg per la mano, la parte del corpo che più di ogni altra ci qualifica come esseri umani, nonché uno strumento altamente sofisticato che consente di entrare in contatto, modificare e manipolare il mondo secondo modalità calibrate direttamente in relazione al nostro corpo e alle nostre esigenze di sopravvivenza.

Per Cragg la mano è uno strumento creativo e, nella sua resa visiva, un registro metonimico per lo sforzo creativo della scultura, ma anziché realizzarne un calco o una sua rappresentazione realistica, come hanno fatto molti scultori prima di lui, le recenti opere in bronzo della serie *Manipulations* ne rivelano la sua natura di strumento complesso e strutturato alla maniera dei frattali di Mandelbrot. Ogni dito diventa il polso di un'altra mano più piccola, lo stesso vale per le figure su quella mano e così via. Il risultato è una forma entropica di non facile decifrazione, ma caratterizzato da una struttura che riconosciamo come familiare e si ispira alla conformazione di elementi naturali quali il broccolo o i coralli. Questa interpretazione della mano dello scultore non come una forma singola, ma come una struttura composita che si articola in varie componenti ed energie interconnesse e operanti all'unisono, sotto molti aspetti rappresenta un tratto tipico della scultura di Cragg.

Manipulations

From time to time, Cragg makes a work in which the human hand emerges with prominence as the subject of the work. In them we can see Cragg's interest in the hand not only as a part of the body that is distinctly human and a highly sophisticated tool with which we make contact, modify and manipulate the world in ways that are calibrated directly in relation to our bodies and existential needs.

For Cragg the hand is a creative tool and, in a visual form, a metonymic register for sculptural endeavour, but rather than create a cast of his hand or a realistic rendition of it, as many sculptors have done, he has presented it in his recent bronze *Manipulations* works as a complex tool that is structured in the manner of Mandelbrot fractals. Every finger becomes the wrist of another smaller hand and the figures on that hand do the same and so on. This eventually verges on an entropic form that is difficult to grasp, but is familiar to us in natural structures like broccoli or corals. This interpretation of the hand of the sculptor not as a single form, but as a composite one comprising various components and energies all interconnected and working in unison is in many ways typical of Cragg's work.

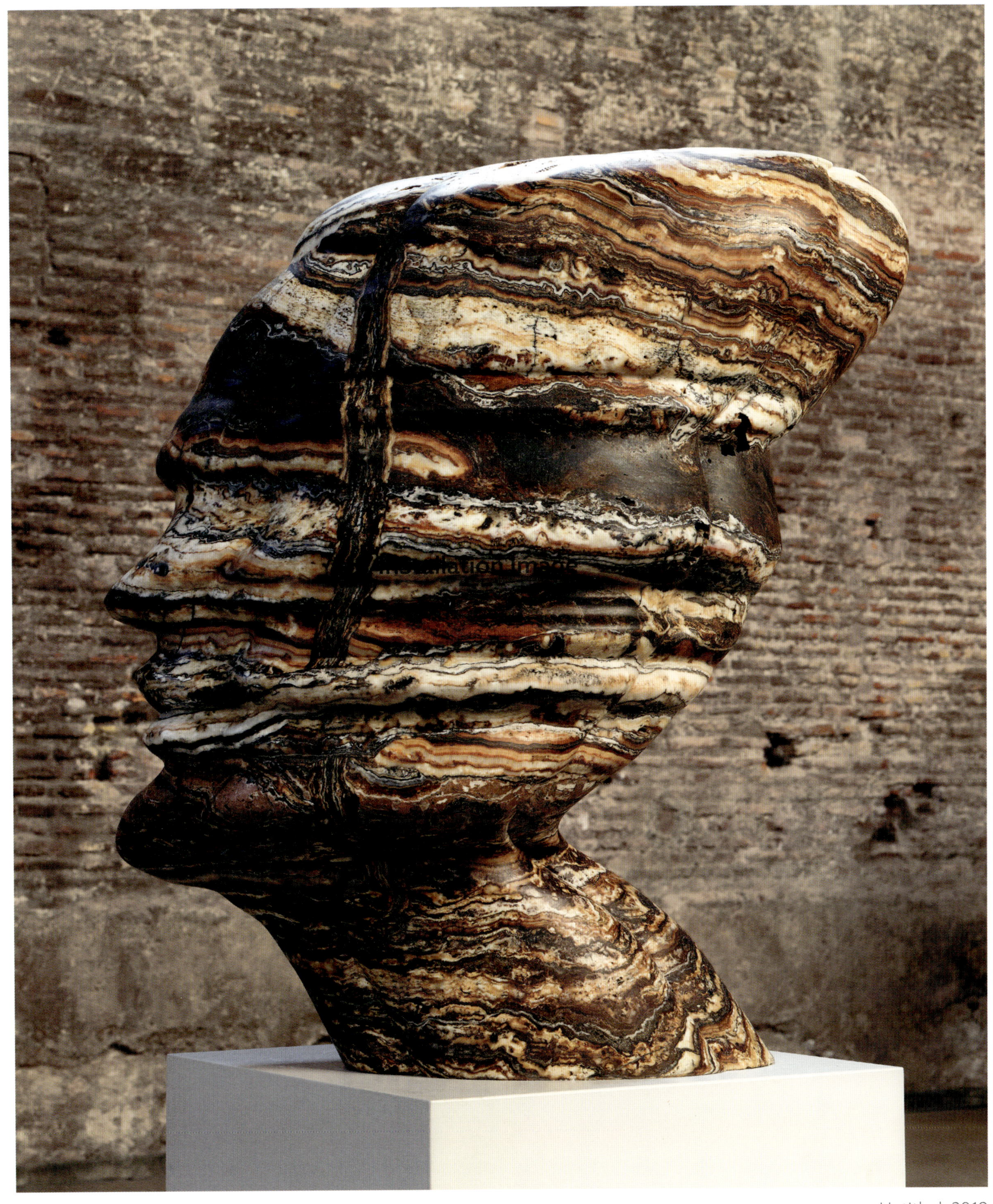

Untitled, 2019

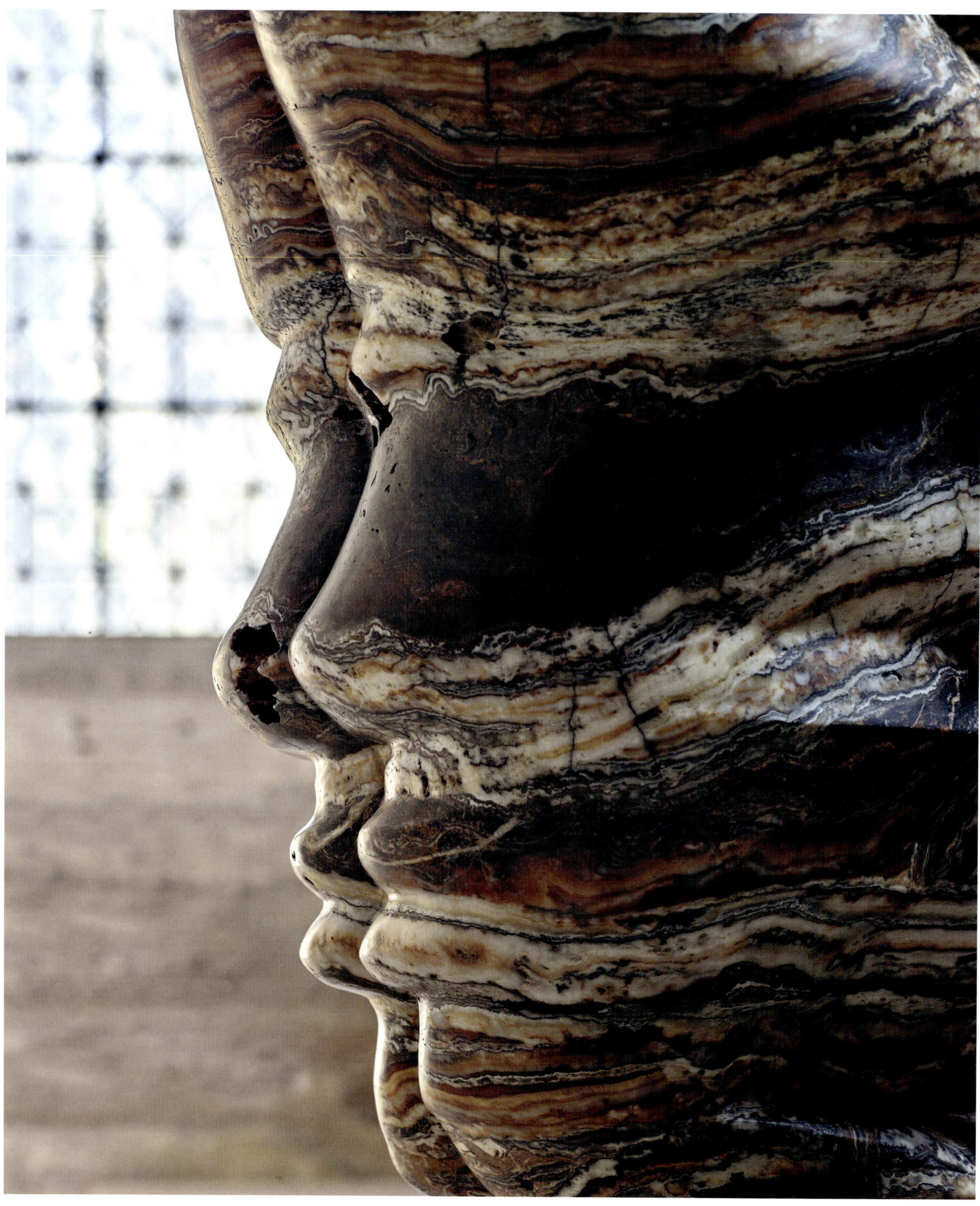

Untitled, 2019

Untitled

Untitled

Nel corso degli anni, la passione per la geologia e la paleontologia ha portato Cragg a interagire in diversi modi con la pietra. Questo materiale è già presente nelle opere del primo periodo, come *Stone Curve* (1972), ma è solo a partire dalla fine degli anni ottanta che l'artista passa a scolpire direttamente i blocchi di pietra. Da sempre Cragg opera con questo materiale scultoreo assecondando e al tempo stesso contrastando le caratteristiche della pietra, sfruttandone il peso, la densità materiale e le geologie stratificate per dare vita a forme nuove e sorprendenti. In alcuni casi l'artista lascia intatta una parte del blocco di pietra – la tecnica del non finito – per esaltarne la granulosità minerale e le origini grezze e materiche. Altre volte, la superficie è bucata e perforata per consentire il passaggio di luce e aria e incrinare così la percezione intuitiva di irriducibile durezza che questo materiale evoca in chi lo osserva.

Nel suo più recente confronto con la pietra, Cragg ha scelto di lavorare con un tipo di roccia particolarmente ricco e di grande impatto visivo proveniente dall'Iran. Nelle asperità della pietra sono impressi i segni della sua travagliata creazione. Osservando da vicino la scultura, siamo travolti da un'affascinante combinazione di scenografiche stratificazioni e drammatici episodi piroclastici. Le complesse qualità chimiche e geologiche della pietra si trasferiscono nelle fattezze sculte del soggetto umano. Le teste e le colonne ellittiche di Cragg sono sempre colte in un movimento frenetico e questa statua non rappresenta un'eccezione. Proprio come la pietra di cui è fatta, questa testa appare plasmata da ogni genere di forze interne, mentre il raffinato modellato delle superfici corrisponde alle forze esterne dell'erosione. Dalla fusione di ordine e caos che caratterizza la scultura trae forza un trattamento antropomorfo che trasforma la pietra in materia vitale.

With a passion for geology and paleontology, Cragg has worked with stone as a material in diverse ways over the years. We find it deployed in early works, such as *Stone Curve* (1972), and then, from the late 1980s onwards, we see him carving directly into blocks of stone. Cragg always works with and against stone as a sculptural material, using its weight, material density and layered geologies, to create new and surprising forms. At times, the stone is partially left uncarved — *non finito* — to highlight its mineral granularity and its rough, material origins. At other times, the stone's surfaces are punctured and perforated, allowing light and air to pass through and, in turn, unsettling viewers' intuitive sense of stone's material obduracy.

With his most recent turn to stone Cragg has chosen to work with a particularly rich and visually striking type sourced in Iran. This stone bespeaks the turbulence of its making and looking closely into it we find an intriguing combination of dramatic stratification and pyroclastic episodes. The busy chemical and geological qualities of this stone are, in turn, ones that are then transferred onto the carved human subject. Cragg's heads and elliptical columns are always caught in frenetic movement and this is no exception. Like stone, this head is shaped by all manner of internal forces and its subtly shaped surfaces correspond to the external forces of erosion. Chance and order unite in this sculpture to create an anthropomorphic treatment of stone as a vital material.

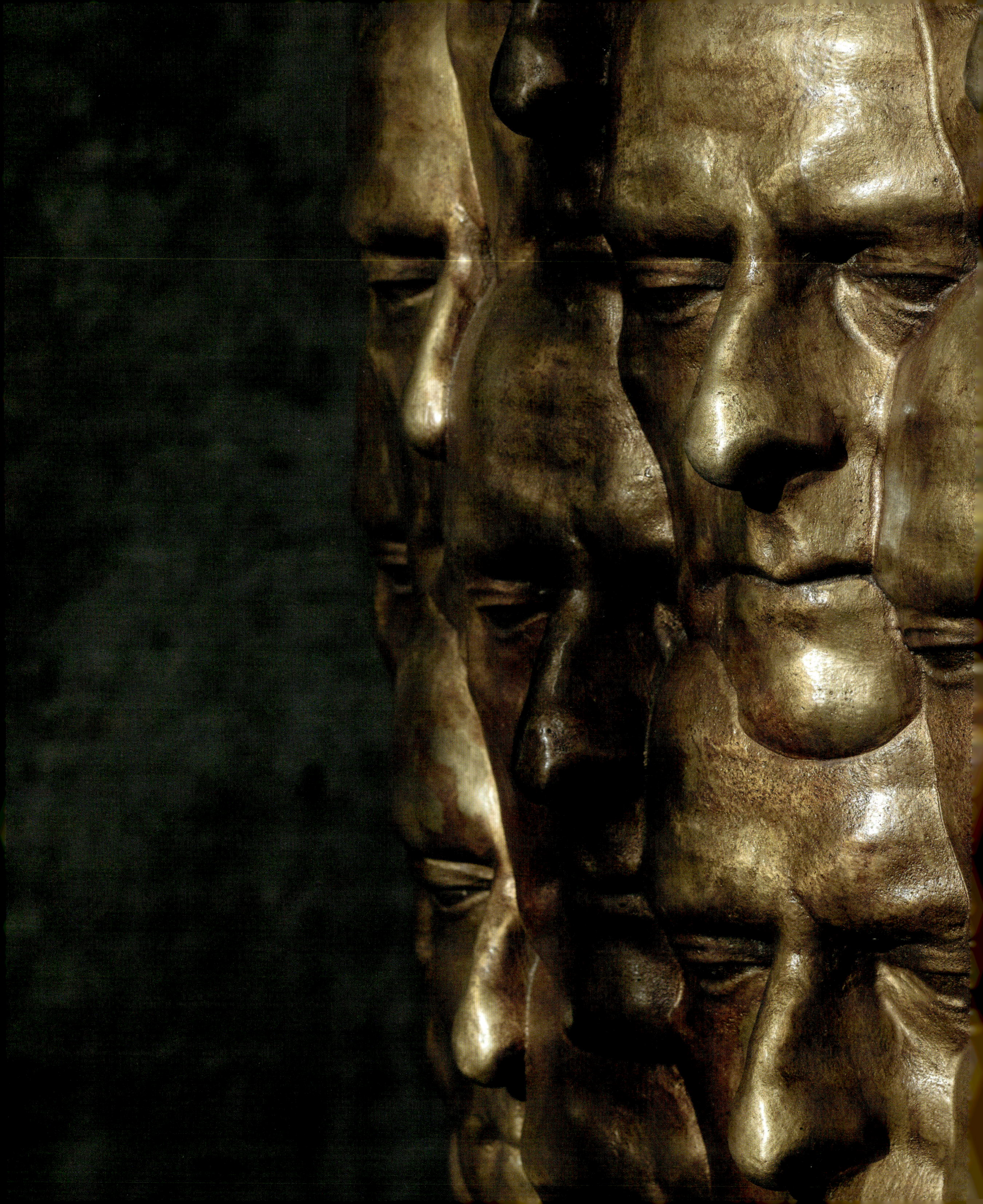

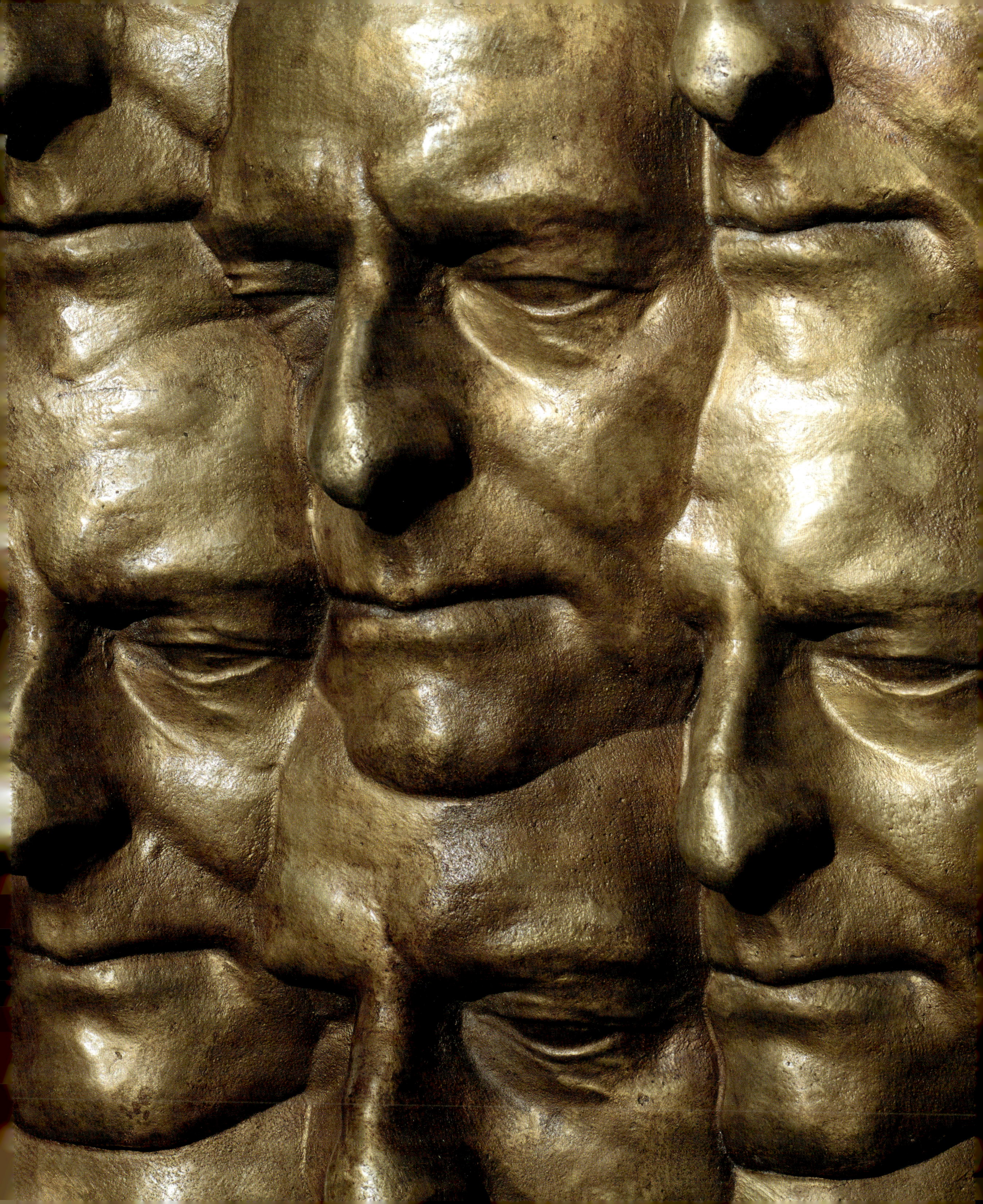

We

L'autoritratto è una costante nell'opera di Cragg sin dai primi *shadow drawings*, gli studi delle ombre realizzati sulle spiagge dell'isola di Wight. Il suo corpo gli offre un accesso diretto e personale al mondo e l'artista vi ricorre sia come personale unità di misura emotiva e intellettuale, sia come strumento per agire e impegnarsi in prima persona. In tal modo il mondo che lo circonda entra a far parte di questo autoritratto artistico, proprio come le forme e le strutture proprie della realtà naturale: particelle, stratificazioni, composti, cristalli e involucri rivestono un ruolo dinamico nelle sue opere, alimentano il suo pensiero ibrido e alimentano il continuum generativo e riproduttivo del suo fare scultura.

We è la manifestazione più recente di questo filone fondamentale del suo lavoro. La scultura nasce dalla scansione di un calco in gesso preesistente della testa dell'artista. L'oggetto originario è poi sottoposto a un processo di duplicazione. La scultura è formata da centinaia di queste scansioni 3D rivolte nella stessa direzione. L'osservatore ha una chiara percezione di una parte anteriore, posteriore e laterale delle teste disposte spazialmente in una forma onnicomprensiva che ricorda quella di un grappolo d'uva. La scansione di forme a opera dell'artista è divenuta ormai una abitudine consolidata che accomuna molte prassi artistiche contemporanee. Si evitano così procedimenti inutilmente lunghi e si riducono in maniera significativa i materiali utilizzati nel processo tradizionale della creazione di stampi.

We è un'immagine di molteplicità e pluralità, ma anche di singolarità e identità individuale. Il volto dell'artista esprime uno stato di quiete e contemplazione, gli occhi sono aperti e non chiusi.

We

Cragg has deployed self-portraiture throughout his work, from the early shadow drawings on the beach on the Isle of Wight onwards. His own body gives him a direct and personal access to the world and he regularly has recourse to it both as a unit of personal emotional and intellectual measurement, and as a vehicle to convey actions, statements and engagements. In this way the surrounding world enters in this artistic self-portraiture, as do naturally occurring forms and structures — and the role of particles, layers, compounds, crystals and envelopes all play very dynamic roles across his works, fuelling his hybrid thinking and charging the generative, reproductive continuum of his sculpture making.

We is the most recent manifestation within these key strands of his work. It was made by scanning a pre-existent plaster cast of the artist's head and then duplicating that original source object. The sculpture comprises hundreds of these 3D scans, all looking in the same direction thus giving it clear front, back and sides and spatially arranged into an overall grape-like form. Scanning forms that have been made by the artist's hand has become a regular activity in many contemporary artists' practices. It avoids unnecessarily long working processes and reduces significantly the materials used in the traditional process of mould making.

We is an image of multiplicity and plurality, but also of singularity and individual identity. The expression on the artist's face is one of calm and contemplation, eyes open not shut.

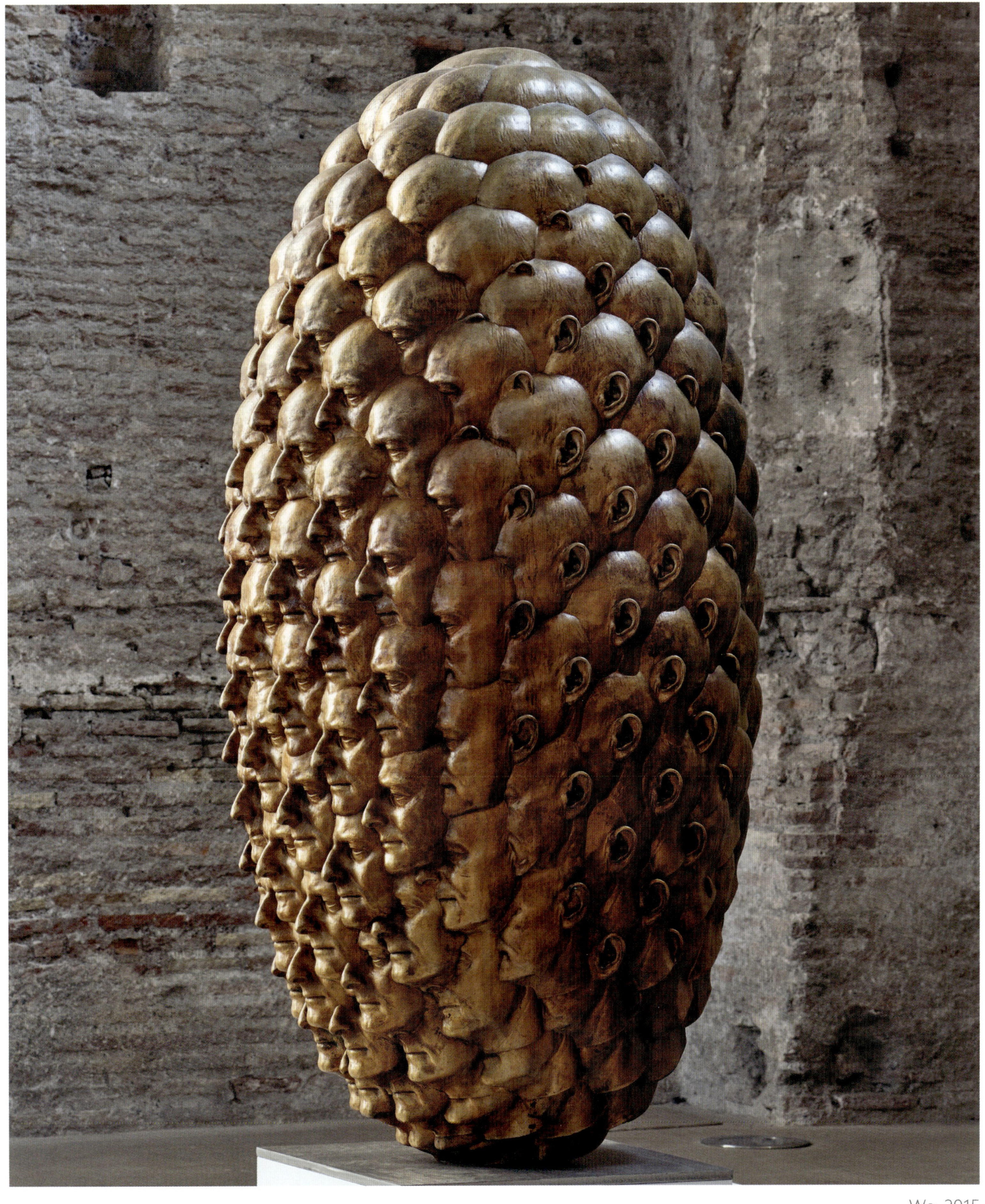

We, 2015

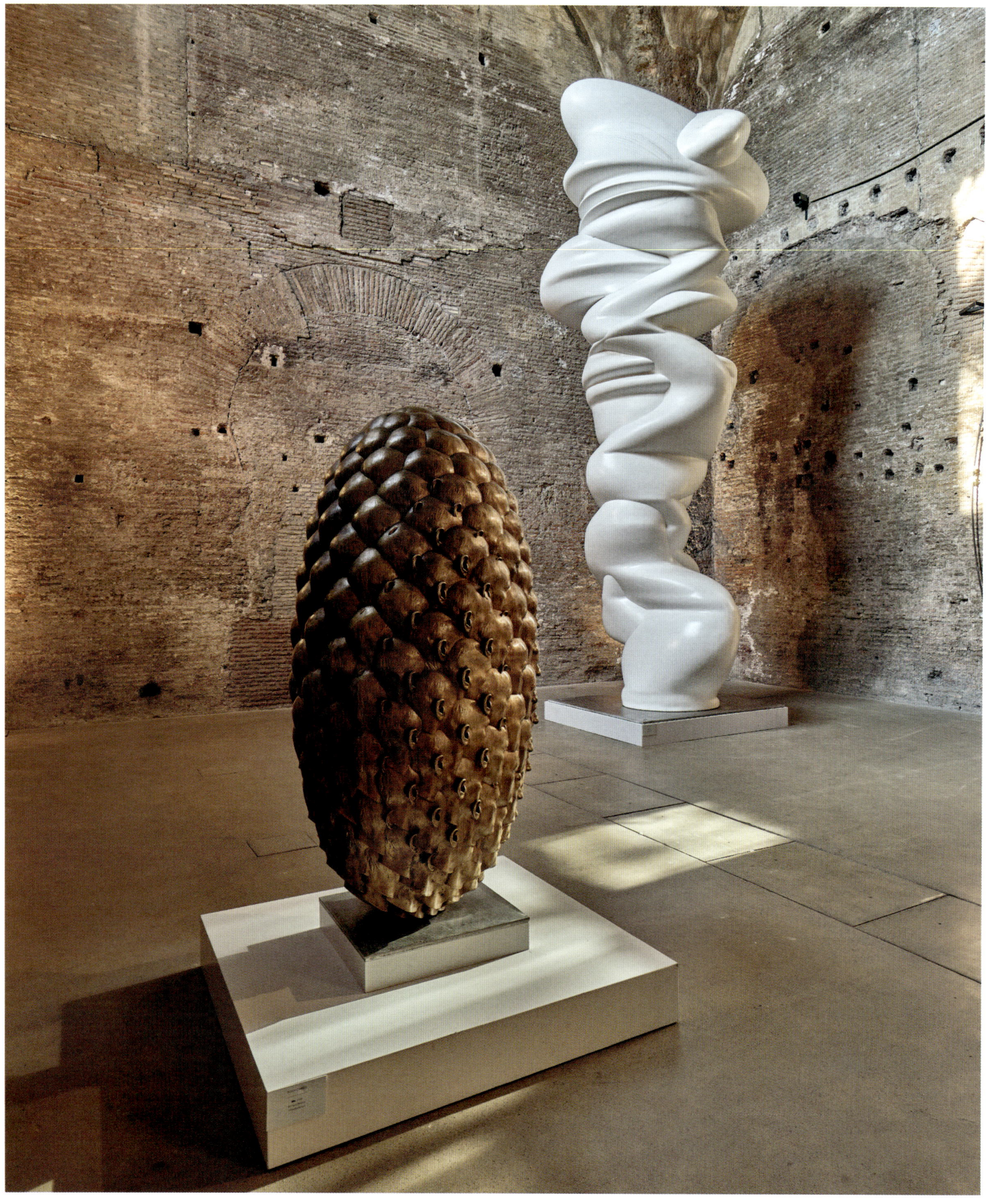

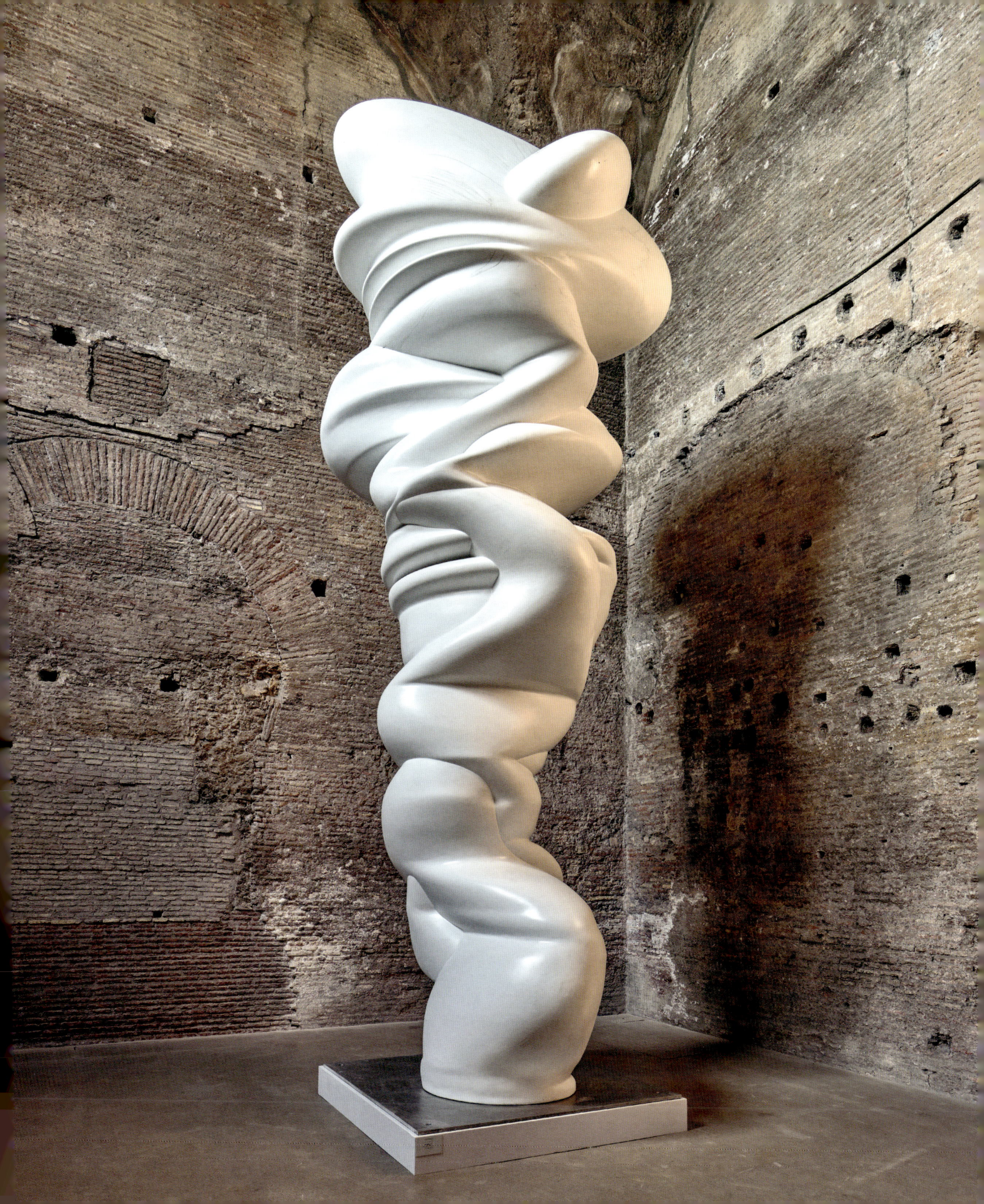

Giulia Silvia Ghia

Tony Cragg a Roma

Le sculture di Tony Cragg negli spazi pubblici di Roma rappresentano una straordinaria fusione tra arte contemporanea e contesto urbano storico, offrendo un'esperienza estetica che sfida le aspettative tradizionali, che va nella direzione dei sei concetti espressi in premessa. Cragg, artista britannico di fama internazionale, è noto per le sue forme fluide, organiche e astratte, che esplorano la relazione tra materia, spazio e movimento. Collocate in una città come Roma, queste opere acquistano nuovi significati grazie al dialogo che instaurano con il passato classico e con il presente contemporaneo.

Le sculture di Tony Cragg, spesso caratterizzate da forme biomorfe e sinuose, rappresentano un deciso contrasto con la geometria e la solidità dell'architettura classica e rinascimentale di Roma. Questo contrasto tra la fluidità delle opere di Cragg e la stabilità delle strutture circostanti crea una tensione visiva che arricchisce l'esperienza del pubblico.

Roma è caratterizzata dalle sue linee rigorose, dalla simmetria dei suoi palazzi storici e dalle proporzioni armoniose delle sue piazze. Le sculture di Cragg, con il loro movimento dinamico e le superfici lisce e sinuose, sembrano sfidare la gravità e la staticità dell'ambiente urbano. Questo dialogo tra la "pesantezza" della storia e la leggerezza dell'arte contemporanea offre allo spettatore una nuova prospettiva sull'equilibrio tra il passato e il presente.
Uno degli elementi più caratteristici del lavoro di Cragg è la sua esplorazione della materia e delle sue possibilità trasformative. Le sue sculture sono spesso realizzate in materiali che vanno dal bronzo all'acciaio, e le forme sembrano modellarsi e piegarsi quasi organicamente, come se stessero crescendo o mutando sotto gli occhi dello spettatore.

Tony Cragg in Rome

Tony Cragg's sculptures in the public spaces of Rome are an extraordinary combination of contemporary art and historical urban context, offering an aesthetic experience that defies traditional expectations, aligning with the six concepts expressed in the introduction. Cragg, an internationally renowned British artist, is known for his fluid, organic and abstract forms that explore the relationship between matter, space, and movement. When placed in a city like Rome, his works take on new meanings through the dialogue they establish with the classical past and the contemporary present.

Tony Cragg's sculptures, often presenting biomorphic and sinuous forms, represent a stark contrast to the geometry and solidity of Rome's classical and Renaissance architecture. This contrast between the fluidity of Cragg's works and the stability of the surrounding structures creates a visual tension adding to the audience's experience.

Rome is characterised by its rigorous lines, the symmetry of its historic palazzi and the harmonious proportions of its squares. Cragg's sculptures, with their dynamic movement and smooth, sinuous surfaces, seem to challenge the gravity and static nature of the urban environment. This dialogue between the 'heaviness' of history and the lightness of contemporary art offers the viewer a new perspective on the balance between past and present.
One of the most characteristic elements of Cragg's work is his exploration of matter and its transformative possibilities. His sculptures are often made of materials ranging from bronze to steel, and the shapes seem to mould and bend almost organically, as if they were growing or changing before the viewer's eyes. When these works are placed in the public spaces of Rome, such as piazzas or gardens,

Quando queste opere sono inserite negli spazi pubblici di Roma, come piazze o giardini, si crea un'interazione unica con l'ambiente circostante. Le forme astratte di Cragg sembrano rispondere alla solidità del contesto storico, evocando un senso di trasformazione e di cambiamento continuo. Questo aspetto dinamico è particolarmente significativo in una città come Roma, che ha visto trasformazioni e stratificazioni culturali e storiche attraverso i millenni. Le sculture di Cragg, con il loro senso di flusso e di evoluzione, possono essere viste come una metafora della capacità della città di adattarsi e mutare nel tempo.

Un altro aspetto fondamentale delle sculture di Cragg è il modo in cui coinvolgono lo spettatore e interagiscono con lo spazio circostante. Le sue opere non sono statiche: spesso l'esperienza di una scultura di Cragg cambia a seconda del punto di vista dell'osservatore. A mano a mano che ci si muove attorno alla scultura, la forma cambia, creando l'illusione di un movimento costante. Questo senso di dinamicità è accentuato nei grandi spazi pubblici di Roma, dove lo spettatore è libero di esplorare l'opera da diverse angolazioni.

Ad esempio, in piazze come piazza San Silvestro, la presenza di una scultura di Cragg può arricchire l'esperienza di chi visita questi luoghi, non solo per l'impatto visivo delle opere, ma anche per l'interazione che esse stimolano. Le sculture invitano a una riflessione sulla percezione del movimento nello spazio. In un ambiente pubblico, questo aspetto diventa ancora più interessante, poiché la vita urbana e il continuo flusso di persone aggiungono un ulteriore livello di interazione.

Inoltre, le sculture di Cragg sono spesso descritte come una fusione tra elementi naturali e artificiali. Le loro forme possono ricordare oggetti naturali come rocce, alberi o

a unique interaction with their surroundings emerges. Cragg's abstract forms seem to respond to the solidity of the historical context, evoking a sense of continuous transformation and change. This dynamic aspect is particularly significant in a city like Rome, which has seen cultural and historical transformations and stratifications through the millennia. Cragg's sculptures, with their sense of flow and evolution, can be seen as a metaphor for the city's ability to adapt and change over time.

Another key aspect of Cragg's sculptures is the way they engage the viewer and interact with the surrounding space. His works are not static: often, the experience of a Cragg sculpture changes depending on the viewers point of view. As one moves around the sculpture, its form changes, creating the illusion of constant movement. This sense of dynamism is accentuated in the large public spaces of Rome, where the viewer is free to explore the work from different angles.

For example, in squares such as Piazza San Silvestro, the presence of a Cragg sculpture can enrich the experience of those who visit these places, not only because of the visual impact of the works, but also because of the interaction they encourage. The sculptures invite viewers to reflect on the perception of movement in space. In a public environment, this aspect becomes even more interesting, as urban life and the ongoing flow of people add an additional level of interaction.

Moreover, Cragg's sculptures are often described as a fusion of natural and artificial elements. Their forms may be reminiscent of natural objects such as rocks, trees or living organisms, but they are made with industrial ma-

organismi viventi, ma sono costruite con materiali indu-striali e processi tecnologici avanzati. Questa dualità è particolarmente interessante quando le sue opere sono inserite in contesti urbani come Roma, dove la città stessa è un mix di natura e intervento umano, con giardini, parchi e architetture che coesistono con la trama urbana.
Questo dialogo tra naturale e artificiale stimola una riflessione sul rapporto tra l'uomo e il suo ambiente, un tema particolarmente rilevante in un'epoca di crescente attenzione alla sostenibilità e alla convivenza con la natura.

La monumentalità è un concetto centrale nella scultura di Tony Cragg. Anche se le sue opere possono sembrare leggere e fluide, esse spesso hanno dimensioni imponenti che le rendono punti di riferimento nello spazio pubblico. Questa monumentalità, però, non è "pesante" o "opprimen-te": Cragg riesce a infondere alle sue opere una leggerezza e un senso di fluidità che contrastano con la pesantezza del materiale e delle dimensioni.

A Roma, dunque, le opere di Cragg non impongono la loro presenza in modo autoritario, ma piuttosto invitano lo spettatore a interagire con esse in modo più intimo e personale, creando un contrasto interessante con i mo-numenti classici di Roma, che spesso evocano potenza e autorità. Le sculture di Cragg, pur essendo monumentali, a confronto con la storia millenaria suggeriscono invece un'idea di fragilità e di movimento, come se fossero in un costante stato di trasformazione, introducendo a Roma un nuovo linguaggio scultoreo, che si inserisce nel contesto della città offrendo un punto di vista inedito sull'arte e lo spazio pubblico.
Roma è una città in cui la scultura, con la sua lunga storia che spazia dall'epoca romana al Barocco, ha avuto un ruolo

terials and state-of-the-art technological processes. This duality is particularly interesting when his works are placed in urban contexts such as Rome, where the city itself is a mix of nature and human intervention, with gardens, parks, and architecture coexisting within the urban fabric. This dialogue between the natural and the artificial elicits a reflection on the relationship between humans and their environment, a topic that is particularly relevant in an age of increasing attention to sustainability and coexistence with nature.

Monumentality is a central concept in Tony Cragg's sculp-ture. Although his works may seem light and fluid, they are often imposing in size, a scale which turns them into public space landmarks. This monumentality, however, is not 'heavy or oppressive': Cragg imbues his works with a lightness and sense of fluidity that contrasts with the heaviness of material and size.

In Rome, therefore, Cragg's works do not impose an author-itarian presence, but rather invite the viewer to interact in a more intimate and personal way, creating an interesting contrast to the classical monuments of Rome, which of-ten channel power and authority. Although monumental, when set against thousands of years of history, Cragg's sculptures elicit a sense of fragility and movement, as if they were in a constant state of transformation, introduc-ing a new sculptural language to Rome, which fits into the context of the city by offering a new point of view on art and public space. Rome, with its long history of sculpture, from the Roman times to the age of Baroque, is a city where sculpture has played a fundamental role in defining urban space. Cragg's works fit into this tradition, but they do

fondamentale nella definizione dello spazio urbano. Le opere di Cragg si inseriscono in questa tradizione, ma lo fanno in un modo nuovo, utilizzando forme astratte e materiali contemporanei per ridefinire il rapporto tra scultura e architettura rappresentando una rottura rispetto alla tradizione figurativa, ma allo stesso tempo continuano a esplorare temi fondamentali come la relazione tra materia e spazio, l'interazione con il pubblico e la monumentalità. In questo modo, Cragg contribuisce a espandere il linguaggio della scultura contemporanea a Roma, arricchendo ulteriormente il già vasto panorama artistico della città.

Concludendo, le sculture di Tony Cragg negli spazi pubblici di Roma rappresentano un'importante intersezione tra arte contemporanea e il contesto storico e culturale della città. Attraverso le loro forme fluide e biomorfe, queste opere sfidano le convenzioni della scultura classica, offrendo una nuova visione della monumentalità e della percezione dello spazio. In una città come Roma, dove il passato è sempre presente, le sculture di Cragg creano un dialogo stimolante tra antico e moderno, naturale e artificiale, statico e dinamico, arricchendo l'esperienza estetica del pubblico e offrendo nuove chiavi di lettura per comprendere la relazione tra arte, spazio urbano e storia.

so in a new way, using abstract forms and contemporary materials to redefine the relationship between sculpture and architecture, representing a break with the figurative tradition, while also continuing to explore fundamental aspects such as the relationship between material and space, interaction with the public and monumentality. In this context, Cragg contributes to expanding the language of contemporary sculpture in Rome, further enriching the city's already vast artistic heritage.

In conclusion, Tony Cragg's sculptures in the public spaces of Rome represent an important intersection between contemporary art and the historical and cultural dimension of the city. Through their fluid, biomorphic forms, these artworks challenge the conventions of classical sculpture, offering a new vision of monumentality and of space perception. In a city like Rome, where the past is always present, Cragg's sculptures create a stimulating dialogue between ancient and modern, natural and artificial, static and dynamic, enriching the aesthetic experience of the public and offering new keys to understanding the relationship between art, urban space, and history.

Runner

Runner propaga le energie frenetiche e saettanti di *Red Figure* in un insieme serrato di colonne ellittiche allungate che zigzagano e si intersecano, apparentemente preda di due volontà che non trovano accordo sulla direzione da seguire. Mentre la sezione inferiore di *Red Figure* pare trattenuta all'indietro per poi scattare in avanti, la sezione superiore si proietta intenzionalmente in una sola direzione. Non è il caso di *Runner*, nel quale le due figure che agiscono in compresenza nella medesima cornice spazio-temporale si muovono in direzioni opposte. Se *Red Figure* può essere interpretata come la volontà di un individuo che determina la direzione da intraprendere, Runner allude a qualcosa di completamente diverso. Le due figure entrano in contatto per caso, come passanti frettolosi che corrono in direzioni opposte in una strada trafficata.

La composizione saettante e frastagliata incapsula con grande potenza una energia multidirezionale che la strattona in avanti e all'indietro. L'oggetto finito è ovviamente statico, ma l'artista ricorre a ogni mezzo a sua disposizione per contraddire e minare il concetto e l'apparenza della stasi – per ricordarci che l'immobilità non esiste e che il materiale è in perenne movimento.

Osservando *Runner*, lo spettatore ha modo di apprezzare sino a che punto l'artista sia riuscito a suggerire la velocità e il cambiamento ricorrendo a forme curvilinee e fluide, la proiezione di stati d'animo assorti mediante i profili e la mimica dei volti. L'estensione del materiale e l'esplorazione dinamica delle sue tensioni interne, inoltre, creano l'illusione di un processo di erosione geologica. Cragg mette in atto tutte queste strategie per veicolare l'idea del movimento dinamico nella scultura.

Runner

Runner doubles the frenetic, darting energies of *Red Figure*, with a tightly packed ensemble of zig-zagging and intersecting stretched elliptical columns apparently caught in two minds and torn between which direction it should take. While the *Red Figure* starts in its lower section by zipping backwards and forwards, in its upper section it purposefully moves in one direction. This is not the case in *Runner*, in which the two participating figures, acting in the same time and space, go off in opposite directions. If *Red Figure* can be seen as an individual that determines the direction he is going to take, *Runner* does something very different. These are two figures that only coincidentally make contact, rather like people rushing in opposite directions on a busy street.

The darting, zig-zagging composition encapsulates this back-and-forth, multidirectional energy powerfully. The finished object is, of course, static, but the artist has used all means possible to contradict and disrupt the idea of and appearance of stasis — in order to remind us that stasis doesn't exist and that material is always moving.

Looking at *Runner* viewers can see that the artist has suggested speed and change through: the deployment of stream-lined curvilinear form, the projection of busy states of mind through profiles and facial expressions, the look of geological erosion, as well as through the extension of material and the dynamic exploration of its internal tensions. All these factors are deployed in unison by Cragg to convey the idea of dynamic movement in the sculpture.

Runner, 2015

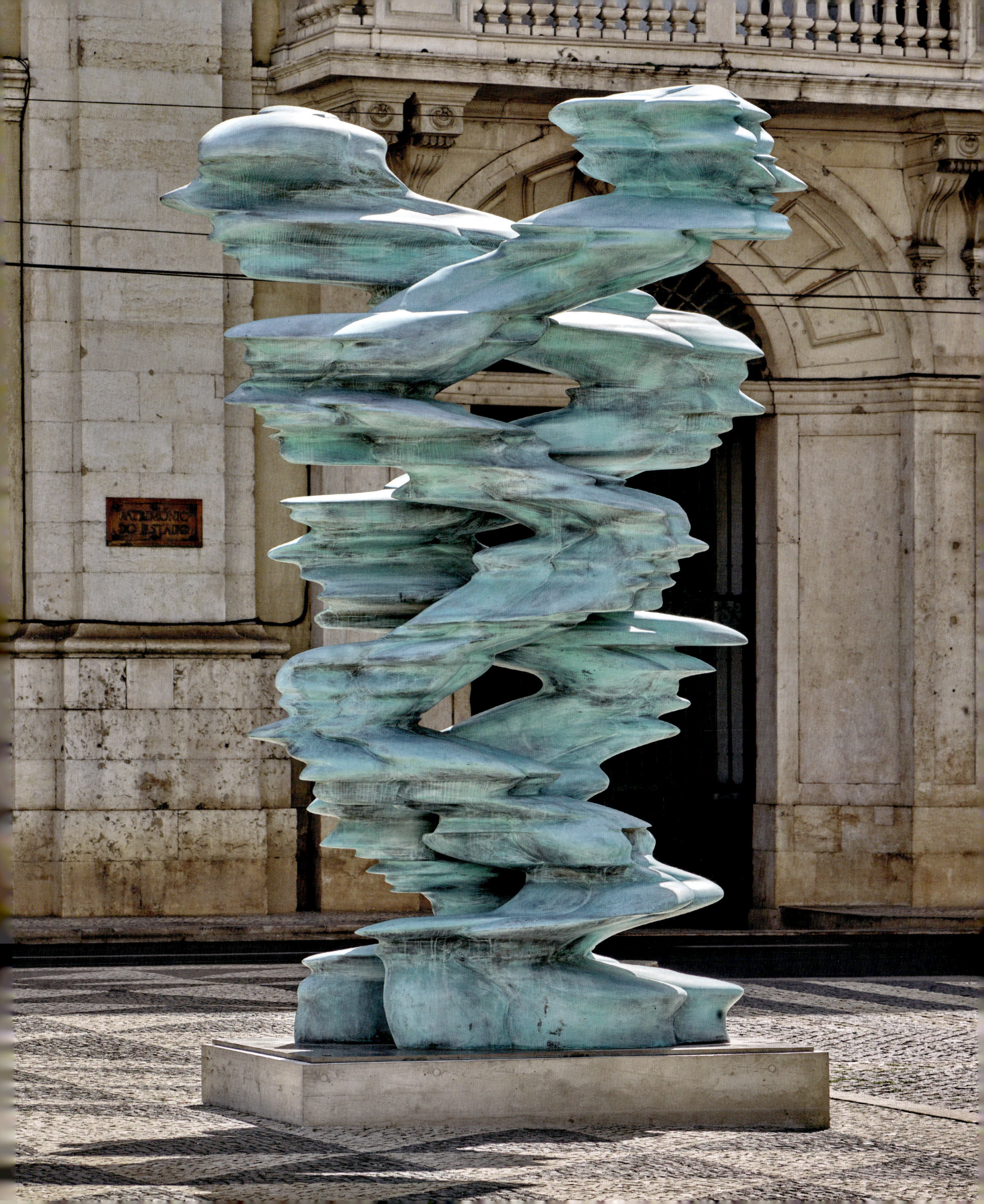

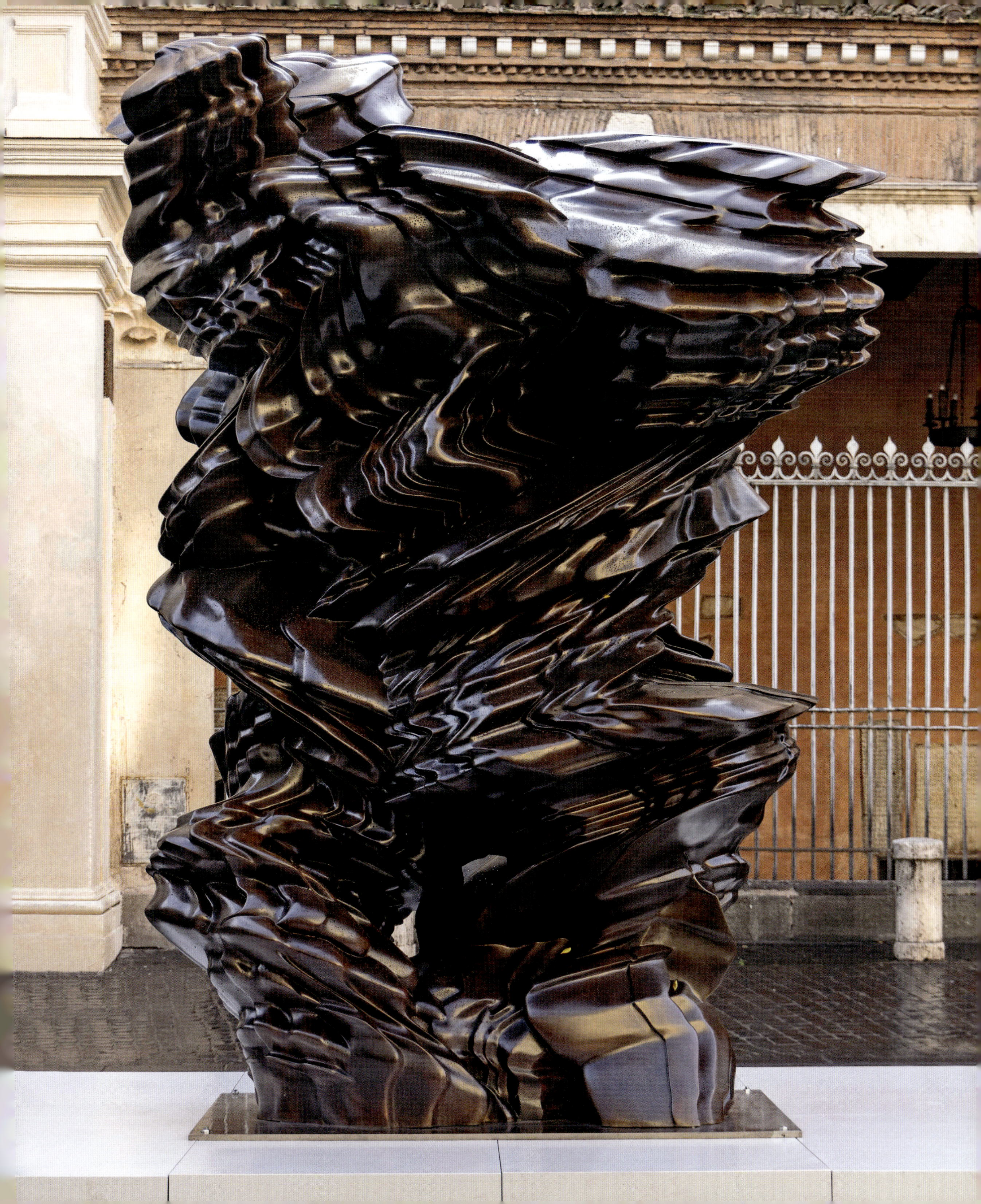

Stack

Il *modus operandi* della stratificazione riveste un ruolo centrale nell'opera di Cragg. Le opere della serie *Stack*, sviluppata a partire dalla metà degli anni settanta, attestano il suo interesse per la geologia e per i processi di sedimentazione, oltre che per il minimalismo e l'accostamento dei materiali più disparati in formazioni a blocchi. Dagli assemblaggi stratificati di forma cubica degli anni settanta alle splendide fusioni in bronzo dei giorni nostri, le sculture stratificate di Cragg combinano luogo e identità personale, geologia e figurazione. Le stratificazioni geologiche e paesaggistiche entrano in risonanza con gli strati dell'epidermide umana. Le forme impilate di Cragg invitano a riflettere sulla varietà di forme che compongono la struttura del mondo materiale, e al tempo stesso risvegliano associazioni con i processi di sedimentazione da cui traggono origine la nostra memoria storica e individuale e il linguaggio stesso.

Stack

Stacking is a crucial modus operandi in Cragg's work. His *Stack* works, which he has been developing since the mid-1970s, demonstrate his interest in geology and in the processes of sedimentation, as well as in minimalism and the organisation of different materials in block formation. From his stacked cubic assemblages in the mid-1970s to his beautifully cast bronze sculptures today, Cragg's stacks have increasingly combined person and place, geology and figuration. The strata of the landscape meet the layers of skin of the human body. Cragg's stacks invite consideration of the construction of the material world in different forms, while prompting thoughts about the accumulation of memories, histories and language itself.

Stack (2019) è un valido esempio degli sviluppi più recenti di questa serie e della convinzione con cui l'artista si impegna in questo suo modo predominante di fare scultura. Come di consueto, il termine stack evoca tutta una serie di associazioni che rimandano sia a un oggetto sia a un processo – il modo in cui un oggetto arriva a esistere. I materiali eterogenei hanno ormai lasciato il posto al ricorso estensivo a elementi di compensato e di bronzo che si prestano a essere impilati e assemblati in vari modi. Questa scultura è un esempio dell'instancabile ricerca di Cragg per fondere assieme corpo e roccia dando vita a una continua collisione tra placche tettoniche e grandi figure danzanti. Percepiamo l'immensa violenza e le energie dinamiche da cui si sprigiona l'immensa tensione delle forze che animano i materiali, in aperta contraddizione con il loro aspetto statico e l'apparente immobilità. L'antropomorfismo dilaga. I profili dei volti e i contorni frastagliati si combinano nel punto in cui la geologia incontra la genealogia, e la stratificazione dell'energia generazionale si fonde con la stratificazione materica.

Stack (2019) is a large and excellent example of his recent Stack works and a powerful statement of engagement with his predominant mode of sculpture making. As it always has for Cragg, stack has resonance as a word that describes both an object and a process — the way that an object comes into being. Heterogenous material has long been exchanged by stacked plywood and bronze, but this sculpture demonstrates well Cragg's continuing blending of rock and body — the collision of tectonic plates and large dancing figures. We sense the immense violence and dynamic energies that can charge the internal forces of material, despite their static appearance and seeming stillness. Anthropomorphism abounds. Facial profiles and craggy outlines combine as geology meets genealogy, as we find the layering of generational energy as well as stratified layering.

Versus, 2011

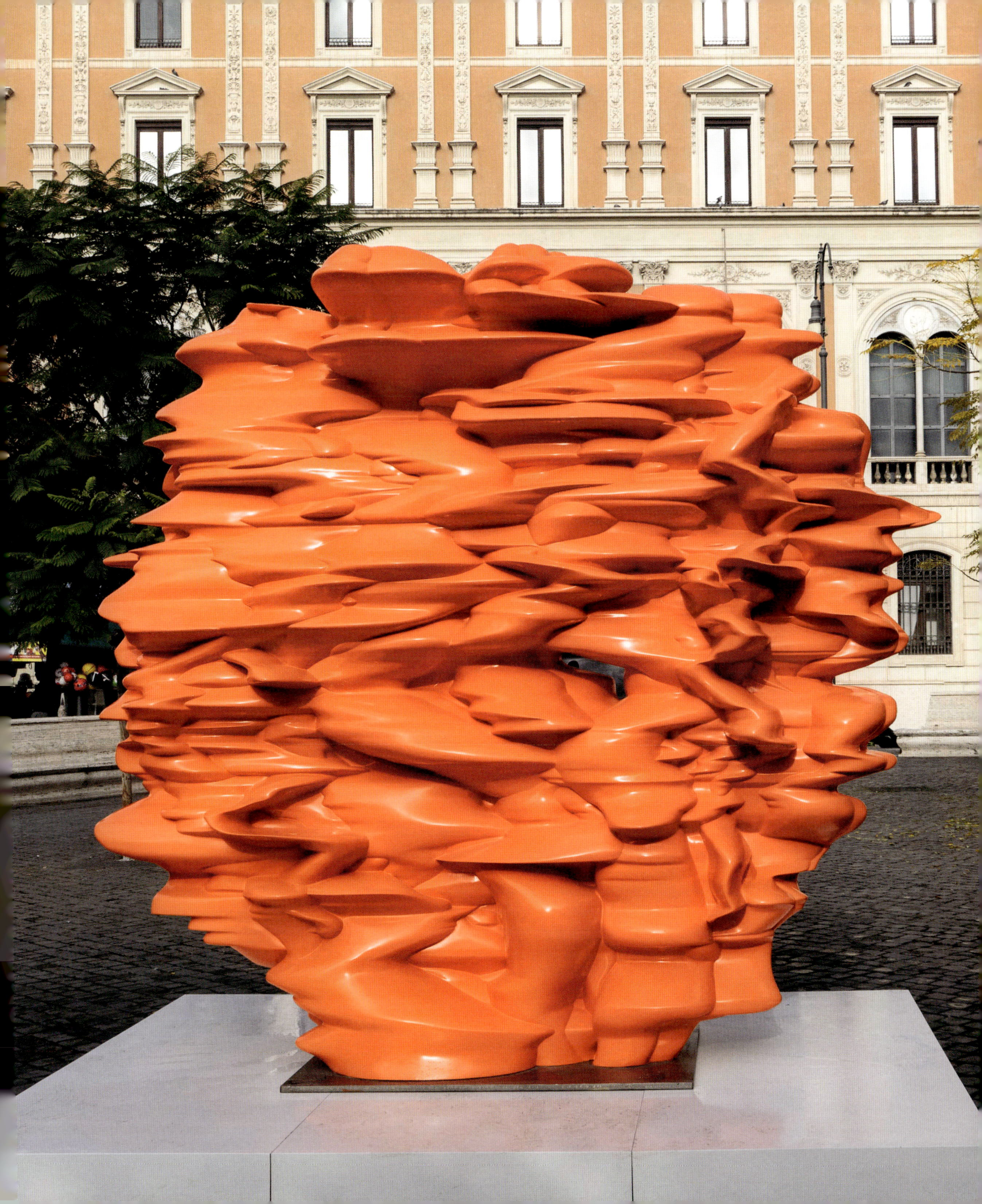

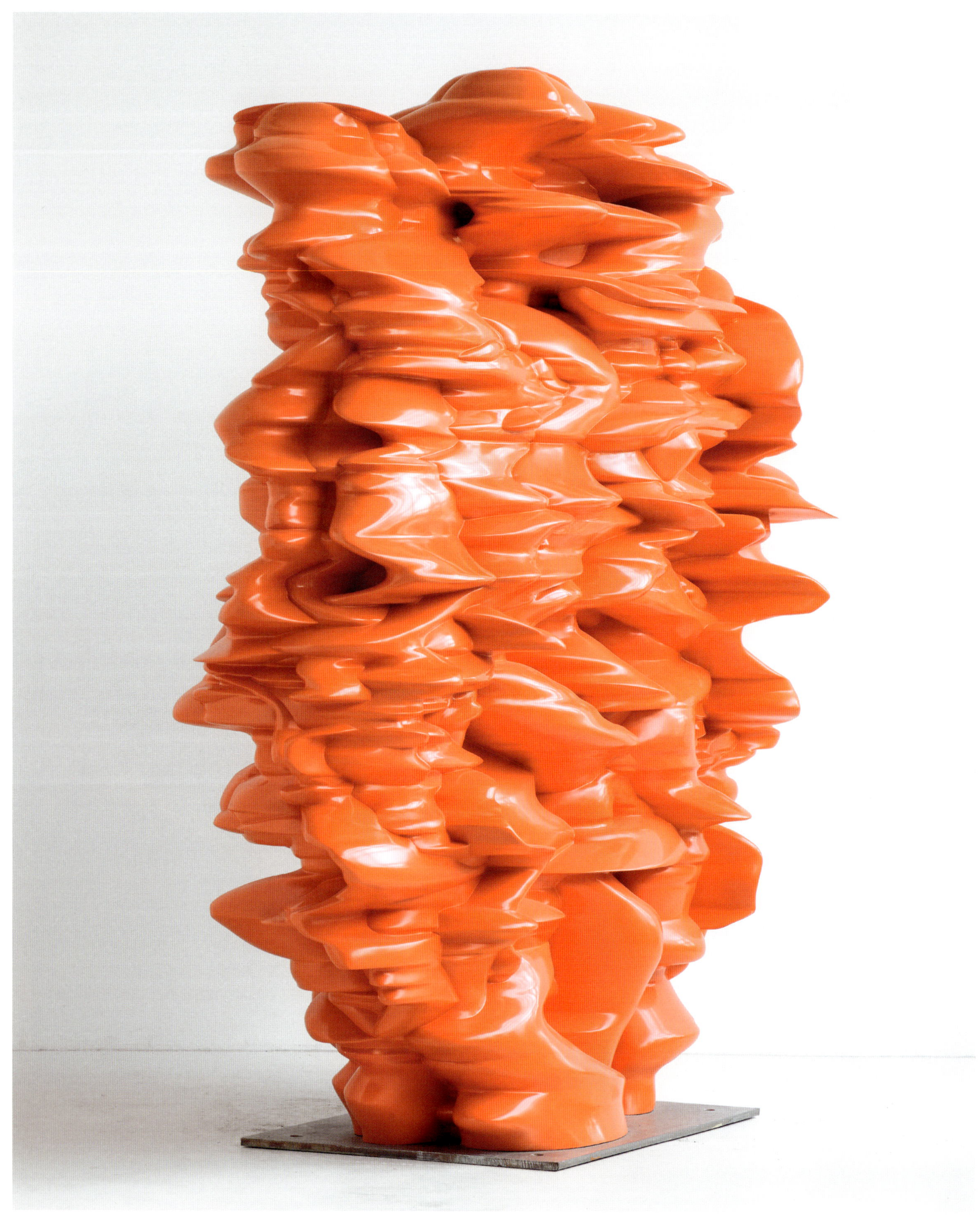

Versus, 2011

Versus

Le sculture di Cragg sono solite conciliare forze discordanti in un tutto unitario. Nel caso di *Versus*, una massa ribollente di colonne ellittiche è compressa in una forma circolare che conferisce alla scultura una potente immagine frontale. *Versus* – è il titolo stesso ad affermare i concetti di rivalità, competizione e scontro – si presenta come una sfera brulicante di forme curvilinee e intersecanti dall'aspetto in parte organico, in parte geologico. Quest'opera si presta a essere interpretata come un disco, un occhio o un pianeta – il suo potenziale figurativo è cancellato e rimpiazzato da una grande attenzione per la materialità/immaterialità della forma. Non di rado l'opera viene dipinta di rosso o di uno squillante arancione, a evocare le fiamme ardenti del sole – una sfera nel cielo formata da milioni di esplosioni atomiche a cui gli spettatori umani, a loro volta agglomerati pulsanti di reazioni chimiche in continuo mutamento, hanno modo di assistere, posti di fronte alla scultura.

Una prima versione di *Versus* è stata esposta nel 2011 sotto la piramide di vetro del Louvre di Parigi; una mostra importante per l'artista, all'epoca sessantenne. Oltre a *Versus*, collocata in alto su un basamento nel salone d'ingresso, Cragg ha esposto nella stessa sede altre significative sculture, tra cui *Red Figure*, *Off the Mountain* e *Manipulations*.

Versus

Cragg's sculptures often bring opposing forces together within a single whole. With *Versus*, a circular form is used for a seething mass of elliptical columns, giving the sculpture a powerful frontal image. *Versus* — and the title itself declares ideas of rivalry, competition and confrontation — presents a busy orb of curved, intersecting forms, part-corporeal, part-geological in appearance. We might, for example, read *Versus* as a disc, an eye or a planet — meaning that the figurative potential of the work has been erased and exchanged for a concern with the materiality/immateriality of form. Sometimes we find the work painted red or bright orange, suggestive of the burning fires of the sun — a ball in the sky formed of millions of atomic explosions looked at by human viewers standing before the sculpture who are themselves pulsating with chemical reactions and change.

An early version of *Versus* was shown in 2011 under the glass pyramid at the Louvre in Paris. This was an important exhibition for the artist, then in his early sixties, and as well as *Versus*, placed high up on a plinth in the entrance hall, Cragg also showed several other major sculptures including *Red Figure*, *Off the Mountain* and *Manipulations*.

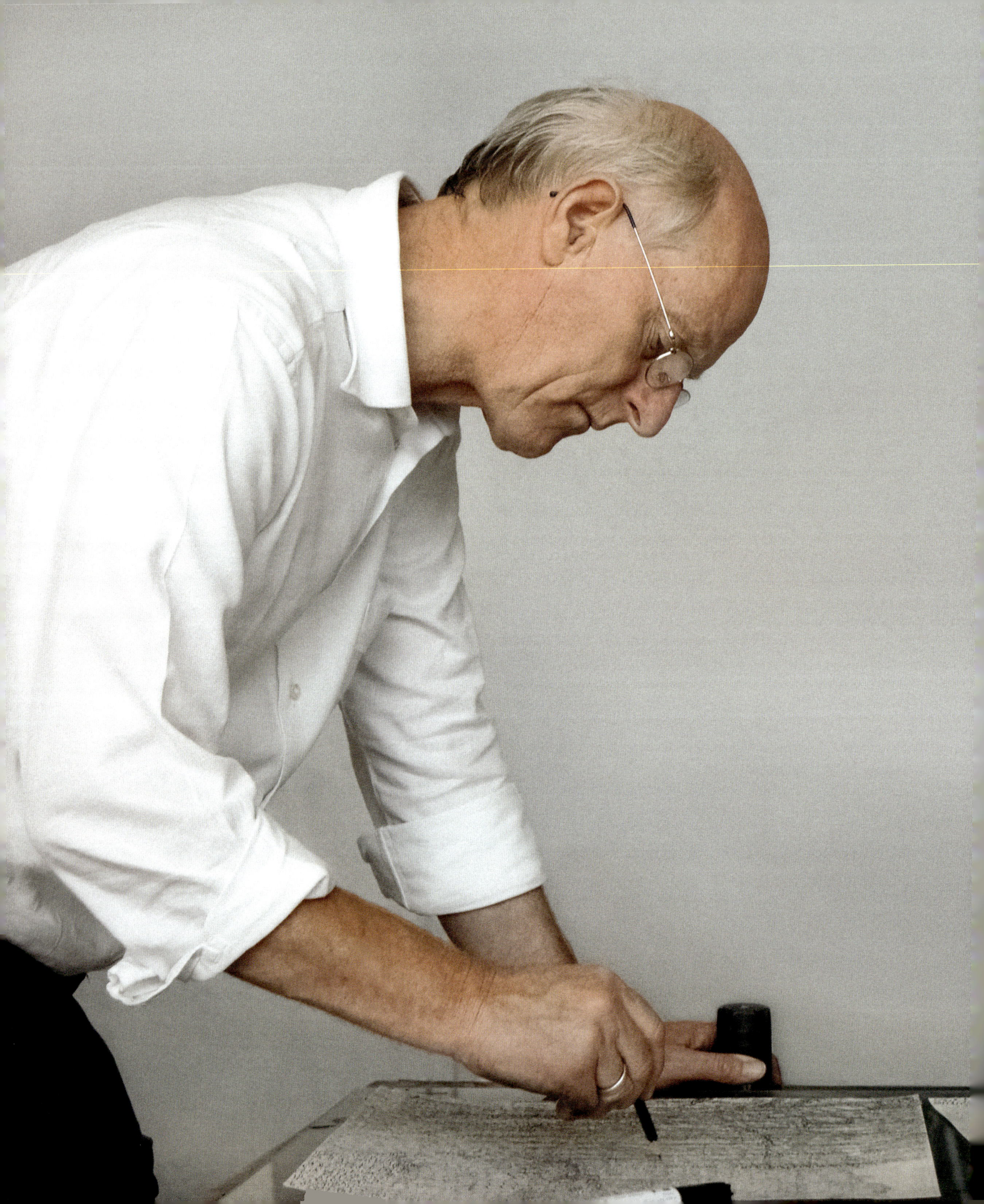

Biografia

Tony Cragg lavora ed espone dal 1969. Ha studiato al Royal College of Art di Londra e vive a Wuppertal dal 1977. Ha partecipato a "documenta" 7 e 8 e rappresentato la Gran Bretagna alla Biennale di Venezia del 1988. È stato insignito del Turner Prize alla Tate Gallery di Londra nel 1988, del prestigioso Praemium Imperiale Award, a Tokyo nel 2007 e del Lifetime Achievement in Contemporary Sculpture Award nel 2017.

Ha insegnato, in qualità di professore ordinario, all'Akademie der Künste di Berlino e alla Kunstakademie di Düsseldorf, di cui è stato rettore dal 2009 al 2013. Ha esposto in numerosi musei di tutto il mondo: Tate Gallery, Londra (1988), Stedelijk Van Abbemuseum, Eindhoven, Kunstsammlung Nordrhein-Westfalen, Düsseldorf (1989), Scottish National Gallery of Modern Art, Edimburgo, e Musée du Louvre, Parigi (2011), Lehmbruck Museum, Duisburg (2013), Von der Heydt-Museum, Wuppertal, Hermitage Museum, San Pietroburgo (2016), Giardino di Boboli, Firenze (2019), MuBE, San Paolo (2019), Houghton Hall, Norfolk (2021), Albertina, Vienna (2022) e Staatliche Graphische Sammlung, Monaco (2023).

Biography

Tony Cragg has been working and exhibiting since 1969. He studied at the Royal College of Art in London and has lived in Wuppertal since 1977. He has participated in *documenta* 7 and 8 and represented Britain at the Biennale in Venice in 1988. He is recipient of the Turner Prize at the Tate Gallery, London in 1988, the prestigious Praemium Imperiale Award, Tokyo in 2007 and the Lifetime Achievement in Contemporary Sculpture Award in 2017.

He held professorships in the Akademie der Künste in Berlin and Kunstakademie Düsseldorf, where he was director from 2009 to 2013. He has exhibited extensively in museums worldwide: Tate Gallery, London (1988), Stedelijk Van Abbemuseum, Eindhoven, and Kunstsammlung Nordrhein-Westfalen, Düsseldorf (1989), Scottish National Gallery of Modern Art, Edinburgh, and Musée du Louvre, Paris (2011), Lehmbruck Museum, Duisburg (2013), Von der Heydt-Museum, Wuppertal, Hermitage Museum, St. Petersburg (2016), Boboli Gardens, Florence (2019), MuBE, São Paulo (2019), Houghton Hall, Norfolk (2021), Albertina, Vienna (2022) and Staatliche Graphische Sammlung, Munich (2023).

Elenco delle opere | List of Works

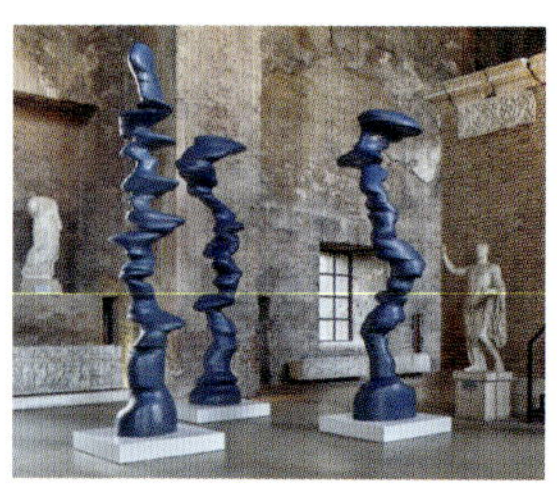

pp. 9, 18-19, 23

Points of View

2015

Legno | Wood

450 × 95 × 95 cm

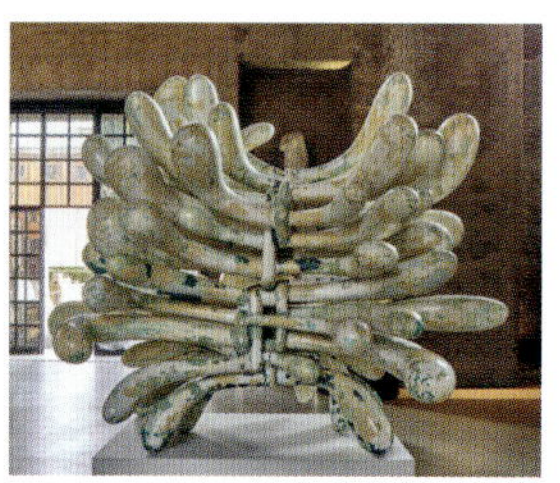

pp. 23, 24-25, 27, 43

Companions

2023

Fibra di vetro | Fibreglass

318 × 274 × 363 cm

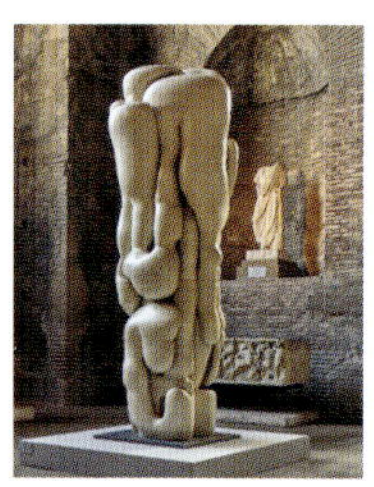

pp. 29, 31

Lost in Thought

2016

Legno | Wood

312 × 120 × 110 cm

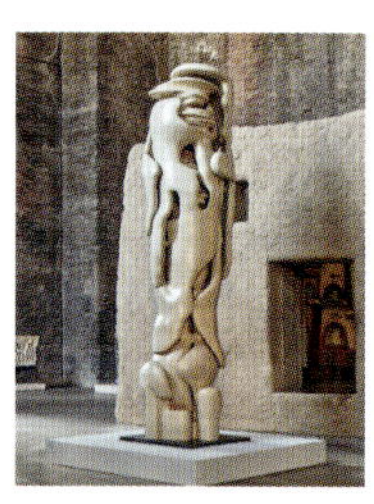

pp. 24-25, 29, 30

Lost in Thought

2015

Legno | Wood

342 × 80 × 80 cm

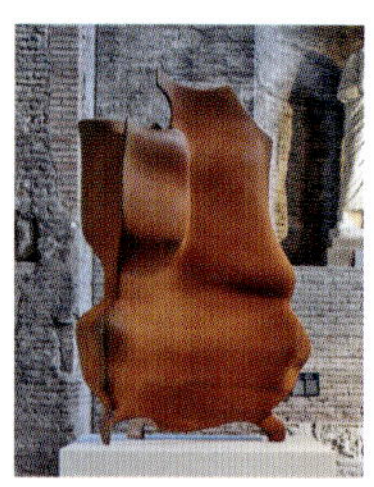

pp. 2, 33, 54, 55

Stand

2023

Acciaio corten | Corten Steel

110 × 48 × 72 cm

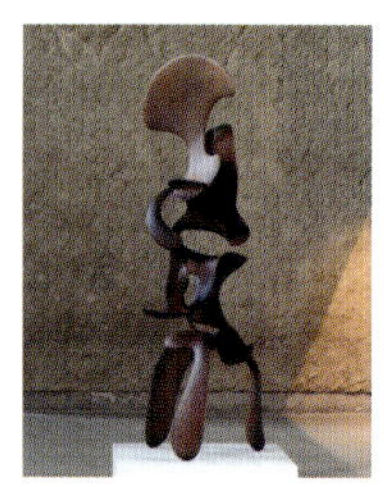

pp. 24-25, 34

Incident

2023

Acciaio corten | Corten Steel

240 × 86 × 98 cm

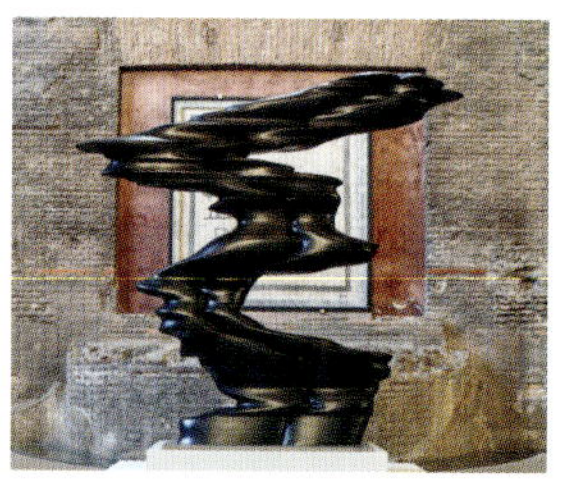

pp. 29, 88, 90-91

Red Figure

2008

Bronzo | Bronze

80 × 92 × 80 cm

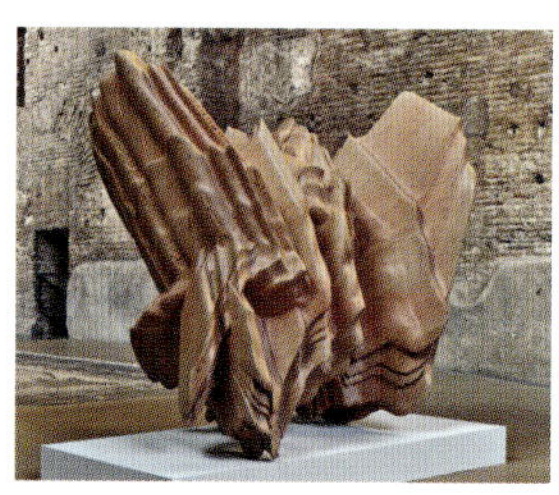

pp. 90-91, 93

Karst

2020

Legno | Wood

90 × 283 × 201 cm

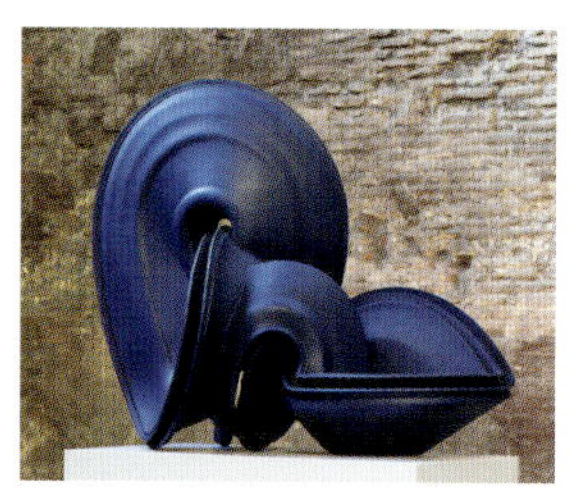

pp. 94-95, 96

McCormack

2007

Bronzo | Bronze

117 × 130 × 75 cm

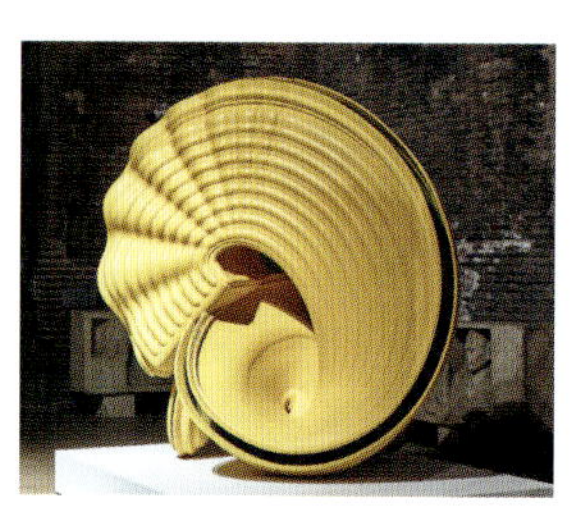

pp. 2, 99, 100-101

Outspan

2007

Bronzo | Bronze

95 × 100 × 62 cm

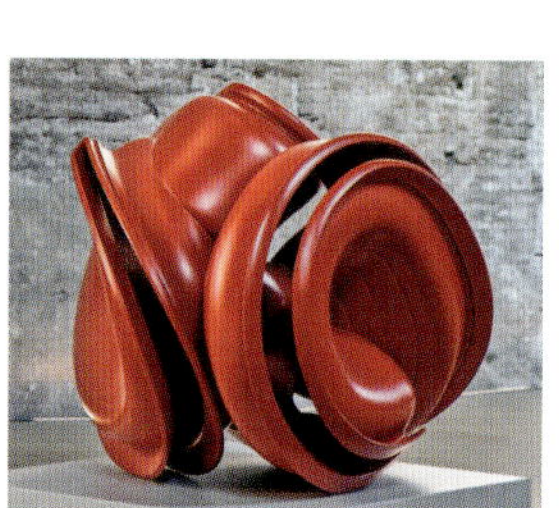

pp. 66-67, 102, 103

Red Square

2016

Bronzo | Bronze

80 × 92 × 80 cm

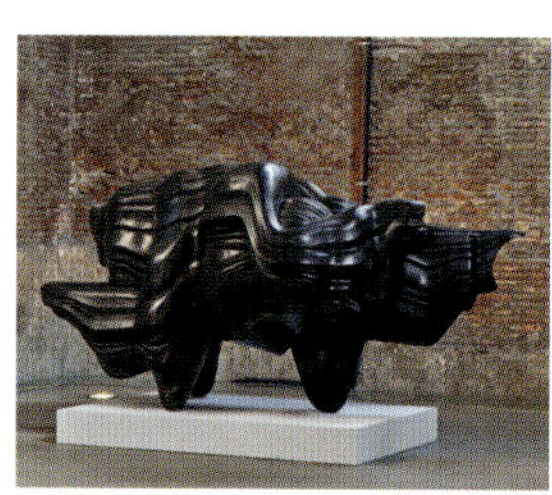

pp. 104-105, 107

Caught Dreaming

2006

Bronzo | Bronze

159 × 285 × 153 cm

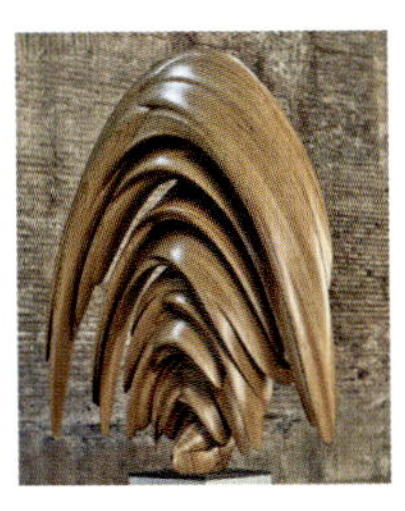

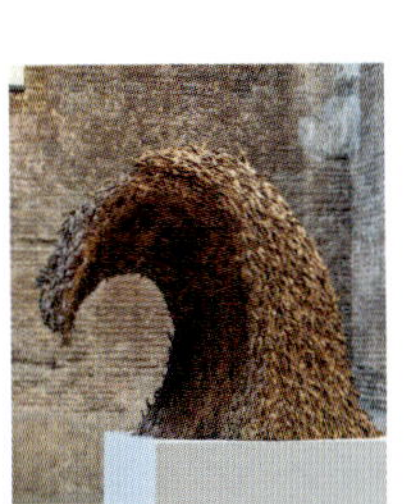

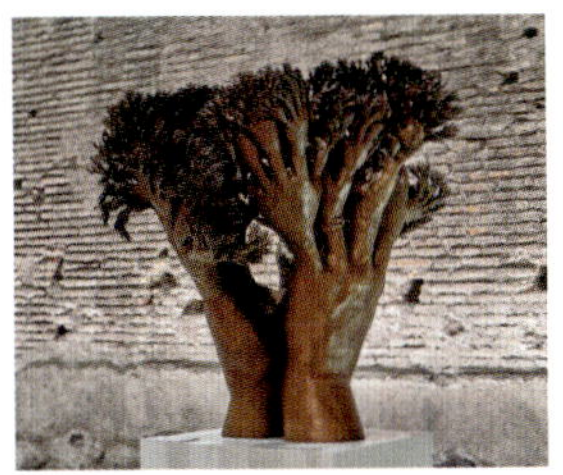

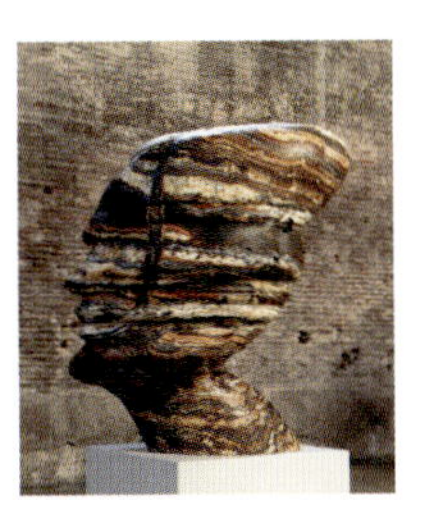

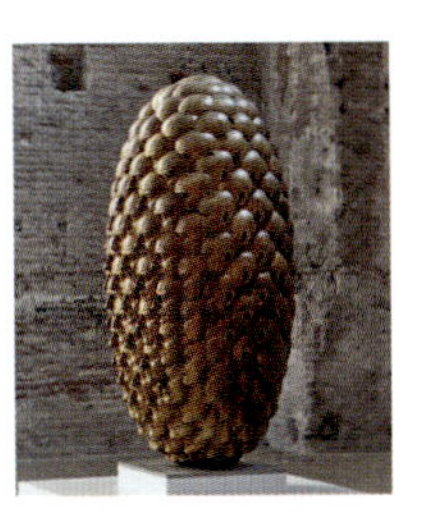

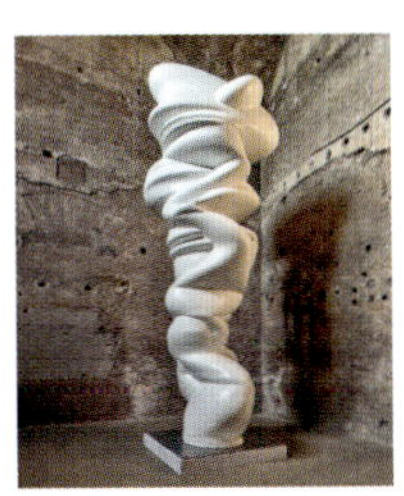

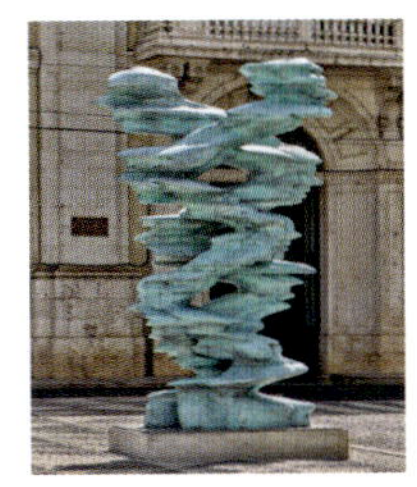

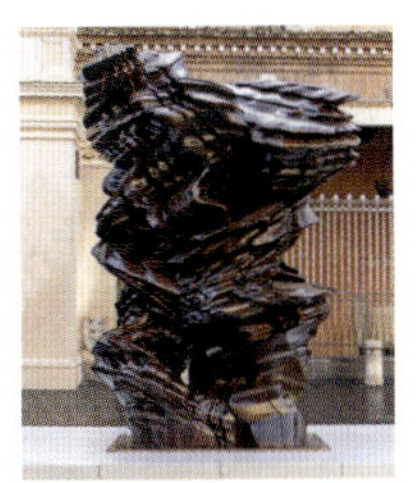

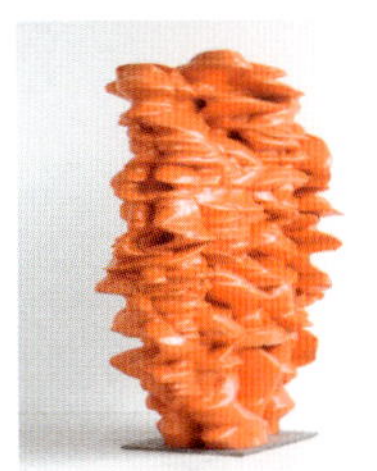

**Infinite forme e bellissime
Museo Nazionale Romano
Terme di Diocleziano**
9 novembre | November 2024 - 4 maggio | May 2025

MINISTERO DELLA CULTURA |
MINISTRY OF CULTURE
Ministro I Minister
Alessandro Giuli

**Capo Dipartimento per
la valorizzazione del
Patrimonio Culturale | Head
of the Department for the
Enhancement of Cultural
Heritage**
Alfonsina Russo

**Direttore Generale Musei |
General Director of Museums**
Massimo Osanna

**Segretario Amministrativo |
Administrative Secretary**
Valeria Morabito

Terme di Diocleziano
Sara Colantonio, *responsabile /
manager*
Silvia Borghini
Carlotta Caruso
Giovanna De Angelis, *Ufficio
Consegnatario Beni Archeologici /
Archaeological Heritage Office*

**Segreteria di Direzione |
Management Secretariat**
Andrea Tarantino

**Coordinamento della mostra |
Exhibition Coordination**
Giulia Cirenei
Sara Colantonio

Ufficio tecnico | Technical Office
Saveria Petillo, *responsabile /
manager*
Lucio Bove
Brunella Imparato
Viola Mordenti

Simona Ricchitelli
Maria Cristina Lanzellotti
Anna Nicoli
Enza Paradiso
Maria Avino, *responsabile
manutenzione impianti I
maintenance manager*

**Servizi e Laboratori di Restauro,
Monitoraggio delle Collezioni
| Restoration Services and
Laboratories, Collection
Monitoring**
Silvia Borghini
Fabiana Cozzolino
Debora Papetti
Marina Angelini
Laura Ruggeri

**Ufficio Promozione,
Comunicazione e Marketing
Promotion | Communication
and Marketing Office**
Angelina Travaglini, *responsabile
/ manager*

Social Media
Agnese Pergola, *responsabile /
manager*
Carlotta Caruso

**Servizio Valorizzazione, Mostre
ed Eventi | Enhancement
Services, Exhibitions and Events**
Giulia Cirenei, *responsabile /
manager*
Angela Vivolo
Claudio Galli
Camilla Coltellacci
Caterina Mattei

**Ufficio Fundraising | Fundraising
Office**
Chiara Giobbe, *responsabile*

**Ufficio Gare e Contratti |
Tenders and Contracts Office**
Valeria Morabito, *responsabile /
manager*
Simona D'Attilia
Vincenzo Della Vecchia
Maria Cristina Lanzellotti

**Ufficio Contabilità e Bilancio |
Accounting and Budget Office**
Valeria Morabito, *responsabile /
manager*
Carmen Basilicata
Maria Russo
Antonietta Salvati

**Ufficio Gestione del Servizio
Accoglienza e Vigilanza |
Service Management Office for
Reception and Surveillance**
Patrizia Quarchioni, *responsabile
/ manager*

*Si ringrazia il personale di
accoglienza e vigilanza del Museo
Nazionale Romano per aver
sostenuto le diverse esigenze
derivate dall'allestimento
dell'esposizione.
We would like to thank the
reception and security staff
of the National Roman Museum
for supporting the various needs
arising during the installation
of the exhibition.*

Municipio I Roma Centro
Assessorato alla Cultura /
Council for Culture
Giulia Silvia Ghia

Ufficio Cultura | Cultural Office
Annamaria Izzo, Danilo Cuomo

**Segreteria di Presidenza |
Presidency's Secretariat**
Rosa Capobianco, Nikita Corsi,
Lucia Gasbarrone

Social media
Maddalena Messeri

Ufficio stampa | Press Office
Adnkronos

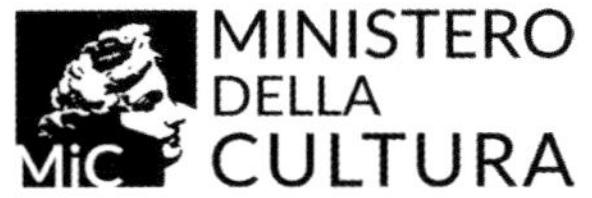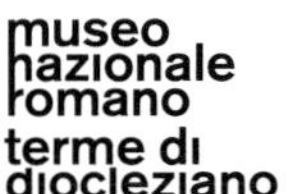

Mostra a cura di | Exhibition curated by
Sergio Risaliti, Stéphane Verger

Progetto mostra | Exhibition Design
Studio Tony Cragg

Organizzazione mostra | Exhibition organization
BAM Eventi d'Arte

Coordinamento per | Coordination for BAM Eventi d'Arte
Maria Isabella Barone
Giulia Abate
Flavia Ascani

Progetto grafico mostra | Exhibition Graphic Design
Baioni Comunicazione

Progetto tecnico | Technical Project
Pietro Servadio
Antonia Caramanica

Allestimento | Installation
Montenovi
Tagi 2000

Trasporti | Transports
Montenovi
Valverde GmbH

Assicurazioni | Insurance
MAG

Ufficio stampa | Press Office
Lara Facco P&C

Progetto amplificazione | Amplification Project
Urban Vision
RDS

Produzione grafica | Graphic Production
Tipografia Ostiense

Ospitalità | Hospitality
Bettoja Hotels

Un ringraziamento particolare per il sostegno | a special thanks for the support to
Banca Ifis, Presidente | President Ernesto Fürstenberg Fassio, Rosalba Benedetto

Un ringraziamento speciale | a special thanks to
Studio Tony Cragg, Massimo Bettoja, Donato Riviello, Francesco Cicconetti, Tucci Russo Studio per l'Arte Contemporanea

Fotografie | Photographs
David Kaluza
Michael Richter
Monkeys VideoLab

BAM desidera inoltre ringraziare il I Municipio Roma Centro | BAM would also like to thank The I Municipio Roma Centro
L'Assessore alla Cultura, Scuola, Sport, Politiche giovanili del I / Municipio Councillor for culture, school, sports, youth policies of The I Municipio Roma Centro Giulia Silvia Ghia Annamaria Izzo, Lucia Gasbarrone e / and Danilo Cuomo

Catalogo a cura | Catalogue edited by
Studio Tony Cragg

Testi di | Texts by
Stéphane Verger – *Direttore del Museo Nazionale Romano, Roma / Director of the Museum Nazionale Romano, Rome*
Sergio Risaliti – *Direttore del Museo Novecento, Firenze / Director of the Museum Novecento, Florence*
Giulia Silvia Ghia – *Assessore alla Cultura, Scuola, Sport, Politiche Giovanili I Municipio Roma Centro / Councillor for culture, school, sports, youth policies of The I Municipio Roma Centro*
Jonathan Wood – *Giornalista e scrittore / Journalist and writer*
Sara Colantonio – *Funzionario Archeologo responsabile della sede delle Terme di Diocleziano / Archaeological official in charge of the Baths of Diocletian site*

In collaborazione con | In collaboration with

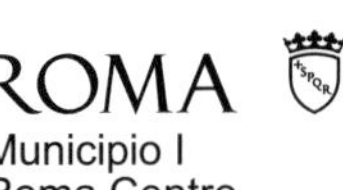

Una mostra | An exhibition

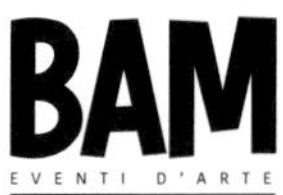

Direttore delle pubblicazioni
Publishing Director
Pietro Della Lucia

Project Manager
Giulia Bassoli

Art Director
Luigi Fiore

Progetto grafico | Graphic Design
Christine Kelle

Coordinamento editoriale
Editorial Coordination
Vincenza Russo

Redazione | Editing
Anna Albano

Impaginazione | Layout
Christine Kelle

Traduzioni | Translations
NTL, Firenze

Crediti fotografici | Photo Credits
All images © Michael Richter
except p. 141 © Monkeys
VideoLab and p. 144 © David
Kaluza

First published in Italy in 2024 by
Skira editore S.p.A.
via Agnello 18
20121 Milano
Italy
skira-arte.com

Printed and bound in Italy. First
edition

ISBN: 978-88-572-5349-7

Finito di stampare nel mese
di dicembre 2024 a cura di
Skira editore, Milano

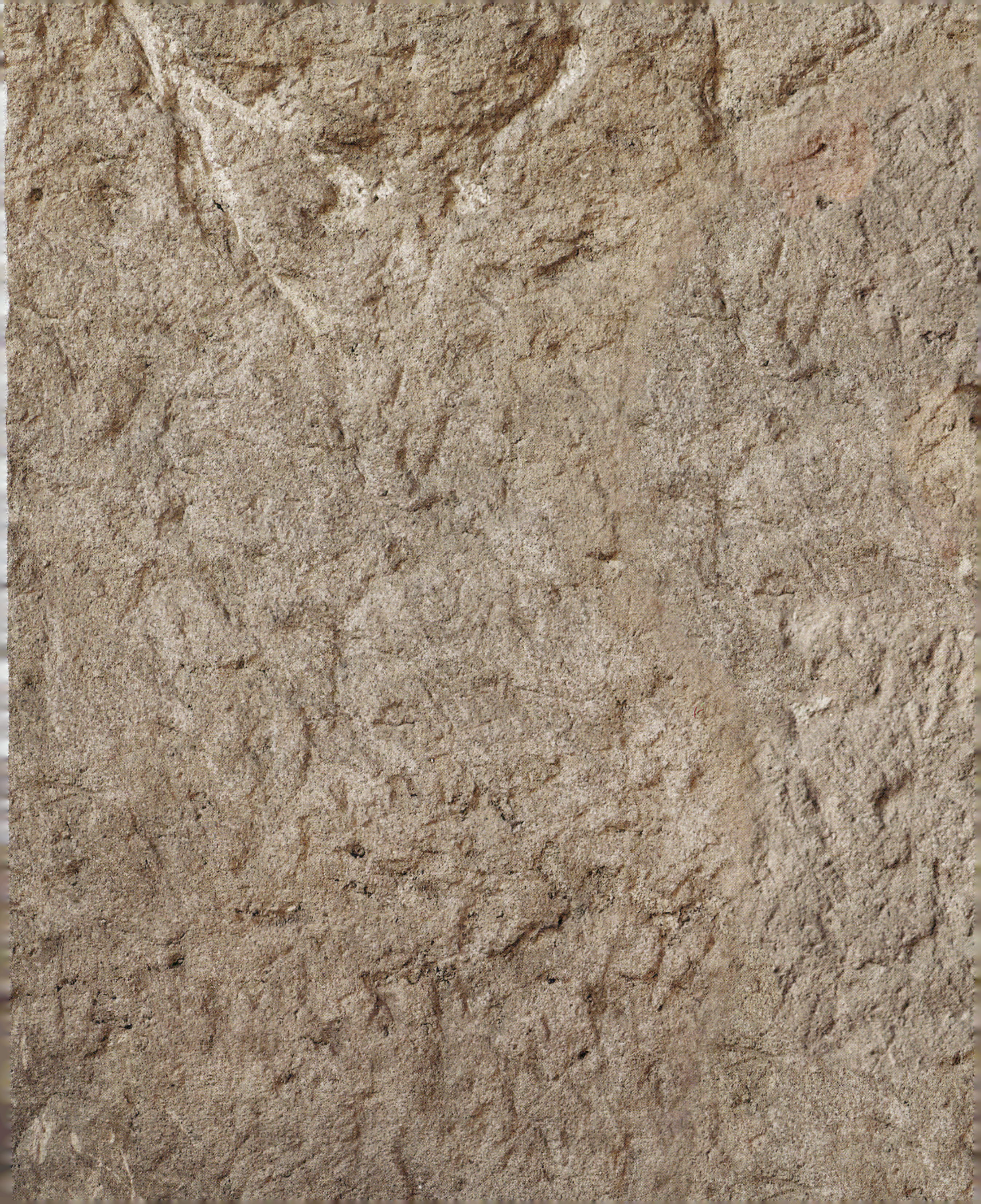

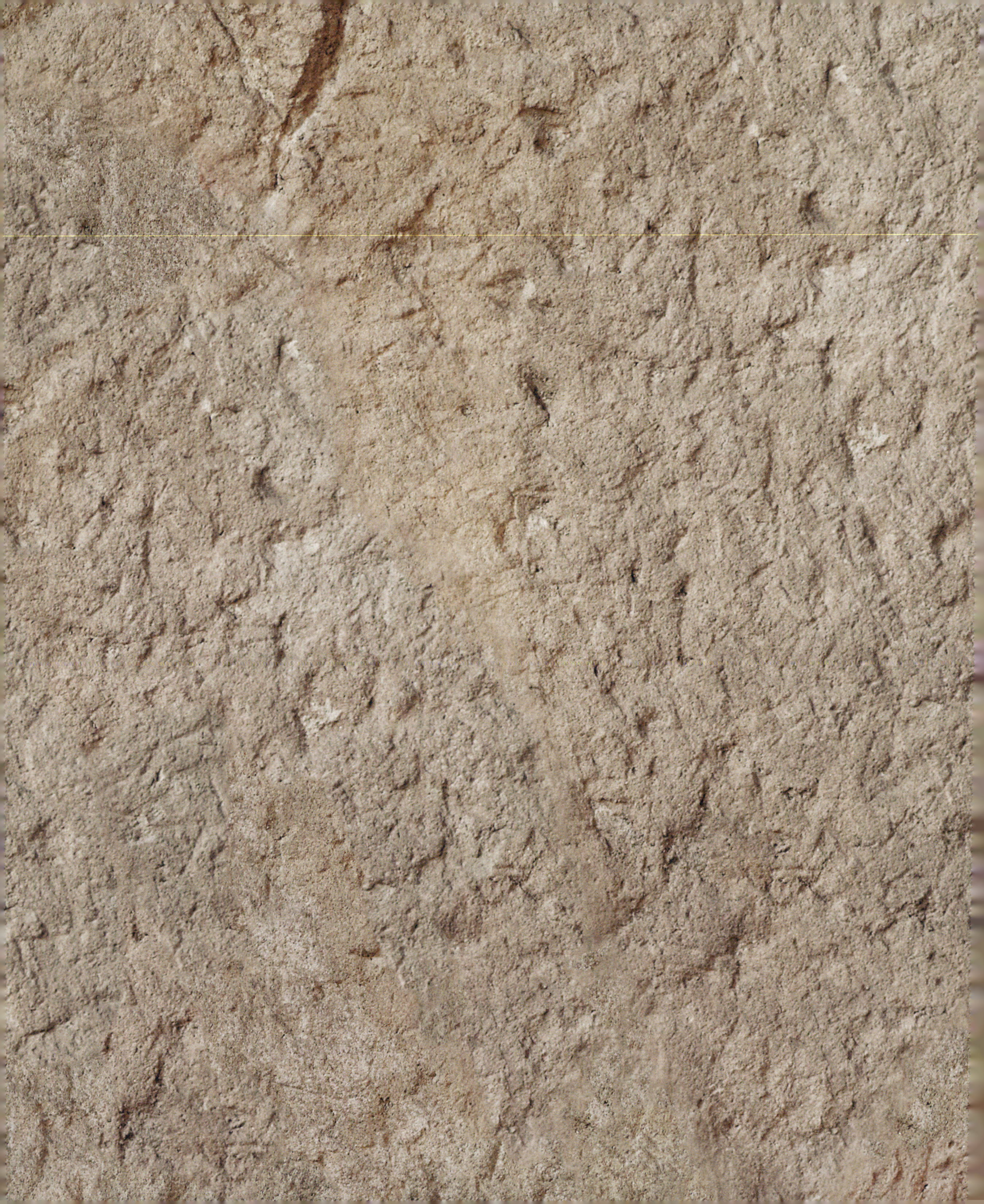